답이 있는
기본소득

국토보유세 설계와 세제 개혁

답이 있는 기본소득

국토보유세 설계와 세제 개혁

2021년 7월 1일 초판 1쇄 인쇄
2021년 7월 10일 초판 1쇄 발행

기 획	이한주
엮은이	경기연구원
지은이	유영성·강남훈·김재신·김정훈·남기업·마주영·박 훈·이진수·허 원
펴낸이	김영애
편 집	김배경
디자인	창과현
마케팅	윤수미
펴낸곳	SniFactory (에스앤아이팩토리)

등록일	2013년 6월 3일
등 록	제 2013-00163호
주 소	서울시 강남구 삼성로 96길 6 엘지트윈텔 1차 1402호
전 화	02. 517. 9385
팩 스	02. 517. 9386
이메일	dahal@dahal.co.kr
홈페이지	http://www.snifactory.com

ISBN 979-11-91656-04-6 (03320)

가격 15,000원

ⓒ 유영성·강남훈·김재신·김정훈·남기업·마주영·박 훈·이진수·허 원, 2021

답이 있는 기본소득

국토보유세 설계와 세제 개혁

기획 **이한주** | 엮은이 **경기연구원**

지은이 **유영성 · 강남훈 · 김재신 · 김정훈 · 남기업 마주영 · 박 훈 · 이진수 · 허 원**

다홀미디어

새로운 도전적 패러다임의 제시,
기본소득형 국토보유세

토지는 지구상에 살고 있는 인간 모두가 개별적 구성원으로서 원천적 공동소유권을 지녔다는 생각의 대상이기도 하다. 이는 토지를 활용하여 수익을 얻은 개인이 수익 전체를 배타적으로 전유하지 않고 사회구성원과 그 일부를 나누는 것이 정당하다는 사상으로 연결된다. 그 수익의 일부를 세금을 통해 거둬들이자는 정책적 처방이 바로 국토보유세이다.

이는 단지 세금을 징수하고 마는데 그치지 않고 확보된 세수를 토지배당 또는 토지 기본소득으로 사회구성원 전부에게 돌려준다는 조건을 겸한다. 기존의 과세체계에 대한 도전적인 새로운 패러다임의 출현이라 할 것이다.

이번에 새로운 보유세의 일환으로서 기본소득형 국토보유세에 대한 연구보고서가 나왔다. 그동안 국토보유세에 대한 논의나 연구결과들이 없었던 것은 아니다. 그런 만큼 새로운 연구 성과물을 내놓기가 쉽지는 않았을 것이다. 그럼에도 이번 책자는 충분히 새롭고, 포괄적이며, 정책방안도 혁신적이라 할 수 있다. 이 책은 기존 연구들이 담지 못했던 기본소득형 국토보유세의 입법안을 제시하고 있기도 하다. 그런 만큼 기본소득형 국토보유세 정책 추진에 긴요한 자료가 될 것으로 보인다.

마지막으로, 본 책자를 만들기까지 총괄 책임을 맡아 막중한 수고를 아끼지 않은 유영성 경가연구원 기본소득연구단장을 비롯하여, 여러 필진 여러분의 노고에 깊은 감사의 말씀을 드린다.

2021년 7월

경기연구원장 이효구

부동산 문제 해결의 단초,
기본소득형 국토보유세

기본소득형 국토보유세가 부동산 문제 해결의 단초를 제공한다. 이 책에서는 기본소득형 국토보유세의 도입을 검토한다. 기본소득형 국토보유세의 도입과 관련하여 현 부동산 실태 및 보유세제의 문제를 분석한 후 바람직한 보유세제 개편방향을 제시했으며, 국토보유세의 적합성을 규명한 후 구체적인 국토보유세의 설계와 그 경제적 영향을 다루고 있다. 이 책은 기존에 수행한 연구의 주요 내용을 중심으로 구성되어 있다.

차제에 이 책은 연구 내용 중 중요하다고 생각되는 범위를 기본소득형 국토보유세의 입법화 작업까지 확장하고 있다. 구체적으로 아래와 같은 8개의 내용에 해당한다.

① 토지보유 실태, 소유 불평등의 추이, 토지의 불평등 영향

② 부동산 과세체계, 보유세 규모, 이의 OECD 국가와의 비교

③ 현행 보유세제의 개편 필요성, 개편 방향, 보유세 역할

④ 국토보유세의 기본소득 재원으로서의 정당성과 적합성

⑤ 기본소득형 국토보유세의 설계, 시나리오별 시산과 순수혜 분포, 경제효과

⑥ 기본소득형 국토보유세를 둘러싼 쟁점들

⑦ 국토보유세의 입법화 유형, 위헌성 여부, 다른 보유세와 정합성

⑧ 국토보유세 입법안 검토, 국토보유세법(안) 제정안

이 책이 담고 있는 연구의 내용을 통해 다음과 같은 중요한 특징을 확인할 수 있다.

첫째, 우리나라는 토지소유 불평등이 극심하고 혁신을 통해 경제 전체에 활력을 불어 넣어야 할 법인의 토지투기(지대추구)가 다른 나라보다 심하다.

둘째, 토지에서 발생하는 소득이 상당하고 이것이 소득 불평등의 주요 원인 중 하나이다.

셋째, 그럼에도 토지 관련 세제는 보유세 실효세율이 매우 낮고, 거래세는 높고 보유세는 낮은 비효율적 체계이며, 건물과 토지·건물의 과세에 대해서 일관성이 없어 보유세를 강화하기 위한 효과적인 극복 방안이 절실하다.

넷째, 그러므로 토지에서 발생하는 불로소득을 환수하여 기본소득의 재원으로 활용한다면 불평등을 상당 부분 줄여 사회정의를 실현할 수 있으며, 동시에 기업이 더욱 생산적인 활동에 집중하도록 유인할 수 있다.

본 연구는 기본소득형 국토보유세가 그동안 조세저항으로 인해 성공하기 어려웠던 '보유세 강화'를 가능케 하는 방법이며, 나아가서 모든 국민의 기초 생활을 보장하는 재원이 될 수 있음을 밝히고 있다. 또한 종래의 보유세 강화가 '부담을 통한 투기 억제'라면 기본소득형 국토보유세는 '혜택을 통한 투기 차단'을 유도한다는 것도 확인했다.

이러한 기본소득형 국토보유세에 대한 우려와 비판이 있기도 하다. 오랫동안 유지해온 용도별 차등과세와 감면에 대한 원칙적 폐지 등이 목적하고 있는 정책적 효과가 반감되고 부작용이 우려된다는 비판, 부동산 가격 급락에 대한 우려 등이 그것이다. 그러나 용도별 차등과세와 감면 제도 자체가 오히려 경제 전체의 효율을 떨어뜨린다. 그리고 무엇보다 이런 기존 제도들은 "같은 것은 같게, 다른 것은 다르게"라는 공평과세의 원칙에도 부합되지 않는다. 부동산 가격 급락도 정부가 안정적 수요자 역할을 하면 연착륙이 충분히 가능하며, 부동산 가격 하락은 오히려 경제 전체에 활력을 불어넣을 수 있을 것이다. 그리고 일반 세금과 달리 국토보유세는 전가가 불가능하고 투기를 차단하여 투기 목적 주택이 시장에 나오도록 유도하며, 주택을 소유하지 못한 세대는 토지배당이라는 혜택뿐만 아니라 주택가격의 하락으로 인한 주거 안정성도 올라가 이들의 경제 수준이 향상될 수 있다.

본 연구의 결론은 국토보유세를 국세로 징수하여 기본소득으로 지급하는 기본소득형 국토보유세는 국민 대다수가 순수혜가구가 되기 때문에 도입하면 후퇴가 어렵고, 국토보유세에 대해 제기되는 여러 가지 우려 사항들은 충분히 극복 가능하며 원칙을 유연하게 적용하면 오히려 경제 효율이 높아지는 세제라는 것이다.

본 연구는 국세로서 국토보유세에 대해 「국토보유세법」(안)을 조문까지 해서 구체적으로 제시했다. 해당 법안이 제시되기까지 조문별 쟁점, 고려사항 등도 검토했고, 법안 자체의 헌법적 논의를 비롯해 법적 논란이 되는 사항에 대해서도 다뤘다. 「국토보유세법」(안)의 실제 입법화 시 중요한 사항도 제시하고 있다.

첫째, 실제 입법화할 때는 법률이라는 점에서 차후 자구 하나 하나 세밀한 추가적 검토가 필요하다.

둘째, 국세의 경우 기획재정부가 소관부처라는 점에서 정부입법의 형태는 해당 부처의 협력이 필수적이다. 의원입법의 형태(종합부동산세법 제정도 정치적인 상황 등으로 의원입법의 형태를 취한 바 있음)도 가능할 수 있지만, 결국 종전 종합부동산세법과의 관계 등을 고려할 때 중앙정부와 협력이 필요하다.

이상의 연구를 근거로, 본 연구는 기본소득형 국토보유세 실시와 관련해서 정책적으로 중요하게 고려할 사항들을 제시한다.

첫째, 기본소득형 국토보유세의 세율을 탄력적으로 적용할 필요가 있다.

둘째, 국토보유세의 세율 형태는 본 연구가 제안하는 비례세와 누진세의 중간 정도, 즉 '낮은 세율'의 누진세를 선택하는 것이 합리적이다.

셋째, 용도별 차등과세와 감면의 원칙적 폐지는 고수해야 한다.

넷째, 국토보유세의 원칙은 로드맵을 제시하고 점진적으로 적용해야 한다.

다섯째, 국토보유세는 국공유지 비율을 높이는 공공토지임대제와 함께 추진할 필요가 있다.

여섯째, 국가 전체적으로 국토보유세를 시행해야 하나, 이것이 곤란할 경우 광역지자체 차원에서 시범적으로 운영할 수 있도록 한다.

추후 연구 과제로 다음의 것들을 고려할 필요가 있다.

첫째, 3대 원칙인 과세체계 단순화의 원칙, 경제효율 제고의 원칙, 공평과세의 원칙을 일관되게 적용할 수 있는 중장기 계획을 구체적이고 체계적으로 제시할 연구가 필요하다.

둘째, 2020년 8월 종합부동산세법이 개정되어 2021년에는 고가 다주택자들의 종부세 부담이 늘어날 예정이다. 이런 상황에서 '재산세-종부세' 체계가 '재산세-국보세' 체계로 전환된다면, 종부세 대상자들의 국보세 부담과 그것으로 인한 유인구조가 어떻게 바뀔지에 대한 치밀한 연구가 필요하다. 이런 연구를 바탕으로 유인체계가 효과적으로 작동하기 위한 국토보유세의 과세체계를 설계해야 한다.

세 번째는 토지뿐만 아니라 자연자원과 환경 등을 포괄한 천연물을 재원으로 하는 기본소득제를 구상할 필요가 있다.

　마지막으로 이 책은 법률 관련해서 새로운 국세로서 국토보유세를 신설하는 것인 만큼 여기서 제시한 국토보유세법 제정안과 관련 법률인 국세기본법, 조세특례제한법, 농어촌특별세법을 함께 고려하여 입법화하는 추진 실행기구를 둘 것을 제안하고 있다.

저자들을 대표하여 유영성

차 례

1장

기본소득형 국토보유세와 세제 개편은 왜 필요한가

국토보유세와 세제 개편을 연구하는 이유

재정학 이론에 의하면 세수 확충을 추진함에 있어서 조세의 효율성과 형평성 측면에서 보유세는 소득세, 소비세에 비해 바람직한 세목이다. 이러한 바람직함을 넘어서서 보유세를 통한 세원 확충이 현실성이 있으려면 실제 세수증대 여력이 있어야 하며, 또 그 필요성을 인정받아야만 한다. 현재 한국은 부동산 및 관련 세제의 실태에 비춰보았을 때 보유세를 늘려 세원을 확충하는 것이 필요하며, 세수증대 여력도 상당히 큰 편이라고 할 수 있다. 한국의 부동산 및 관련 세제의 실태는 이를 잘 말해주고 있다.

한국의 부동산(토지 및 건물) 가치는 국민순자산의 76%(2018년 기준)를 차지할 정도로 중요성이 큰 자산이다. 2018년 기준 순자산 1경 5,511조원에서 순금융자산(461.8조원)을 제외한 비금융자산 1경 5,050조원에서 토지자산이 8,222.6조원, 건물 자산이 3,215조원을 차지하여 부동산이 비금융자산의 76%를 차지한다. 한국의 부동산은 전체 국부에서 차지하는 비중이 클 뿐만 아니라, 비금융자산 및 GDP 대비 비중이 지속적인 상승 추세를 보이고 있다. 부동산이 비금융자산에서 차지하는 비중은 2006년 75.6%에서 2013년까지 74%로 하락하였다가 그 이후 다시 상승하기 시작하여 현재 76%까지 상승했다. GDP 대비 토지자산 비율은 2007년 4.38배에서 2015년 4.07배까지 하락했으나 그 이후 지속 상승하여 2018년 기준 4.34배까지 상승했다.

이러한 한국의 부동산 상태에 비해 한국 부동산 보유세의 규모는 OECD 국가의 중하위권 수준이다. OECD 국가들 중 보유세의 GDP 비중 평균이 1.1%이고, 일본, 영국, 미국, 캐나다에서의 비중이 1.9%, 3.1%, 2.7%, 3.1%인 반면, 한국 보유세의 GDP 비중은 0.9%에 불과하다. 이뿐만 아니라 민간보유 부동산의 시가총액이 GDP에서 차지하는 비중이 한국의 경우 5배가 넘지만, OECD 국가들에서의 민간보유 부동산의 GDP 비중은 3.67배 수준에 불과하다.

한국에서 보유세 강화를 통하여 조세수입을 확보하는 것은 현행 보유세(종부세와 재산세) 체계의 개선을 통해 이루어낼 수 있다. 물론 이는 여러 가지 장애와 난관이 수반될 것이다. 그리고 이것만이 우리 사회의 문제 해결의 유일한 대안이라고 단정할 수도 없다. 더 나은 대안을 모색해 볼 필요가 있다. 특히나 세수확충에 국한되지 않고 다양한 측면을 고려해야 한다면 더욱 그렇다.

이 책은 새로운 패러다임이자 대안으로서 보유세의 과세 및 이의 전국민에 대한 배당이라는 '기본소득형 국토보유세'를 고찰한다. 그런 만큼 그 배경과 목적을 기존 보유세 논의에서 한발 더 나아가 기본소득 논의에서 찾을 필요가 있다. 보유세가 기본소득과 연결된 기본소득형 국토보유세가 부각될 수밖에 없는 이유는 다음과 같은 시대적 배경에서 찾을 수 있다.

코로나19 사태로 '기본소득'은 한국 사회에서 시민권을 획득했다. 불과

얼마 전만 해도 우리 사회에서 기본소득은 낯선 주제였다. 기본소득을 일거에 실현 가능한 대안으로 등장시킨 계기는 코로나19 사태다. 이로 인해 '재난기본소득'이라는 이름으로 실시된 기본소득은 기본소득의 요건에 정확히 부합하지 않았지만, 기본소득에서 가장 중요한 '무조건성'과 '보편성'과 '현금성'이 무엇인지, 즉 기존에 조건이 있는 '선별적' 복지와 무엇이 다른지를 온 국민이 경험하게 해 주었다. 이런 방식으로 재정지출이 가능하다는 것을 경험한 시민들은 아울러서 이것이 지역화폐와 결합했을 때 경제활성화에 도움이 된다는 것도 알게 되었다.[1] '왜 부자에게도 주느냐?'라는 기본소득의 가장 높은 관문을 넘은 것이다.

그러나 코로나19 사태 때문만으로 기본소득이 이렇게 시민권을 획득한 것은 아니다. 코로나19 사태는 기본소득 실시를 촉발시킨 계기는 되었지만, '촉발'이란 것도 조건이 성숙해야만 가능한데, 여기서 말하는 조건이란 노동(고용)에 기초를 둔 기존의 복지의 효과성이 점점 하락할 것이라는 전망을 의미한다.

2016년 세계경제포럼(WEF)은 4차 산업혁명으로 늘어나는 일자리는 200만 개, 줄어드는 일자리는 710만 개, 즉 500만 개의 일자리가 사라진다고 전망했다(World Economic Forum 2016). 물론 기술발전으로 없어지는 일자리도 있지만 새로운 기술의 도입으로 사람들 간의 분업이 재편되어 기존에 없던 일자리가 더 많이 생긴다는 주장도 있다(김종철 2020, 48). 이런 주장의 근거는 기존 일자리는 사라졌지만 새로운 일자리가 크게 증가했던 1차·2차 산업혁명의 역사적 경험이다. 이런 까닭에 4차 산업혁명과 일자

---

[1] 경기연구원에 따르면 "전년 동기 매출을 100%로 가정했을 때 재난기본소득 가맹점의 매출이 경기도 재난기본소득 지급이 시작된 15주차(4.6~4.12) 118.2%를 시작으로 17주차(4.20~4.26) 140%, 20주차(5.11~5.17) 149%로 6주 평균 39.7% 증가"했다고 한다(오마이뉴스 2020. 6. 3.).

리 수를 둘러싸고 벌어지는 논쟁의 결론은 좀 더 지켜봐야겠지만,[2] 설사 4차 산업혁명으로 사라지는 일자리보다 새로 생기는 일자리가 더 많아 일자리의 총량이 증가한다고 할지라도 소위 '플랫폼 노동'의 증대로 고용의 질이 나빠진다는 것에 이의를 제기하기 어렵다는 점은 분명하다. 플랫폼 노동이란 앱이나 웹사이트 등의 플랫폼을 통해 노동력이 거래되는 노동 형태로 '배달의 민족'과 같은 음식 배달 앱 배달 기사나 대리운전 기사, 가사 돌봄 앱을 통해 일을 하는 가사 노동자 등을 일컫는다.

이들 플랫폼 노동자는 최근 5년간(2014~2018년) 무려 160만 명 이상, 매년 30만 명 이상 증가한 것으로 조사되고 있다(장혜영 의원실 2020). 플랫폼 노동의 문제는 소득수준도 낮고 근로자가 아니어서 사회보험 가입률이 매우 낮다는 것에 있는데, 이렇게 불안정 노동자들이 양산되면 성장을 통한 일자리 창출은 빈곤에서 탈출할 수 있는 수단이 되기 어렵다. 게다가 기술 발달로 실업 상태에 처한 노동자들을 일정한 교육훈련을 통해 고숙련 첨단 분야의 일자리를 얻도록 하는 것이 대단히 어렵다는 것을 감안하면(백승호·이승윤 2018, 53) 불안정 노동자들의 수는 더 늘어날 것이라는 전망이 자연스럽다고 할 수 있다. 이런 까닭에 '기여의 원리'에 입각한 복지국가의 대안, 즉 노동에 기초한 사회보험 제도는 미래의 대안이 되기 어렵다. 요컨대 기술발전과 그로 인한 노동시장의 질적 변화로 요약되는 거대한 흐름과 코로나19라는 초유의 사태가 만나 기본소득은 한국 사회에서 일거에 대안으로 부상하게 된 것이다.

한편 한국 사회에서 기본소득이 이렇게 확산될 수 있었던 것은 단지 기술발전에 따른 노동시장의 변화만이 아니라, 이를 적극적으로 기획·추진했기에 가능한 것이기도 하다. 경기도가 만 24세 청년을 대상으로 한 기본

---

2 이를 둘러싼 논쟁을 정리한 논문으로 백승호·이승윤(2018, 51~54)을 참조하라.

소득(연 100만원 지급)을 실시하고 있는 것이 기본소득의 인식 확산에 기여했다.

그러나 '재난기본소득'은 그야말로 '재난' 시에 일시적으로 실시된 것이다. 재난 시가 아니라 '평시'에 정기적으로 지급되는 명실상부한 기본소득이 되기 위해서는 매년 정부 예산에서 기본소득으로 집행할 재원이 필요하다. 그뿐 아니라 기본소득의 안정성과 지속성을 확보하기 위해서는 재원의 근거를 명확하게 제시하는 것이 무엇보다 중요하다. 다시 말해서 완전고용을 전제로 한 종래의 복지 강화의 한계가 명확하므로 기본소득의 재원이 필요하다는 '필요론'이 아니라 모두가 마땅히 누려야 하는 '권리론'의 입장에서 재원마련에 접근할 필요가 있다는 것이다. 그 대표적인 사례가 바로 국토보유세를 통한 기본소득 지급이라 할 수 있다. 그런데 이러한 기본소득형 국토보유세가 보다 완벽하고 설득력 있는 대안이 되기 위해서는 구체적인 시나리오와 예상 효과까지 제시해야만 한다. 이런 관점에서 이 책은 정당성이 확보된 재원으로서 국토보유세가 무엇인지, 재원마련의 구체적인 방안, 그리고 그것의 예상 효과까지 제시하는 것을 연구목적으로 하고 있다.

더 나아가 이러한 국토보유세 도입을 제도적으로 뒷받침하기 위한 법률적 근거를 마련하는 것도 연구목적의 하나이다. 사실 토지공개념에 기초한 적절한 토지 관련 보유세 부과제도의 필요성이 제기되고 있으며, 기본소득제도 도입 가능성이 제기되면서 소요 재원으로서 국토보유세 도입 논의가 확대되고 있다.

이 책은 이러한 국토보유세를 실제 입법화하는 차원에서 그 구체적인 법률안을 제시하고자 한다.

선행연구 살펴보기

국토보유세와 관련한 제안과 연구들은 크게 세 가지로 분류할 수 있다. 하나는 토지보유세의 하나로서 '국토보유세'라는 명칭을 제시한 부류, 또 다른 하나는 본 연구가 제시하는 '기본소득형 국토보유세'와 같은 골격을 지닌 연구들, 그리고 마지막으로 이것을 평가한 연구들이다.[3]

먼저 국토보유세라는 명칭 제안부터 살펴보도록 한다. '국토보유세'라는 이름을 최초로 사용한 연구자는 김윤상(2003)이다. 한 경제지 칼럼에서 그는 국토보유세라는 이름의 국세를 도입하자고 제안했는데, 그 내용은 지대 100% 환수를 목표로 점진적으로 세율을 강화하면서 경제에 부담을 주는 나쁜 세금을 줄여가자는 것을 골자로 하고 있다. 그 이후에 그는 모든 토지의 지대에서 매입 지가의 원리금만 보장하고 그 초과분을 환수하는 내용으로 '국토보유세'를 제안하기도 했다(2005; 2009).

한편 전강수(2008)는 종합부동산세와 관련해서 헌법재판소가 세대별 합산을 위헌으로 판결하자 종부세가 보유세 강화의 역할을 제대로 감당할 수 없다고 보고 종부세를 폐지하고 국토보유세를 도입하자고 주장했다. 한 가지 특기할 점은 전강수가 제안한 국토보유세는 주택분 토지와 나대지 등을 합산 과세하자는 내용이 포함되어 있었는데, 이것은 오늘날 모든 토지를 인별 합산해서 과세하자는 국토보유세의 초보 형태라고 할 수 있다.

두 번째 부류인 지금의 기본소득형 국토보유세와 같은 내용으로 제시된 연구들이 있다. 첫 번째는 남기업·전강수·강남훈·이진수(2017)의 연구다. 이 연구는 구체적인 과세구간과 세율을 확정해서 제시했고, 2017년 기준으로 종부세 폐지-국토보유세 신설로 늘어난 세수 순증분을 15.5조원으

---

3 본 연구에서는 필요에 따라 국토보유세를 '국보세'로, 종합부동산세를 '종부세'로 사용하고 있다는 점을 밝혀둔다.

로 추산하고, 모든 국민에게 연 30만원씩 지급하는 기본소득과 연계시켰다. 기본소득형 국토보유세를 내용으로 하는 또 다른 연구는 전강수·강남훈(2017)의 연구다. 이들은 앞선 연구인 남기업·전강수·강남훈·이진수(2017)[4]가 제시한 과세구조와 같은 내용의 국토보유세를 주요 재원으로 하는 하나의 모형과, 0.6%의 비례세 형태의 토지세(1인당 연 60만원 지급)에 환경세·시민세를 추가한 또 다른 모형을 제시했는데, 두 모형 다 기본소득과 연계한 연구다.

이렇게 기본소득형 국토보유세가 하나의 대안으로 제출되자 이를 평가하는 세 번째 부류의 연구들이 등장했다. 박상수(2019a; 2019b), 이현우 외(2019), 그리고 한재명(2020)의 연구가 그것인데, 이를 각각 검토해보면 다음과 같다.

가장 먼저 기본소득형 국토보유세를 평가한 글은 박상수(2019a)다. 그는 남기업·전강수·강남훈·이진수(2017)가 제시한 기본소득형 국토보유세를 둘러싼 몇 가지 쟁점을 제시하면서 나름의 견해를 제시했다. 먼저 "국토보유세는 도입 목적이 분명"한 것과 "정책의 공공성"을 긍정적으로 평가하면서 국토보유세가 "2005년 부동산 보유세 개편 이전의 종합토지세와 유사하다는 점에서 과세근거 및 체계"가 인정된다고 보았다.

하지만 건물과 토지를 합산해서 과세하는 현행 주택공시가격 제도를 분리하는 문제, 토지의 용도별 차등과세 폐지로 인해 이 제도가 본래 목적하는 정책유도기능이 약화될 것에 대한 우려, 저율 분리과세했던 농지와 임야 등의 세부담이 높아진다는 문제를 지적했다. 그리고 광역자치단체,

---

4　논문 발행순서로 보면 전강수·강남훈의 연구가 2017년 8월이고 남기업·전강수·강남훈·이진수의 연구가 같은 해 10월이므로 '2인 연구'가 앞서지만, '4인 연구'는 같은 해 6월 말 〈한국사회경제학회〉가 주최한 토론회에서 발표된 논문을 심화시킨 것이어서 '4인 연구'를 앞선 것으로 한 것임을 밝혀둔다.

예를 들어 경기도만 국토보유세를 도입하는 것은 이중과세 논란, 타 광역단체와의 세부담 차이로 인한 납세자들의 문제 제기, 실시하는 광역자치단체에서의 기업 유출 등이 우려된다는 이유를 근거로 광역 단위에서의 실시는 타당성이 낮다고 보았다. 결론적으로 그는 국토보유세 도입 취지를 참작하여 '종합부동산세 폐지→국토보유세 신설' 전략보다 기존의 종합부동산세의 종합합산토지와 별도합산토지를 통합하는 과세 방안 등을 제시했다. 여기에 더하여 그는 종합부동산세와 재산세에서 종합합산토지와 별도합산토지를 통합하는 방안 이외에 4가지 방안을 추가로 제시했는데, 이런 까닭은 종합부동산세를 폐지하고 국토보유세를 신설하는 것이 대단히 어렵고 자신이 보기엔 여러 가지 부작용도 우려되기 때문이다(박상수 2019b).

두 번째로 이현우 외(2019)는 국세로 도입하는 기본소득형 국토보유세에 대한 평가가 아니라, 국토보유세를 광역자치단체인 경기도에서 실현할 수 있는 구체적인 방안을 제시하고 있다.

세 번째로 한재명(2020)의 연구는 박상수(2019a)가 제기한 국토보유세의 쟁점을 재정리하고 있지만, 재산세와의 이중과세 논란에 관한 쟁점과 내용에 초점을 맞춰 이중과세 논란을 피하기 위한 재산세 개편방안을 집중적으로 검토하고 있다.

기본소득형 국토보유세를 제시한 연구와 이와 관련한 후속 연구들을 종합해보면 이들은 국토보유세가 터하고 있는 철학과 정신, 그리고 제도의 의의와 목표에는 충분히 공감하나 비과세·감면 폐지, 용도별 차등과세 폐지 등이 가져올 문제와 이중과세에 대한 우려에 집중되어 있음을 알게 된다. 그러나 후술하겠지만 국토보유세는 아직 형성단계에 있고, 모든 토지에 부과하는 동시에 기본소득의 재원으로 사용한다는 원칙과 토지의 공공성 철학을 일관되게 유지하면서, 앞서 제기된 우려 사항이나 문제점을 해소하고 반영할 수 있는 대안을 얼마든지 제시할 수 있다.

책의 내용과 연구 수행 방법

이 책에서는 크게 9개의 주제를 다룬다.

첫째, 우리나라 토지보유 실태를 파악하고 토지 소유 불평등의 추이를 살펴본 후 토지가 불평등에 어떤 영향을 미치는지를 규명해 낸다.

둘째, 토지 등 부동산에 대한 과세체계가 어떠한지, 더 나아가 보유세 규모는 어느 정도인지를 살피고, 이를 OECD 국가와 비교하면서 그 특징을 밝혀낸다.

셋째, 현행 보유세제의 개편이 필요한 이유를 제시하고, 개편 방향 및 보유세 역할에 대해 살펴본다.

넷째, 국토보유세가 기본소득 재원으로서 정당한지와 적합한지를 규명해낸다.

다섯째, 구체적인 기본소득형 국토보유세를 설계하여 제시하며, 시나리오별 시산과 순수혜 분포를 밝혀낸다. 더 나아가 그 디자인에 따른 국토보유세의 구체적인 모습이 경제 전체에 미치는 예상효과를 규명해 본다. 여기서 기본소득형 국토보유세를 둘러싼 쟁점들도 종합해서 검토해본다.

여섯째, 국토보유세를 입법화하는 것과 관련하여 구체적인 입법화 유형들을 살펴보고,

일곱째로 이런 국토보유세를 도입했을 때 나타날 수 있는 위헌성 여부도 따져 본다. 여기서 마땅히 위헌성을 제거한 국토보유세 기본구조를 제시한다.

여덟째, 국토보유세와 다른 보유세 규정과의 정합성을 검토한다.

그리고 마지막으로 국토보유세 입법안을 하나씩 검토한 다음, 구체적인 국토보유세법(안) 제정안을 제시한다.

이 책은 국토보유세에 대한 다양한 방식 중 국세인 종합부동산세의 과

세대상인 토지와 주택에 대한 기본 틀에서 토지를 중심으로 한 국토보유세를 전제로 논의한다. 그리고 이에 맞춰 국토보유세 및 종합부동산세에 대한 여러 선행연구들을 반영한다. 특히 국토보유세 도입 관련 입법화 방안을 논하는 경우 법학 분야의 통상적인 문헌조사의 방법에 따른다.

2장

토지보유 실태와 부동산 불평등

토지보유 실태

토지소유 주체별 소유현황

국토교통부가 발표한 〈토지소유현황〉 통계에 따르면 2018년 12월 기준으로 우리나라의 토지 총면적은 100,378㎢이며 총 가액은 4,835조원이다. 여기서 가액은 공시지가 기준이며 시가 기준으로 추계하는 국민대차대조표상의 총 토지가액 8,223조원[1]과 비교하면 공시지가는 평균적으로 시가의 58.7% 수준이다. 총 토지가액을 국민 수로 나누어 보면 공시지가 기준으로 9,330만원, 시가 기준으로는 1억 5,900만원, 면적은 1,937㎡이다.

〈표 2-1〉 및 〈그림 2-1〉의 소유자에 따른 토지 소유 비율을 보면 개인소유 토지인 민유지는 가액 기준으로 전체의 절반 이상인 56.8%[2]를 차지

---

1   2018년 잠정발표자료 기준

〈표 2-1〉 소유구분별 토지가액비율

소유구분	가액(조원)	비중
민유지(개인)[1]	2,749	56.8%
법인	1,050	21.7%
도유지	337	7.0%
국유지	327	6.8%
군(郡)유지[2]	265	5.5%
비법인[3]	95	2.0%
기타[4]	14	0.3%
총합계	4,835	100.0%

주1〉민유지: 개인명의로 등록된 토지, 법인: 주식회사, 합자회사, 합병회사, 정부투자기관, 재단법
　　　인, 학교법인, 기타단체의 토지
주2〉군유지: 시·군·구 명의로 등록된 토지
주3〉비법인: 법인이 아닌 종중, 종교단체, 마을공동재산, 동.리 등의 명의로 등록된 기타단체의 토지
주4〉기타: 외국인, 외국 공공기관, 창씨 등의 명의로 등록된 토지

자료: 국토교통부. 2018년 토지소유현황

〈그림 2-1〉 소유구분별 토지가액비율

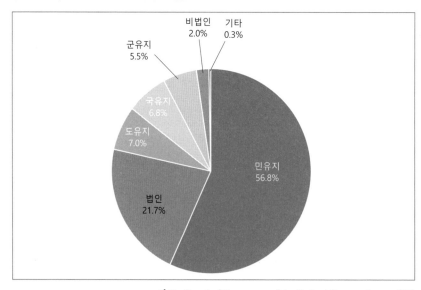

자료: Board of Governors of the Federal Reserve System (US)

<그림 2-2> 개인 소유 토지와 법인 소유 토지의 점유율 추이

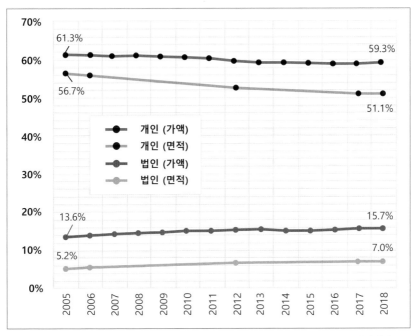

자료: 국토교통부 각년. 토지소유현황; 한국은행. 각년. 국민대차대조표

하고 있고, 다음으로는 법인이 21.7%의 토지를 소유하고 있다. 민유지와 법인토지를 모두 합친 민간토지는 가액 기준으로 전체의 78.5%가 된다. 도유지, 국유지, 군유지를 합친 국공유지는 전체의 19.3%를 차지한다. 대략적인 비율로 보면 개인이 60%, 법인이 20%, 정부가 20%를 차지하고 있는 모습이다.

2005년부터 토지 소유구분별 소유 비중의 추이를 살펴보면 눈에 띄는 중요한 특징이 하나 나타난다. 그것은 〈그림 2-2〉에서 보듯이 민유지, 즉 개인토지의 면적점유율 및 가액점유율은 감소하는 반면, 법인토지의 면적

2 　면적 기준으로는 51.1%

<그림 2-3> OECD 국가들의 '총고정형성자본' 대비 '비생산비금융자산' 순구입 비율

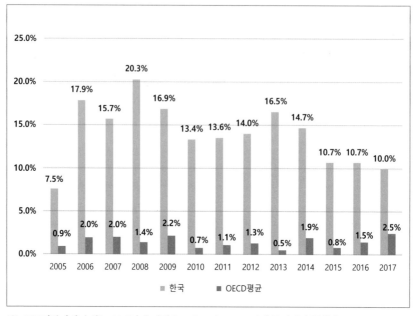

주〉 2010년부터의 수치는 2019년에 개정(benchmark revision)된 국민계정 통계자료

자료: stats.oecd.org

점유율 및 가액점유율은 증가한다는 점이다. 즉, 개인은 토지를 계속 팔고 법인은 토지를 계속 사들였다는 것이다. 가액 기준으로 전체 토지 중 개인 토지가 차지하는 비율은 2005년 61.3%에서 2018년 59.3%로 경향적으로 감소했고, 면적은 56.7%에서 51.1%로 감소했다. 반면 법인토지가 차지하는 비중은 가액 기준으로 2005년 13.6%에서 2018년 15.7%로 증가하였고 면적은 5.2%에서 7.0%로 증가했다.

그 이유로 한 가지 생각해볼 수 있는 것은 신도시 사업이나 혁신도시 건설에 필요한 토지매입 때문이라고 할 수 있다. 하지만 수용한 토지는 다시 개인에게 매각한다는 것을 고려하면 법인의 주종을 차지하는 회사의 토지투기도 하나의 원인이라는 추측 내지는 의심도 가능하다. 〈그림 2-3〉에서 보듯이 한국의 비금융법인의 비생산비금융자산[3] 순구입(=구입-매각) 비율은 OECD 다른 나라에 비해 월등히 높다는 것에서 확인이 가능하다. 한국의 비금융법인의 생산적 투자 활동인 '총고정자본형성' 대비 '비생산비금융자산순구입'의 비율의 13년(2005~2017년) 평균이 14.0%인데 반해 같은 기간 OECD 평균은 1.44%이다. 한국의 비금융법인이 토지 순구입에 OECD 국가들과 비교해서 약 10배(9.7배)의 자금을 투입한다는 것인데, 토지가격 자체가 OECD 나라보다 2배 이상 높은 것도 하나의 원인일 수 있지만, 순구입 비율이 10배에 가깝다는 것은 법인의 토지소유비율 증가가 토지투기에 있다는 추측을 할 수 있게 된다.

토지 소유 불평등의 추이와 현황

1) 개인의 토지 소유 불평등

(1) 개인 기준

상위 10%가 79.1%를 소유 전체 인구 중 토지를 소유하고 있는 개인은 전체의 33.4%이고, 평균 소유가액은 1억 7천만원, 평균 소유면적은 2,699㎡이다. 〈표 2-2〉에서 보는 것처럼 2018년 기준으로 전체 인구 중 상위 0.1%가 가액의 12.3%, 면적의 19.1%를, 상위 1%가 가액의 33.8%, 면적의 53.6%를, 그리고 상위 10%가 가액의 79.1%, 면적의 96.5%를 소유하고 있다.

물론 14년(2005~2018년) 동안 면적에서나 가액에서나 상위 소유자의 점유율은 약간 감소하는 추세에 있지만, 눈여겨볼 것은 2005년부터 2012년 사이에 최상위 0.01%(5천명)의 가액점유율은 오히려 증가했고, 2018년이

---

3   '비생산비금융자산'에 속하는 것은 토지, 면허권, 특허권, 주파수대역 등인데, 여기에서 압도적인 비중을 차지하는 것은 토지이다.

〈표 2-2〉 개인기준 상위토지소유자의 점유율 추이(2005~2018)

상위 소유자		가액 점유율			면적 점유율		
인원(명)	비율	2005	2012	2018	2005	2012	2018
5,000	0.01%	4.1%	4.6%	4.2%	7.0%	6.4%	6.0%
50,000	0.1%	14.0%	14.1%	12.3%	21.1%	19.9%	19.1%
500,000	1%	39.6%	38.1%	33.8%	57.1%	55.2%	53.6%
5,000,000	10%	86.1%	83.5%	79.1%	98.4%	97.6%	96.5%
10,000,000	19%	98.2%	96.4%	93.7%	99.8%	99.7%	99.4%

자료: 국토교통부. 2018년 토지소유현황을 바탕으로 직접 작성

2005년보다 0.1%p 높다는 점이다.

(2) 세대 기준: 상위 10%가 68.7% 소유

〈표 2-3〉에서 보듯이 세대를 기준으로 할 때도 전반적으로 상위층의 점유율은 감소하고 있으나 최상위 소유세대의 점유율은 2005년부터 2012년까지 증가한 이후 그 이후에는 약간 감소세를 보이고 있다. 그러나 상위 5,000세대의 경우 2018년이 2005년보다 0.1%p 높아졌다.

2018년 현재 상위 1,000세대(상위 0.005%)는 가액 기준으로 전체 토지의 2.1%를, 면적 기준으로는 2.7%를 소유하고 있으며 이들은 평균적으로 632억원의 토지를 소유하고 있다. 시가 기준으로 한다면 1세대당 1,000억원 이상의 토지를 보유하고 있다는 것이다. 이들의 가액 점유율은 2005년 1.8%에서 2012년 2.2%로 큰 폭으로 증가하였는데, 이는 명목 가액으로만 보면 2005년에 총 22.5조원에서 2012년에 45.5조원으로 2배 증가한 것이다.

다음으로 세대 기준으로 10분위 자료를 활용해서 불평등 현황을 알아보자. 국토교통부가 소유세대 내에서의 10분위 자료 및 100분위 자료를 제

〈표 2-3〉 세대 기준 상위소유세대의 점유율 추이(2005~2018)

(단위 : 개, %)

상위 소유세대		가액 점유율			면적 점유율			
세대수	비율	2005	2012	2018	2005	2012	2017	2018
1,000	0.005	1.78	2.18	2.13	3.1	2.9	2.8	2.7
5,000	0.023	4.5	5.0	4.6	7.1	6.7	6.4	6.3
10,000	0.05	6.7	7.1	6.5	10.0	9.5	9.1	9.0
50,000	0.23	16	16	14	21.7	20.7	20.0	19.9
100,000	0.5	22	21	19	29.9	28.7	27.9	27.7
500,000	2.3	43	42	39	58.9	57.2	56.0	55.7
1,000,000	4.5	56	55	51	74.3	72.5	71.1	70.7
5,000,000	23	91	89	86	99.1	98.6	98.1	97.9
10,000,000	45	100	99	98	99.9	99.8	99.8	99.8

자료: 국토교통부. 2018년 토지소유현황을 바탕으로 직접 작성

〈표 2-4〉 개인토지의 세대기준 10분위 점유율(가액, 2018)

분위	점유율	누적점유율	세대 당 평균가액(억원)*	
			공시지가	시가
10	68.7%	68.7%	9.24	14.6
9	14.7%	83.4%	1.98	3.1
8	8.0%	91.5%	1.08	1.7
7	5.0%	96.5%	0.67	1.1
6	2.6%	99.1%	0.35	0.6
5	0.9%	100.0%	0.13	0.2
4	0.0%	100.0%	0.00	0.0
3	0.0%	100.0%	0.00	0.0
2	0.0%	100.0%	0.00	0.0
1	0.0%	100.0%	0.00	0.0

주) 공시지가는 〈토지소유현황〉을 바탕으로 계산한 것이며, 시가는 공시지가의 시가반영률을 63.3%로 계산

<그림 2-4> 개인토지(민유지)의 세대별 10분위 점유율(가액, 2018)

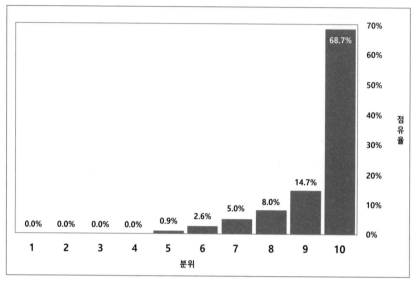

자료: 국토교통부. 2018년 토지소유현황을 바탕으로 직접 작성

공하지만, 이 자료는 토지를 소유하고 있지 않은 세대 38.7%[4]을 반영하지 않은 자료다. 100분위 자료를 기초로 하여 토지를 소유하지 않고 있는 세대도 포함시켜서 전체 세대의 10분위 점유율을 계산한 결과가 <표 2-4>이다.

<표 2-4>에서 알 수 있는 것처럼 토지를 가장 많이 소유한 최상위 10%는 가액 기준으로 68.7%를, 상위 20%는 83.4%를, 상위 30%는 91.5%를 소유하고 있다. 반면에 하위 40%는 토지를 전혀 소유하고 있지 않으며 하위 50%는 전체의 0.9%의 토지만 소유하고 있다. 요컨대 상위 50% 세대가 99.1%를, 하위 50%는 0.9%를 소유하고 있다는 것이다.

한편 소유세대 내에서도 불평등이 심하다는 것은 <그림 2-4>에서 분명

---

4 2018년 현재 우리나라 총세대 22,042,947에서 토지를 소유한 세대는 13,513,679로, 전체 세대의 38.7%인 8,529,268세대는 토지를 1평도 소유하고 있지 못하다.

<그림 2-5> 토지 소유 지니계수 추이(세대별)

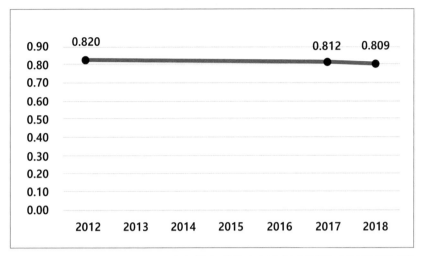

자료: 국토교통부 각년. 토지소유현황을 바탕으로 직접 작성

히 드러난다. 5~9분위까지 서서히 증가하던 점유율이 10분위로 가면 갑자기 급등하는 것을 볼 수 있다.

(3) 토지 소유 지니계수

〈그림 2-5〉에서 보듯이 토지 소유세대의 지니계수[5]는 토지를 소유하지 않은 세대까지 포함하면 2018년 현재 0.809이다. 지니계수는 0을 완전히 평등한 상태, 1은 완전히 불평등한 상태를 의미하는데 2018년 가구소득의 지니계수가 0.345[6]이고 순자산 지니계수가 0.588[7]인 것에 비하면 0.809

---

5 토지소유세대 100분위별 소유가액 통계를 사용하여 계산하였고 보간법은 사용하지 않음. 전체 세대 중 토지를 소유하고 있는 가구의 비율을 고려하여 토지 소유가 0인 관측치를 63개 추가하여 지니계수를 구함

6 2018년 가계금융복지조사 균등화 가처분소득 기준

7 2018년 가계금융복지조사

〈표 2-5〉 법인 토지의 상위 점유율 추이

(단위: %)

연도	가액 기준			면적 기준		
	상위 1%	상위 5%	상위 10%	상위 1%	상위 5%	상위 10%
2012	70.2	84.6	89.9	77.0	90.0	93.8
2017	70.6	84.2	89.5	75.6	88.2	92.5
2018	70.5	84.0	89.3	75.4	88.0	92.3

주1) '상위 1%'는 토지를 보유한 법인 수 중 1%를 의미함
주2) 법인토지 100분위 자료는 2012년부터 생산되었음

자료: 국토교통부 각년. 토지소유현황을 바탕으로 직접 작성

는 대단히 불평등한 수준임을 알 수 있다. 토지 소유 지니계수의 추이는
'0.820(2012년)→0.812(2017년)→0.809(2018년)'로 하락하는 추세에 있지만
여전히 0.8이 넘는다.

2) 법인의 토지 소유 불평등: 상위 10%가 90%를 소유

〈표 2-5〉에서 확인되듯이 토지를 조금이라도 소유하고 있는 법인
203,266개 가운데 상위 1%(2,033개)가 가액 기준으로 70.5%를, 면적 기준
으로 75.4%를 소유하고 있다. 상위 1% 법인이 소유한 총 토지 가액은 공시
지가 기준으로 738조원이며 법인 1개당 평균 3,632억원이다. 그리고 상위
5%는 가액 기준으로 84.6%, 상위 10%는 89.9%를 소유하고 있다.

법인 전체의 토지면적은 증가하고 있는 가운데 전체 법인에서 상위 법
인의 소유면적은 줄어드는 추세이지만, 특이한 것은 2012년에서 2017년
사이 상위 1%의 가액 점유율은 증가했다는 점이다.

그리고 법인 소유의 토지는 개인 소유의 토지와 비교했을 때 불평등이
훨씬 심한데, 이것은 〈그림 2-6〉의 10분위 소유 비율에서 확연하게 드러난
다. 토지를 가장 많이 소유한 10분위 법인이 소유한 토지는 가액 기준으로

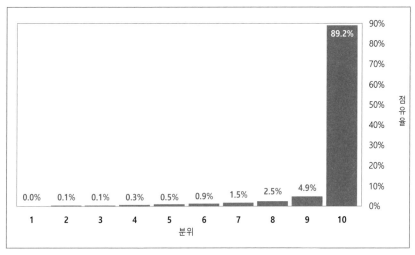

〈그림 2-6〉 법인토지의 10분위별 가액 점유율(2018년)

자료: 국토교통부. 2018년 토지소유현황을 바탕으로 직접 작성

전체 법인 토지의 89.2%라는 것에서, 그리고 9분위까지 완만하게 증가하던 보유율이 10분위로 올라가면 9분위의 무려 18.2배로 증가한다는 것에서 이를 확인할 수 있다.

부동산이 소득 불평등에 미치는 영향

부동산과 소득 불평등의 관계

그렇다면 부동산은 소득 불평등에 얼마나 많은 영향을 미칠까?[8] 이와

---

8 '토지'가 아니라 '부동산'을 분석 대상으로 하는 이유는 토지개량물, 즉 건물을 제외한 토지에서만 발생하는 소득을 산출하기 어렵기 때문이다. 그러나 부동산에서 문제가 되는 것은 건물이 아니라 토지이고 부동산에서 발생하는 소득의 상당 부분은 토지이며, 부동

관련한 다수의 연구들은 부동산이 소득 불평등에 영향을 미치기는 하지만, 소득의 규모가 크지 않기 때문에 주된 원인이라고 보기 어렵다고 보고 있다.

기존 연구가 그렇게 보는 가장 큰 이유는 부동산소득을 좁게 보기 때문이며, 두 번째 이유는 기존 연구들이 사용하는 가구 설문 데이터에서 부동산소득이 과소 응답되기 때문이다. 일반적으로 개별 소득 유형이 총소득의 불평등도에 얼마나 기여하는가를 분석하는 연구에서 부동산소득은 실제 타인에게 임대했을 때 발생하는 임대소득만을 사용하는 경우가 많다. 정의철·김진욱·하두나(2009)의 연구는 부동산소득으로 노동패널의 임대소득 문항을 사용하였는데 1998~2004년 사이에 부동산소득은 소득 불평등 지니계수에 2~6% 영향을 미치는 것으로 나타났다. 마찬가지로 Rani & Furrer (2016)의 연구도 G20 각국의 가구 설문자료를 이용해 본 연구와 같은 방식으로 불평등 요인을 분해했는데 임대소득을 비롯한 자본소득의 불평등 기여도는 국가에 따라 1.5~27%로 나타났으며,[9] 이 중 한국은 가계동향조사 자료를 이용했는데 2.6%로 나타났다. 최근 연구로 이종철(2018)은 미시자료인 가계금융조사에 거시자료를 이용하여 재산소득 보정방식을 사용했는데, 국세통계를 이용하여 금융소득을 보정하고, 산업연관표의 임대소득을 각 가구에 배분하는 방식으로 보정하여 분석한 결과 금융소득, 부동산소득을 포함한 재산소득의 기여도가 약 12%로 나타났다.

부동산소득을 자본이득과 귀속임대소득까지 포함한 임대소득의 합으로 정의하는 것과 유사하게 부동산소득의 범위를 귀속임대소득까지 넓혀서 살펴본 연구도 있다. 정의철·김진욱(2009)은 귀속임대소득만의 불평등 기여도는 11.3%, 매매차익 및 임대소득(귀속임대소득 제외)의 기여도는

산 불로소득은 건물이 아니라 토지에서 발생하는 것이므로 '부동산'을 분석 대상으로 삼아도 무리는 없다고 본다.

9   가장 낮은 1.5%는 아르헨티나, 가장 높은 27%는 프랑스

5.6%, 이를 더한 총 부동산소득의 불평등 기여도는 16.9%라는 결과를 내놓았다. 요약하면 부동산이 소득 불평등에 미치는 기여도가 가장 큰 연구는 16.9%다.

그러나 우리는 '16.9%'가 현실을 제대로 반영하지 못한 것이라고 본다. 이런 문제의식으로 다음에서는 부동산소득을 정의한 후 새로운 방식으로 추산하고 그것을 기반으로 부동산이 소득 불평등에 미치는 기여도를 분석한다.

부동산소득 추산(2007~2018)

1) 부동산소득의 정의

부동산소득의 규모를 구하기에 앞서 먼저 부동산소득이 무엇인지 정의하도록 한다. 일반적으로 부동산소득은 다음과 같이 자본소득과 임대소득의 합으로 정의할 수 있다.

$$부동산소득 = 자본이득 + 임대소득$$

자본이득은 두 가지로 나누어 볼 수 있다. 첫째로, 일정한 기간의 부동산의 가치 상승분을 뜻하는 '잠재' 자본이득, 둘째로, 보유하고 있던 부동산을 매각하여 현금화한 '실현' 자본이득이다.

임대소득은 보통 타인에게 임대해서 발생한 소득을 의미하지만 자가 소유 부동산에서 발생하는 귀속임대소득(imputed rent)도 포함하는 것이 필요하다. 왜냐면 귀속임대소득을 포함해야 자가 주택 거주자와 임차 거주자의 소비여력을 반영한 실제적인 경제력의 차이를 반영할 수 있기 때문이다.

부동산소득에 관한 이와 같은 정의는 포괄소득(comprehensive income) 이론으로 정당화된다. 포괄소득은 헤이그 사이몬스(Haig-Simons) 소득이라고도 하는데 Haig(1921)는 "소득은 두 시점 사이에 경제력의 순증가분을 화폐단위로 나타낸 것이다"라고 하였고 Simons(1938)는 이를 발전시켜 "개인의 소득이란 일정 기간 동안 (1) 소비한 것의 시장가치에 (2) 재산가치의 변동분을 더한 것이다"라고 정의했다. 다수의 학자들은 단순한 현금 소득이 아닌 포괄소득을 기준으로 세금을 부과하고 보조금을 지급해야 한다는데 동의한다(구찬동·오정일, 2011). 이 포괄소득 개념을 적용하면 귀속임대소득은 주택서비스에 대한 소비가치를 의미하기에 소득에 포함되며 잠재자본이득은 재산가치의 변동분이므로 역시 소득에 포함된다. 그리고 이들을 소득에 포함시키는 것이 월세지출 부담과 집값 상승 이득을 반영하여 가계의 경제력을 보다 더 현실적으로 반영할 수 있다.

그렇다면 부동산 '불로소득'은 어떻게 정의할 수 있을까? 자본이득 중에 실현된 자본이득, 즉 매매차익은 불로소득이라고 하는 것에는 이견이 없지만, 가격만 오른 잠재 자본이득도 불로소득이라고 해야 할까? 포괄소득 이론에 따르면 그렇다고 할 수도 있지만, 여기서는 실현 자본이득만 불로소득이라고 간주하려고 한다. 그러면 임대소득 전체도 불로소득일까? 이것 역시도 광범위한 지지를 받기 어렵다. 왜냐하면 일반적으로 부동산도 하나의 자산으로 보기 때문이다. 그러므로 본 연구에서는 임대소득에서 다른 자산에 투자할 때 얻을 수 있는 평균 수익을 초과하는 부분만 불로소득이라고 간주하려고 한다. 요약하면 부동산 불로소득은 '실현 자본이득과 현 임대가치에서 매입 가액의 이자를 공제한 부분(순임대소득)의 합'으로 정의된다. 이렇게 해서 정의된 부동산소득과 부동산 불로소득을 식으로 정리하면 다음과 같다.

①-1 부동산소득 = 잠재 자본이득 + 임대소득*

①-2 부동산소득 = 실현 자본이득 + 임대소득*

② 부동산 불로소득 = 실현 자본이득** + 순임대소득***

  * 타인 임대뿐만 아니라 자가소유부동산에서 발생하는 귀속임대소득도 포함
 ** 실현 자본이득 = 매각가액 – 매입가액
*** 순임대소득 = 현 임대가치 – 매입가액의 이자

2) 부동산소득 추산 방법

부동산소득과 부동산 불로소득을 정의했으니 잠재 자본이득, 실현 자본이득, 임대소득, 순임대소득을 차례로 구해보자. 잠재 자본이득은 한국은행이 매년 발행하는 국민대차대조표에서 생산한 자산에 대한 보유 손익에서 '건설 자본이득'과 '토지 자본이득'을 구분하여 생산·제공되고 있다.

하지만 실현 자본이득은 추산할 수밖에 없다. 실현 자본이득을 정확히 구하려면 매각된 부동산의 매입시점과 가격을 알아야 하지만, 현재 정부가 제공한 자료를 통해서는 모든 부동산의 매입가격과 매입시점을 알아내기란 불가능하기 때문이다. 이런 까닭에 기존 연구에서는 앞에서 살펴본 것처럼 국책연구원에서 생산하는 패널자료를 활용해왔으나 이것은 표본 집단의 대표성과 부동산 고소득층의 과소기록의 한계를 극복하기 어렵다. 그러므로 본 연구에서는 이 분야의 선행 연구인 남기업 외(2017)의 추산 방법, 즉 국세청이 제공하는 취득세 통계를 활용해서 부동산 평균 보유 기간을 통하여 실현 자본이득을 추산하려고 한다.

추산 방법을 간략하게 설명하면 다음과 같다. 먼저 취득세 통계를 통하여 그 해에 거래된 부동산 총액을 구한다. 거래된 부동산 총액을 전체 부동산 총액으로 나누면 당해 연도 거래된 비율을 알 수 있다. 이 비율을 통해 평균 보유기간을 구한다. 예를 들어 당해 연도에 거래된 비율이 8.3%이면 평균 보유기간은 12년이 된다(=100/8.3). 이러한 방식으로 2007년에서

2015년까지 부동산 유형별로 매년 거래되는 비율을 평균값을 통해 보면 부동산 평균 보유 기간은 주택이 약 8년, 비주거용 건물은 약 7년, 토지는 약 27년이다. 특정연도의 실현 자본이득은 해당 부동산 유형의 평균 보유기간만큼 과거연도의 부동산 가액과의 차이를 통해 구한다.[10]

귀속임대소득까지 포함한 임대소득은 어떻게 구할 수 있을까? 이것도 선행연구 남기업 외(2017)의 방법을 원용하여 주택 4%, 비주거용 건물 5%, 주택의 부속토지와 비주거용 건물의 부속토지를 제외한 나머지 토지와 구축물 등에는 0.5%를 적용할 수도 있겠으나, 보다 보수적으로 접근하기 위해 감정평가협회(2016)가 제공한 기준을 활용하여 임대료율 주택 3%, 일반 건축물 3.75%, 토지 0.5%를 적용해서 추산한다. 그리고 순임대소득은 결국 매입가액의 이자를 구할 때 무엇을 이자율로 삼을지가 중요한데, 여기에서는 금리가 낮은 정기예금금리와 일반적으로 자산의 평균 수익률보다 높은 주택대출금리의 평균을 적용하여 추산한다.

3) 부동산소득 추산과 해석

이제 위와 같은 방법으로 추산된 부동산소득의 규모를 살펴보자. 잠재 자본이득과 임대소득의 합으로 정의되는 부동산소득은 〈표 2-6〉과 같다. 〈표 2-6〉에 따르면 부동산가격이 폭등했던 2007년에 663.5조원이던 부동산소득은 2008년에는 373.2조원, 2013년에는 244.6조원까지 격감하다가 다시 증가하여 2016년 484.5조원, 2017년에는 609.6조원이 되었다. GDP에서 차지하는 비중도 2007에 63.6%로 제일 높았고, 2013년에 17.1%까지 떨어졌다가 2014년 이후 다시 상승세로 돌아서서 2017년에는 40%에 거의 육박했다. 이런 변화는 주로 잠재 자본이득에 의해 발생했다. 잠재 자본

---

10 실현 자본이득을 구하는 방법에 대한 자세한 논의는 남기업 외(2017, 117-120) 참조

〈표 2-6〉 ①-1 부동산소득(잠재 자본이득＋임대소득) 추산 결과

(단위: 조원, %)

연도		2007	2008	2009	2010	2011	2012	2013	2014	2015	2016	2017
잠재 자본 이득	건설자산 (ⓐ)	143.1	120.4	62.8	118.6	102.7	31.3	23.3	23.4	7.0	58.6	76.7
	토지자산 (ⓑ)	392.2	116.5	131.7	107.6	150.3	65.0	45.6	174.6	192.1	219.8	310.7
임대소득 (ⓒ)		128.2	136.3	144.2	154.1	163.7	169.3	175.7	184.7	194.4	206.0	222.2
부동산소득 (ⓐ+ⓑ+ⓒ)		663.5	373.2	338.7	380.3	416.7	265.5	244.6	382.8	393.4	484.4	609.6
부동산소득/ GDP		63.6	33.8	29.4	30.1	31.3	19.3	17.1	25.8	25.2	31.0	39.0

주1〉 잠재 자본이득은 현재 한국은행(ecos.bok.or.kr)이 2017년까지 생산해서 제공하고 있음
주2〉 건설자산과 토지자산의 잠재 자본이득은 한국은행(ecos.bok.or.kr)이 제공한 것이고, 임대소득
은 주택, 일반건축물, 토지로 분류하여 주택 3%, 일반건축물 3.75%, 토지 0.5%를 적용해서 구해
합산한 값임

〈그림 2-7〉 ①-1 부동산소득(잠재 자본이득＋임대소득) 추산 결과

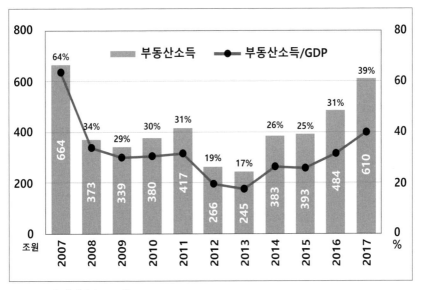

주〉 〈표 2-6〉의 내용을 도표화

〈표 2-7〉 ①-2 부동산소득(실현 자본이득＋임대소득) 추산 결과

(단위: 조원, %)

연도		2007	2008	2009	2010	2011	2012	2013	2014	2015	2016	2017	2018
실현 자본 이득 (ⓐ)	주택	147.6	157.6	166.2	164.8	162.5	153.0	141.4	129.1	113.8	118.8	127.8	135.6
	일반 건축물	85.6	91.1	87.1	89.4	91.8	84.4	74.9	63.2	64.5	66.7	72.5	76.7
	토지	42.3	43.2	44.1	44.9	46.0	47.6	47.6	48.0	48.8	49.8	49.2	51.0
임대소득 (ⓑ)		128.2	136.3	144.2	154.1	163.7	169.3	175.7	184.7	194.4	206.0	222.2	239.2
부동산소득 (ⓐ+ⓑ)		403.7	428.2	441.6	453.2	464.0	454.3	439.6	425.0	421.4	441.3	471.7	502.4
부동산소득/ GDP		38.7	38.8	38.3	35.8	34.8	33.0	30.8	28.6	26.9	27.0	28.8	30.7

주〉 '실현 자본이득'은 앞서 설명한 추산 방법을 통해서 구했고, '임대소득'은 〈표 2-6〉과 동일

〈그림 2-8〉 ①-2 부동산소득(실현 자본이득＋임대소득) 추산 결과

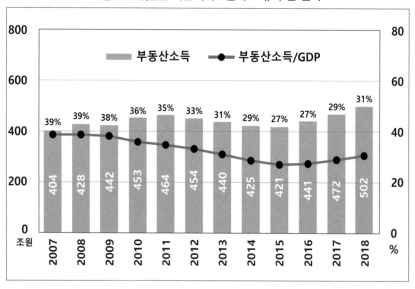

주〉 〈표 2-7〉의 내용을 도표화함

이득은 2007년에 부동산투기 광풍 당시 최고조에 달했었다가 2008년 세계 금융위기 이후 크게 줄어들었다. 그리고 2013년 이후 다시 증가하는 모습을 보이고 있다. GDP 대비 부동산소득의 11년(2007~2017) 평균은 31.2% 인데, 이를 통해서 우리나라의 부동산소득이 실로 엄청난 규모라는 것을 알게 된다.

다음으로 실현 자본이득(명목)과 임대소득의 합인 부동산소득은 〈표 2-7〉에서 확인할 수 있다. 〈표 2-7〉를 통해서 우리는 2007~2018년 12년 동안 400~500조원의 부동산소득이 발생했음을 알 수 있다. GDP 대비 비율은 2008년에 38.8%로 가장 높았고 그 이후에는 경향적으로 하락했다. 하지만 12년 내내 부동산소득은 GDP의 27%를 초과했고, 12년 평균은 무려 32.7%에 달하는 어마어마한 규모다.

마지막으로 부동산 불로소득 추산 결과는 〈표 2-8〉과 같다. 〈표 2-8〉을 보면 2007년에는 239.9조원의 부동산 불로소득이 발생했고, 2010년에는 274.9조원, 2017년에는 320.8조원, 2018년에는 327.6조원의 불로소득이 발생했다는 것을 알 수 있다. 이것이 실제 어느 정도인지 파악하기 위해 GDP와 비교하면 12년(2007~2018) 동안 GDP의 20.5%의 부동산 불로소득이 발생한 것으로 확인된다.

그렇다면 발생한 부동산 불로소득은 누가 가져간 걸까? 먼저 부동산 불로소득은 '토지' 불로소득으로 불러도 무방하다는 점을 인식할 필요가 있다. 잠재 자본이득에서는 생산된 건설자산의 자본이득도 있었지만, 원론적으로 부동산의 가치 상승분은 건물이 아니라 토지이기 때문이다. 그러므로 우리는 대부분의 토지 불로소득을 토지 과다 보유 개인과 법인이 누렸을 것이라는 점을 능히 짐작할 수 있게 된다. 2018년 현재 38.7%인 비토지소유세대와 비토지소유법인은 매년 발생하는 부동산 불로소득인 GDP의 20.5%의 부동산 불로소득과 아무 관계가 없다. 오히려 비토지소유세대와

〈표 2-8〉② 부동산 불로소득(실현 자본이득＋순임대소득) 추산 결과

(단위: 조원, %)

연도		2007	2008	2009	2010	2011	2012	2013	2014	2015	2016	2017	2018
실현 자본 이득 (ⓐ)	주택	147.6	157.6	166.2	164.8	162.5	153.0	141.4	129.1	113.8	118.8	127.8	135.6
	일반 건축물	85.6	91.1	87.1	89.4	91.8	84.4	74.9	63.2	64.5	66.7	72.5	76.7
	토지	42.3	43.2	44.1	44.9	46.0	47.6	47.6	48.0	48.8	49.8	49.2	51.0
순임대소득 (ⓑ)		−35.7	−69.6	−22.6	−14.3	−26.6	−19.0	9.1	25.3	58.4	74.9	71.3	64.4
부동산 불로 소득(ⓐ+ⓑ)		239.9	222.3	274.9	284.8	273.7	266.0	273.0	265.5	285.5	310.2	320.8	327.6
부동산 불로 소득/GDP		23.0	20.1	23.9	22.5	20.5	19.3	19.1	17.9	18.3	18.9	19.6	20.0

주〉'실현 자본이득'과 '순임대소득'은 전술한 바에 의해서 산출

〈그림 2-9〉③ 부동산 불로소득(실현 자본이득＋순임대소득) 추산 결과

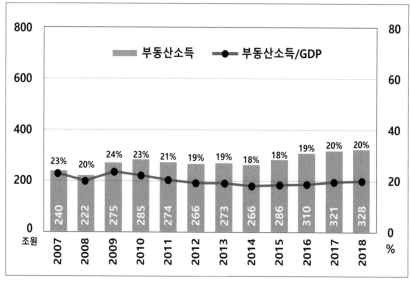

주〉〈표 2-8〉의 내용을 도표화

비토지소유법인이 노력한 소득의 상당 부분이 임대료의 형태로 토지 과다소유 개인과 법인에게로 이전되었다고 봐야 한다. 그리고 2018년 현재 세대별 토지 지니계수가 0.809이고, 법인의 토지 소유 불평등도는 개인보다 훨씬 심하다는 것을 고려하면 부동산 불로소득은 상위 10%가 거의 차지했다고 해도 과언이 아닐 것이다. 그렇다면 실제로 부동산은 소득 불평등에 얼마나 큰 영향을 미쳤을까?

부동산이 소득 불평등에 미치는 영향

1) 분석 방법 및 사용 데이터

부동산소득이 소득 불평등에 미치는 영향을 알아보기 위한 방법으로 본 연구에서는 미시자료를 이용하여 Lerman & Yitzhaki(1985)의 아래와 같은 지니계수 분해 방식을 사용하고자 한다. 이를 통해 가구 소득을 구성하는 여러 소득유형들이 가구 총소득의 지니계수에 몇 %의 영향을 미치는지의 기여도와 해당소득의 양이 변할 때 불평등도에 미칠 한계효과를 산출할 수 있다.

지니계수 G는 아래와 같이 로렌츠곡선과 완전평등선(45도 선) 사이의 면적으로 표현하거나 공분산을 이용하여 구할 수 있다. 여기서 L은 로렌츠 커브, F는 누적분포함수(CDF), m은 평균(mean)이다.

$$G = 1 - 2\int_0^1 L(x)dx = \frac{2cov[\,x, F(x)\,]}{m}$$

$x_1, \dots , x_k$ 를 개별 소득유형이라고 하면 다음이 성립한다.

$$G = \frac{2\sum_{k=1}^{K} cov(x_k, F)}{m}$$

이를 아래와 같이 분해할 수 있다.

$$G = \sum_{k=1}^{K} \left[\frac{cov(x_k, F)}{cov(x_k, F_k)} \cdot \frac{2cov(x_k, F_k)}{m_k} \cdot \frac{m_k}{m} \right] = \sum_{k=1}^{K} R_k G_k S_k$$

k 유형 소득의 지니계수 기여도는 $R_k * G_k * S_k$ 이며 모든 개별 유형 소득의 기여도를 모두 더하면 총소득 지니계수(G)가 된다. 개별 소득의 절대기여도($R_k * G_k * S_k$)를 전체 지니계수(G)로 나누어 준 것이 상대기여도이다. R_k(correlation)는 가구의 소득유형 k와 가구의 총소득 순위와의 지니상관계수[11]로서 소득유형 k가 얼마나 총소득과 비례하는지를 나타난다. 예를 들어 고소득 가구일수록 k소득도 많다면 이 값은 1에 가깝게 나올 것이고 저소득 가구일수록 이 소득이 많다면 이 값은 −1에 가깝게 나오게 된다. 만약 이 값이 음수로 나오게 되면 이 소득유형 k의 절대기여도 $R_k * G_k * S_k$ 는 음수가 되어 전체 지니계수(G)를 감소시키는(불평등도를 줄이는) 역할을 하게 된다. 다음으로 G_k(Gini)는 소득원천 k의 지니계수로서 소득원천 k 자체가 얼마나 불평등하게 분배되어 있는가를 나타낸다. 마지막으로 S_k (Share)는 소득원천 k가 총소득에서 차지하는 비중으로 전체 가구소득에서 이 유형의 소득의 크기가 어느 정도인지를 나타낸다. 위 식에서도 알 수 있듯이 특정 소득의 불평등 기여도는 해당소득 자체가 불평등하게 분배되어 있을수록(G), 해당소득이 고소득자에게 더 집중되어 있을수록(R), 해당소득의 양이 클수록(S) 크게 나타난다.

지니계수를 분해하기 위해서는 개별 가구의 유형별 소득액을 알 수 있

---

11 지니상관계수는 두 연속형 변수의 상관도를 측정하는 피어슨 상관계수와 두 순서형 변수의 상관도를 측정하는 스피어만 상관계수를 절충한 방법이다(Schechtman & Yitzhaki, 1999). 일반적으로 상관계수를 의미하는 피어슨 상관계수와 마찬가지로 선형 관계의 강도에 따라 −1에서 +1사이에 값이 위치한다.

는 미시자료가 필요한데 우리는 한국조세재정연구원에서 생산한 재정패널조사[12] 데이터를 이용하고자 한다. 재정패널조사 자료를 이용하는 이유는 가구의 보유 부동산 자산에 대해 부동산 유형별[13]로 문항이 나뉘어져 있기 때문에 귀속소득을 포함한 임대소득을 측정하는 데 있어서 적절하기 때문이다.

소득은 크게 임금소득, 사업소득, 부동산소득, 기타소득으로 구분했다. 임금소득은 임금근로자가 응답한 연간 임금소득이며 사업소득은 사업순소득을 의미한다. 부동산소득은 귀속임대소득을 포함한 임대소득과 잠재 자본이득의 합이다. 부동산소득에 귀속임대소득을 포함하고 매매차익이 아닌 잠재 자본이득을 사용한 이유는 첫째로 앞서 언급하였듯이 포괄소득(comprehensive income)으로 보는 것이 현실의 경제력을 더 잘 반영한다고 판단했기 때문이고, 둘째로 재정데이터 상에서 주택 매매차익은 조사문항을 통해 구할 수 있으나 주택 이외의 부동산에 대한 매매차익은 산출이 어렵기 때문이다.

재정패널조사에서 별도의 임대소득 조사 항목이 있으나 해당 문항은 실제 발생한 임대소득만을 조사하고 있고 본 연구에서는 자가 거주자의 귀속임대소득을 포함한 임대소득을 측정하고자 하므로 해당 문항의 응답 데이터 대신 가구가 보유하고 있는 유형별 부동산 자산액에 앞에 사용한 감정평가협회의 임대료율을 적용하여 귀속임대소득 변수를 생성했다. 잠재

---

12 한국조세재정연구원에서 2008년(1차)부터 현재(2018년도, 11차)까지 매년 약 5천여 가구를 추적 설문조사하고 있다. 저소득층과 고소득층을 과대표집하고 타 조사와 달리 소득 관련 세금 자료(소득공제 자료)를 제출하게 함으로써 신뢰도를 제고하고 있는 점을 특징으로 한다.
13 거주주택, 거주주택 이외의 주택, 토지, 건물(상가 및 사무실 등)으로 분류하여 설문 문항이 있고 2011년 이전에는 토지와 건물이 한 개의 문항으로 되어있다.

자본이득은 각 가구의 부동산자산 총액에 해당연도의 보유손익비율[14]을 곱하여 산출했다.[15] 지니계수 산출 및 분해에는 가구원수를 고려한 소득 비교를 위해 가구 균등화 소득을 적용했고 모집단 소득분포의 적절한 추정을 위해 패널 데이터상의 종단면 가중치를 적용했다.[16] 재정패널은 저소득층과 고소득층을 과대표집하고 있어 과대표집된 가구는 비교적 가중치를 지닌다. 가중치 적용은 계산시 소득변수에 패널 데이터에서 제공하는 가중치 값이 곱해져 계산되는데 예를 들어 특정 가구의 가중치 값이 5,000이라면 해당 가구는 대한민국의 5,000개의 가구를 대표하는 표본이라고 할 수 있으며 가구 가중치 변수의 총합은 총 가구수가 된다.

2) 지니계수 분해 결과(2018년)

위의 방법을 통해 도출한 2018년도 가구소득 지니계수를 분해한 결과는 〈표 2-9〉와 같다. 먼저 가구 전체소득의 지니계수는 0.409이며 이에 대한 임금소득의 기여도(상대기여도)는 49.5%, 부동산소득의 기여도는 37.5%로 부동산소득이 임금소득 다음으로 불평등에 큰 영향을 미치는 것으로 나타났다. 여기서 부동산 소득의 기여도는 다음의 이유로 인해 과소

---

14 국민대차대조표상 가계 및 비영리단체의 해당년도 부동산가액 대비 해당년도 가계 및 비영리단체의 보유손익(한국은행 발표)의 비율. 2018년도 가계 및 비영리단체의 보유손익은 아직 발표되지 않았고 전 부문의 보유손익만 잠정 발표되었기에 2018년도의 가계 및 비영리단체의 보유손익 비율은 2018년도 전 부문의 보유손익률 상승률을 가계 및 비영리단체의 2017년도 보유손익률에 적용하여 사용하였다. 가계 및 비영리단체의 연도별 보유손익 비율은 다음과 같다. 2008년도 4.02%, 2009년도 3.04%, 2010년도 3.20%, 2011년도 3.74%, 2012년도 1.59%, 2013년도 0.98%, 2014년도 3.24%, 2015년도 3.07%, 2016년도 3.55%, 2017년도 4.66%, 2018년도 추정치는 5.52%.

15 부동산 가격상승으로 인한 잠재 자본이득은 지역에 따른 격차가 크므로 실제 개별가구에서 발생한 잠재 자본이득과 본 연구에서 산출한 개별가구의 자본이득은 차이가 있다는 한계는 분명 존재한다.

16 지니계수 분해에는 Stata 프로그램의 DASP 패키지의 digini 명령어를 사용하였다.

<표 2-9> 소득원천별 지니계수 분해 결과(2018)

	총액		지니 상관계수[2] (r)	개별소득 지니계수[3] (g)	기여도		상대적 한계효과[6] ([s*r*g/G]-s)
	총액[1] (조원)	총액비중 (s)			절대기여도[4] (s*r*g)	상대기여도[5] (s*r*g/G)	
임금소득	602.3	0.506	0.726	0.552	0.203	0.495	-0.011
사업소득	170.4	0.141	0.349	0.826	0.041	0.099	-0.042
부동산소득	365.4	0.301	0.794	0.643	0.154	0.375	0.075
기타소득	77.8	0.052	0.284	0.837	0.012	0.031	-0.022
전체	1,216	1	1	0.409	0.409	1	0

주1) 패널데이터의 횡단면 가중치를 적용하여 산출한 추정액
주2) 가구의 해당 소득과 가구의 총소득 순위와의 상관관계
주3) 해당 소득 자체의 지니계수
주4) 지니계수에서 차지하는 절대적 수치. 개별 소득의 절대기여도의 합이 총소득(전체) 지니계수
주5) 절대기여도가 전체 지니계수(절대기여도의 합)에서 차지하는 비중
주6) 해당 소득의 총량이 변화할 때 지니계수가 변화하는 정도

자료: 재정패널조사의 데이터를 이용해 자체계산

<그림 2-10> 소득원천별 상대기여도(2018)

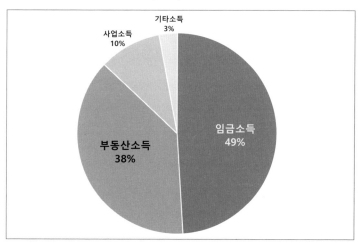

기타소득 3%
사업소득 10%
부동산소득 38%
임금소득 49%

자료: <표 2-9>의 내용을 도표화

추정되었을 가능성이 높다. 첫째로 국민계정상 2018년 가계 및 비영리단체의 부동산 자산은 6,648조원인데 비해 재정패널의 응답을 통한 가계의 부동산 자산 추정치는 4,421조원으로[17] 부동산 자산의 응답에 어느 정도의 과소보고가 있는 것으로 판단되며, 둘째로 여기서는 잠재 자본이득을 모든 부동산 소유 가구가 부동산 가격에 비례하여 얻은 것으로 계산했으나 실제로는 고가 부동산에 더 치우쳐서 발생했을 것이기 때문이다. 그러므로 보다 더 정확한 데이터의 수집 및 분석이 가능하다면 부동산소득의 총액비중(s)과 부동산소득의 지니계수(g), 그리고 이에 따른 부동산소득의 불평등 기여도는 아래의 분석보다 더 크게 나타날 가능성이 높다.

여기서 지니상관계수는 해당 소득이 가구의 총소득 순위와 얼마나 상관관계를 보이는가를 나타내는데[18] 부동산소득이 임금소득과 그 차이가 크지는 않지만 가장 높은 상관관계를 보이고 있다. 이것은 곧 부동산소득이 다른 여타 소득에 비해 고소득 가구에서 더 많이 발생하는 경향이 강하다는 뜻이다.

상대적 한계효과는 해당 유형의 소득의 양이 변화할 때 불평등도가 어떻게 변할지를 나타낸다. 즉, 해당 소득의 총액이 1% 변화할 때 전체 불평등도(지니계수)가 몇% 변화하는지를 나타내는 것이다. 부동산소득의 한계효과만 양수로, 나머지 소득의 한계효과는 음수로 나타나 다른 소득들은 그 양이 증가할 때 전체 불평등이 감소하지만 부동산소득은 그 양이 증가할 경우 불평등도가 증가하는 것으로 나타났다. 뒤집어 말하면 부동산소득의 양이 줄어들면 불평등도는 완화된다는 것이다. 요컨대 부동산소득의 상대적 한계효과는 0.075로 부동산소득이 1% 증가하면 지니계수는 0.075%

---

17 국민대차대조표(국민계정)와 재정패널의 부동산 자산은 모두 시가를 기준으로 한다.
18 1에 가까우면 강한 비례관계, 0에 가까우면 관계가 없음, −1에 가까우면 강한 반비례관계를 의미함

<표 2-10> 소득원천별 불평등 기여도 추이(2008~2018)

연도	임금소득	사업소득	부동산소득	기타소득
2008	47.2%	21.2%	30.4%	1.3%
2009	54.7%	16.6%	24.1%	4.5%
2010	54.6%	18.6%	24.7%	2.0%
2011	56.1%	22.7%	17.3%	3.9%
2012	60.1%	17.4%	19.0%	3.5%
2013	61.2%	20.2%	15.2%	3.5%
2014	56.4%	16.4%	25.5%	1.8%
2015	56.7%	14.9%	24.1%	4.3%
2016	56.7%	12.5%	27.7%	3.2%
2017	52.5%	11.6%	33.2%	2.7%
2018	49.5%	9.9%	37.5%	3.1%
평균	55.1%	16.5%	25.3%	3.1%

자료: 재정패널조사 각년도의 데이터를 이용해 자체계산

증가하고 부동산소득이 10% 증가하면 지니계수는 0.75% 증가함을 의미한다는 것이다.

3) 부동산소득의 불평등 기여도 추이(2008~2018)

2018년뿐만 아니라 재정패널 데이터가 생산된 2008년부터 2018년까지 같은 방식으로 지니계수를 분해하여 각 소득유형의 지니계수에 대한 상대기여도 추이를 살펴보면 〈표 2-10〉과 같다.

부동산소득의 불평등 기여도는 2008년 30.4%에서 경향적으로 감소하여 2013년에는 15.2%까지 떨어졌다가 그 이후로 계속 상승하여 2018년엔 37.5%로 과거 10년 동안의 기간 중 가장 높게 나타났다. 이 기간 동안 부동산소득의 평균 기여도는 25.3%이다. 부동산소득의 불평등 기여도 추이는

〈그림 2-11〉 소득원천별 불평등 기여도 추이(2008~2018)

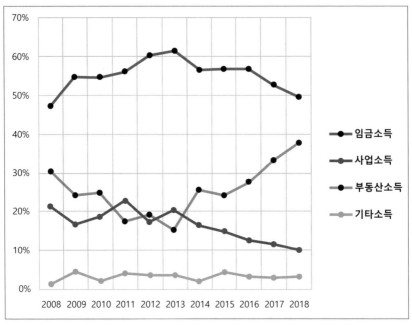

주〉〈표 2-10〉의 내용을 도표화

앞의 〈표 2-6〉의 연간 발생한 부동산소득의 양의 추이와 비슷한 모습을 보이고 있다.

〈그림 2-12〉는 각 소득원천이 지니계수에 대해 갖는 상대적 한계효과 추이를 나타내는데 부동산소득은 모든 연도에서 양의 한계효과를 가져 부동산소득의 증가가 불평등을 심화시키는 한계효과를 갖는 것으로 나타났고, 특히 2018년도는 0.075로 분석기간 중 가장 큰 값을 보였다. 임금소득은 연도에 따라 음의 값과 양의 값을 나타냈으며 사업소득과 기타소득은 대부분의 기간에 음의 값을 가져 불평등을 낮추는 한계효과를 갖는 것으로 나타났다.

이상 미시자료의 지니계수 분해를 통해 살펴본 바와 같이 부동산소득

<그림 2-12> 지니계수에 대한 소득원천별 상대적 한계효과 추이

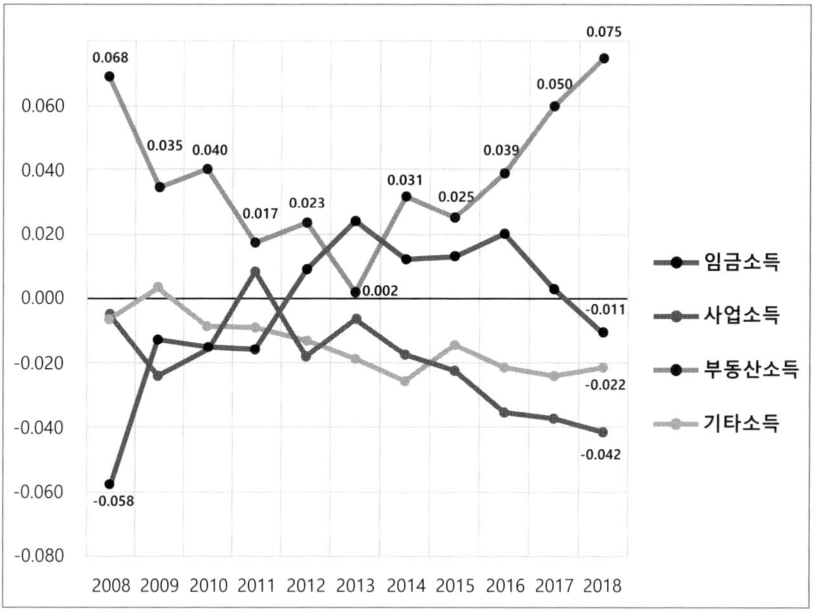

자료: 재정패널조사 각년도의 데이터를 이용해 자체계산. 〈표 2-9〉의 상대적 한계효과 참조

은 2008~2018년의 기간 동안 소득 불평등에 약 15~38%의 영향을 미치고 있으며, 그 정도는 점점 증가하는 추세이고 2018년은 분석 기간 중 최고치인 37.5%의 기여도를 보이고 있다. 요컨대 우리 사회의 소득 불평등의 1/3 이상은 부동산에서 기인하고 있다는 것이다.

맺음말

이상에서 우리는 토지 소유의 불평등과 그리고 토지에서 발생하는 소득, 그리고 이것이 소득 불평등에 어떤 영향을 미치는지를 살펴보았다.

토지소유 현황과 관련하여서는 다음 세 가지로 요약할 수 있다.

첫째, 2005~2018년 동안 개인토지의 비중은 줄어들고 법인토지의 비중은 증가하고 있다는 점이다. 여기서 우리는 법인의 대표라고 할 수 있는 회사가 '혁신'이 아니라 토지투기에 적극적이었다는 것을 추측할 수 있다.

둘째, 개인의 토지 소유 불평등보다 법인의 토지 소유 불평등이 훨씬 심하다는 점이다. 2018년 현재 개인토지는 상위 10% 세대가 68.7%를 차지하고 있고, 법인토지는 상위 10%가 89.2%를 차지하고 있는 것으로 나타났다. 개인토지의 10분위세대는 9분위의 4.7배이지만, 법인토지의 10분위는 9분위의 18.2배나 된다.

셋째, 토지를 소유하지 않은 세대까지 포함한 개인토지의 2018년 지니계수는 0.809로 토지 소유가 극도로 불평등하다는 것을 보인다는 점이다. 1960년 무렵 한국의 토지소유 불평등도는 0.3~0.4 수준으로(Deininger, 2003, 18) 당시 개발도상국 중 매우 평등한 상태였으나 반세기만에 매우 불평등하게 토지가 분배된 나라가 되었다. 이런 불평등한 소유 구조에서 투기가 일어나고 엄청난 불로소득이 발생한다면 토지가 소득 불평등의 중요한 원인 중 하나라고 할 수 있게 된다.

그리고 2007~2018년의 기간 동안 우리나라에서 얼마나 많은 부동산소득이 발생하였는가를 거시 데이터를 통해 추산해보았고, 부동산소득이 불평등도에 얼마나 영향을 미쳐왔는지를 미시 데이터를 통해 살펴보았다.

부동산소득을 귀속임대소득을 포함한 임대소득과 잠재 자본이득의 합으로 볼 경우는 11년(2007~2017) 동안 GDP 대비 연평균 31.2%가, 둘째 부동산소득을 귀속임대소득을 포함한 임대소득과 실현 자본이득(매매차익)의 합으로 볼 경우는 12년(2007~2018) 동안 GDP 대비 연평균 32.7%가 발생한 것으로 추산됐다. 그리고 임대소득에서 매입 자금의 이자를 공제한 나머지와 실현 자본이득의 합으로 정의되는 부동산 불로소득은 12년

(2007~2018) 평균 20.5%가 발생한 것으로 추산됐다.

부동산소득이 소득 불평등에 미치는 영향은 11년(2008~2018년) 동안 약 15~38%, 연평균 25.3%의 영향을 미치는 것으로 나타났다. 2018년의 경우 부동산소득은 임금소득, 사업소득, 기타소득과는 반대로 그 양이 증가할 경우 불평등도를 악화시키는 한계효과를 갖는 것으로 나타났다.[19]

소득 불평등에 대해서 부동산소득이 미치는 영향을 양적인 측면과 질적인 측면으로 나눠보면 다음과 같이 정리할 수 있다. 양적 측면에서 부동산소득이 불평등에 미치는 영향은 임금소득 다음으로 크고, 질적 측면에서 부동산소득이 불평등에 미치는 영향은 악성도가 가장 높다고 할 수 있다. 왜냐면 임금소득 및 사업소득은 기여에 대한 대가로 볼 소지가 상당하지만,[20] 부동산소득의 대부분은 불로소득이기 때문이다. 그리고 불로소득으로 인한 불평등은 불평등을 심화시킬 뿐 아니라 생산적인 활동에 대한 유인을 약화시켜 경제 전체의 파이를 줄이는 결과까지 초래한다.

정리하면 우리나라는 토지소유 불평등이 극심하고 혁신을 통해 경제 전체에 활력을 불어넣어야 할 법인의 토지투기(지대추구)가 다른 나라보다 심하다. 그리고 토지에서 발생하는 소득이 상당하고, 이것이 소득 불평등의 주요 원인 중 하나이다. 그러므로 토지에서 발생하는 불로소득을 환수하여 기본소득의 재원으로 활용한다면 불평등을 상당 부분 줄일 수 있고 동시에 기업이 더욱 생산적인 활동에 집중하도록 유인할 수 있을 것이다.

---

19 분석 기간 중 부동산소득은 모든 연도에서 양의 한계효과(불평등 증가)를 갖는 것으로 나타났고, 임금소득은 2008~2011, 2018년에 음의 한계효과를, 사업소득은 2011년도를 제외하고는 음의 한계효과를 갖는 것으로 나타났다.

20 물론 기업 규모 및 정규직 여부에 따른 임금 격차 등 임금소득에도 우리나라는 다른 나라에 비해 지대추구적 요소가 많다. 그러나 여전히 임금 및 사업소득 격차의 상당 부분은 생산성 및 노력에 기인한 부분이라 할 수 있다.

3장

부동산 과세체계와 세수 추이

부동산 과세체계

부동산 과세는 〈표 3-1〉에 나타나 있는 바와 같이 크게 보유세, 거래세, 이전세로 구분할 수 있다. 한국의 보유세로는 국세로 종합부동산세, 농어촌특별세(종합부동산세분)가 있고, 지방세로는 재산세(도시지역분 포함), 지역자원시설세, 지방교육세(재산세분), 지방교육세(종부세분) 등이 있다. 부동산 거래세의 경우 국세로 농어촌특별세(취득세분)와 인지세가 있고, 지방세로는 취득세(등록분 포함), 등록면허세, 지방교육세(취득세분)가 있다. 이전세는 국세로 양도소득세, 증여세, 상속세 등이 있고, 지방세로는 국세, 양도소득세 과표에 적용되는 지방소득세가 있다.

보유세와 거래세에 부가되는 지방교육세와 농어촌특별세는 다양한 형태로 부가되고 있다. 지방교육세의 부가세 과세 대상 세목으로 재산관련 세목인 취득세(세액의 20%)와 재산세(세액의 20%)가 있고, 기타 세목으로 등록면허세(세액의 20%), 레저세(세액의 40%), 주민세균등분(세액의 25%

〈표 3-1〉 부동산 과세체계

	국세	지방세
보유세	종합부동산세	재산세(도시지역분 포함)
		지역자원시설세(특정부동산분)
	농어촌특별세(종합부동산세분)	지방교육세(재산세분)
거래세	농어촌특별세(취득세분)	취득세(등록분 포함)
	인지세	지방교육세(취득세분)
이전세	양도소득세	지방소득세(양도소득세분)
	상속세	
	증여세	

(인구 50만 이상), 세액의 10%(인구 50만 미만)), 자동차세(세액의 30%), 담배소비세(세액의 43.99%)가 있다. 농어촌특별세의 부가세 과세대상 세목으로 재산관련 세목인 취득세(세액의 10%), 종합부동산세(세액의 20%), 비과세·감면 세액(취득세분, 등록면허세분, 20%) 등이 있다.

또한 농어촌특별세가 부가되는 기타 세목으로 소득세감면세액(10%), 양도소득세, 법인세, 개별소비세액(10%), 증권거래세(0.15%), 레저세액(20%), 비과세·감면 세액(내국세 감면, 관세 감면, 20%) 등이 있다.

지방세제 개편 이전(2011년 이전)에는 취득세 및 등록세가 각각 재산의 거래에 부과됐으나, 등록세가 취득세로 편입됐고, 또한 재산세에 도시계획세가 편입됐다. 지역자원시설세는 특정자원(발전용수, 지하수, 지하자원 등)에 대한 과세와 특정부동산(소방시설, 오물처리시설 등)에 대한 과세로 구분되어 있는 바, 특정부동산에 대한 과세 역시 부동산 과세이다.

부동산에 대한 세금은 보유세와 거래세 이외에 부동산의 이전에 대해 과세되는 상속세와 증여세가 있고, 또한 부동산을 양도할 때 발생하는 부동산 양도소득세도 광의의 부동산세로 분류할 수 있다. 부동산 양도소득세의 경우에는 국세와 함께 지방소득세도 부과된다.

보유세의 과세표준

1) 부동산 공시가격(공시지가) 제도

부동산 세금은 과세표준에 명목세율이 적용되어 결정되는데, 과세표준의 계산을 위하여 정부(국토교통부)는 먼저 부동산의 시장 가액을 바탕으로 정부가 공식적으로 산정하는 가격(공시가격)을 산정한다. 토지분의 경우 이를 "공시지가"로 부르고, 주택분의 경우 이를 "(주택)공시가격"으로 부르고 있다. 국토교통부는 매년 공시기준일 기준으로 전체 부동산 중에서 지역별, 특성별로 표준적인 성격을 지닌 표준지와 표준주택을 공시하고 이에 대한 지가(표준 공시지가)와 가격(표준 공시가격)을 공시한다. 표준 단독주택 공시가격의 국토교통부 장관이 매년 조사·산정해 공시하는 표준주택의 적정가격(「부동산 가격공시에 관한 법률」 제16조)으로서 용도·지역·건물구조 등이 유사하다고 인정되는 단독주택을 대상으로 표준주택을 정하고, 공시기준일(1월1일) 기준으로 적정가격을 조사·산정한다. 적정가격은 주택에 대해 통상적인 시장에서 정상적인 거래가 이뤄지는 경우 성립될 가능성이 가장 높다고 인정되는 가격을 의미한다.

표준지 공시지가는 국토부 장관이 조사·평가해 공시한 표준지의 단위면적(㎡)당 적정가격(「부동산 가격공시에 관한 법률」 제3조)을 의미한다. 토지 이용 상황이나 주변 환경, 기타 자연적·사회적 조건이 일반적으로 유사하다고 인정되는 토지(표준지)를 대상으로 매년 공시기준일 현재의 적정가격을 조사·평가하고 중앙부동산가격공시위원회의 심의를 거쳐 국토교통부가 공시한다.

공동주택 공시가격은 국토부 장관이 공동주택(아파트·연립·다세대)에 대해 매년 공시기준일 기준 적정가격을 조사·산정[1]해 공시한 공동주택의 가격을 말한다(「부동산 가격공시에 관한 법률」 제18조). 국토교통부는 거래사례, 감정평가 선례, 시세정보, 분양사례, 주택매매 가격동향 등을 활용하여 성립될 가능성이 가장 높다고 인정되는 적정가격을 조사·산정하며, 토지와 건물을 일괄한 공동주택의 적정가격을 공시한다.

중앙정부(건설교통부)가 표준 공시지가와 표준 공시가격을 공시하면 기초지자체인 시·군·구는 이를 바탕으로 개별 공시지가와 개별 공시가격을 공시한다. 개별공시지가의 결정·공시는 시장·군수 또는 구청장이 하며 국세·지방세 등 각종 세금의 부과 등을 위하여 매년 공시지가의 공시기준일 현재 "개별공시지가"를 결정·공시하고 있다(「부동산 가격공시에 관한 법률」 제10조). 개별주택가격의 결정·공시 역시 기초지자체인 시장·군수 또는 구청장이 하며 매년 표준주택가격의 공시기준일 현재 "개별주택가격"을 결정·공시하고 있다. 「부동산 가격공시에 관한 법률」 제19조에 따르면 개별주택가격 및 공동주택가격은 주택시장의 가격정보를 제공하고, 국가·지방자치단체 등이 과세 등의 업무와 관련하여 주택의 가격을 산정하는 경우에 그 기준으로 활용될 수 있다.

2) 재산세(지방세)의 시가표준액과 과세표준

기초지자체(시·군·구)가 징수하는 지방세 부동산 과세에 적용되는 시가표준액은 「부동산 가격공시에 관한 법률」에 따라 공시된 가액(공시가격, 공시지가)이 적용된다(「지방세법」 제4조). 또한 공시가액이 산정되지 않은 부동산에 대해서는 지자체장이 다음과 같은 방법으로 산정하고 있다.

---

[1] 공동주택의 경우 표준공동주택에 한정하지 않고 한국감정원이 공시가격을 전수조사하여 국토교통부장관이 가격을 공시함.

우선 개별공시지가 또는 개별주택가격이 공시되지 아니한 경우에는 지자체장이 국토교통부장관이 제공한 토지가격비준표 또는 주택가격비준표(국토교통부장관이 제공)를 사용하여 가액(시가표준액)을 산정한다. 다음으로 공동주택가격이 공시되지 아니한 경우에는 지자체장은 대통령령으로 정하는 기준에 따라 가액(시가표준액)을 산정한다.

재산세 과세대상은 토지·건축물·주택 등으로 구분되는데, 이러한 부동산의 과세표준은 시가표준액(「지방세법」 제4조)에 "공정시장가액비율"을 곱하여 산정된다(「지방세법」 제110조). 공정시장가액비율의 산정은 부동산시장의 동향과 지방재정 여건 등을 고려하여 결정되는데, 현재 토지 및 건축물의 경우 시가표준액의 100분의 50부터 100분의 90까지 설정할 수 있도록 되어 있고, 주택의 경우 시가표준액의 100분의 40부터 100분의 80까지 설정할 수 있도록 되어 있으며 선박 및 항공기의 경우에는 과세표준이 지방세법 제4조 제2항에 따른 시가표준액으로 되어 있다. 현재 적용 중인 공정시장가액비율은 지방세법 시행령(「지방세법 시행령」 제109조)을 통하여 고시되는데, 2020년 기준의 공정시장가액비율은 토지 및 건축물의 시가표준액의 100분의 70이고, 주택의 경우 시가표준액의 100분의 60으로 되어 있다.

3) 종합부동산세(국세)의 공제금액 및 과세표준

종합부동산세의 과세표준은 공시가격(공시지가)에서 일정 금액(기본공제 금액)을 공제한 후 공정시장가액비율을 적용하여 결정된다. 주택의 경우 납세의무자별로 주택의 공시가격을 합산한 금액에서 기본공제 금액(9억원 또는 6억원)을 공제한 후 공정시장가액비율을 곱한 금액이 과세표준이 되며(종부세법 제8조), 공제액은 대통령령으로 정하는 1세대 1주택자인 경우 9억원이 적용되면 그 외의 경우에는 6억원이 적용된다. 종합부동산세의 공정

〈표 3-2〉 재산세 및 종합부동산세의 과세표준

구분		과세표준	
		재산세	종합부동산세
주택		시가표준액×60%	(인별 공시가격 합산액 −9억(또는 6억원))×90%
건물		시가표준액×70%	−
토지	분리과세토지	시가표준액×70%	−
	종합합산토지		(인별 공시가액 합산액 − 5억)×90%
	별도합산토지		(인별 공시가액 합산액 − 80억)×90%

주) 매년 1월 1일 기준 부동산의 가격조사가 이루어지고, 국토교통부는 1월 표준단독주택의 가격을 공시하고, 국토교통부와 시군구는 4~5월에 공동주택 및 개별단독주택의 가격을 공시함.

자료: 「부동산 가격공시에 관한 법률」, 「지방세법」.

시장가액비율은 '18년까지 80%가 적용되었으나 이후 지속적으로 그 비율을 인상하기로 결정되어 2019년 85%, 2020년 90%, 2021년 95%, 2022년 이후 100%로 적용된다(종부세법시행령 제2조의4).

토지에 대한 종합부동산세의 경우 납세의무자별로 과세대상 토지의 공시가에서 기본공제 금액을 공제한 후 합산한 금액에 공정시장가액비율을 곱한 금액이 과세표준이다(종부세법 제13조). 토지분에 대한 공제액은 종합합산토지의 경우 5억원이 적용되고 별도합산토지의 경우 80억원이 적용된다.

보유세의 과세대상 및 세율구조

1) 재산세의 과세대상 및 세율구조

재산세의 과세대상은 토지, 건축물, 주택, 항공기 및 선박 등으로 구분된다(「지방세법」 제105조). 재산세 과세대상은 부동산 유형별로 세분화되는

데, 그 구분은 다음과 같다(「지방세법」 제106조).

토지의 경우 종합합산과세 대상, 별도합산과세 대상 및 분리과세 대상으로 세율구조가 세분화되어 있다. 우선 종합합산과세 대상 토지는 별도합산과세 대상 또는 분리과세 대상이 되는 토지를 제외한 토지를 의미한다. 별도합산과세 대상 토지는 (i) 공장용 건축물 부속토지, (ii) 공지상태이나 업무 또는 경제활동에 활용되는 토지, (iii) 철거·멸실된 건축물 또는 주택의 부속토지 등을 의미한다. 분리과세 대상 토지는 (i) 임야, (ii) 고급오락장용 토지(골프장용 토지 등), (iii) 공장의 부속토지, (iv) 국가 및 지방자치단체 지원을 위한 특정목적 사업용 토지, (v) 에너지·자원의 공급 및 방송·통신·교통 등의 기반시설용 토지, (vi) 개발사업용 토지, (vii) 그 밖의 분리과세해야 할 타당한 이유가 있는 토지 등으로 구성되어 있다.

건물에 대한 재산세 과세대상은 (i) 골프장, 고급오락장용 건축물, (ii) 공장용 건축물, (iii) 그 밖의 건축물 등으로 구분된다(「지방세법」 제111조). 주택의 경우에는 과세대상이 (i) 별장 및 (ii) 그밖의 주택으로 구분된다(「지방세법」 제111조).

재산세의 부동산 유형별 과표구간과 세율 구조를 살펴보면(〈표 3〉), 먼저 주택의 경우 과세 구간이 4개로 설정되어 있는데, 과세표준이 6천만원 이하 경우 0.1%, 6천만원~1억 5천만원인 경우 0.15%, 1억 5천만원~3억원인 경우 0.25%, 3억원 초과인 경우 0.4%의 세율이 각각 적용된다. 토지의 경우에는 종합합산 과세대상에 대하여 3개의 세율 구간이 적용되는데, 과세표준 5,000만원 이하인 경우 0.2%, 5,000만원~1억원인 경우 0.3%, 1억원 초과인 경우 0.5%의 세율이 각각 적용된다. 별도합산 과세 대상 토지에 대해서는 2억원 이하인 경우 0.2%, 2억원~10억원 구간의 경우 0.3%, 10억원 초과의 경우 0.4%의 세율이 적용된다. 분리과세 대상 토지의 경우에는 전·답·과수원 등에 0.07%의 세율이 적용되고, 별장·골프장·고급오락장

등에 4.0%, 기타의 토지에 0.2%의 세율이 각각 적용된다. 건축물의 경우에는 골프장·고급오락장용 건축물에 4.0%의 세율이 적용되고, 주거지역 및 지정지역 내 공장용 건축물에 0.5%, 기타 건축물에 0.25%가 각각 적용된다.

재산세의 과표 또는 세율의 조정에 따라 전년도 대비 세부담이 크게 상승하는 경우를 막기 위해 주택에 대한 재산세 세부담 상한제도가 적용되고 있다. 세부담 상한제도는 재산세액의 급격한 인상을 완화하기 위해 재산세액 증가율을 전년도 세액의 일정비율 이하로 제한하는 제도인데, 공시가격 3억원 이하의 주택의 경우 재산세가 전년 대비 105%까지 상승할 수 있고, 공시가격 3억원~6억원인 경우 전년 대비 110%, 공시가격 6억원 이상인 경우 전년 대비 130%까지 재산세 부담의 상승이 제한되어 있다.

2) 종합부동산세의 과세대상 및 세율구조

2020년 현재 적용되고 있는 종합부동산세의 세율 구조는 〈표 3-3〉에 나타나 있는 바와 같다.[2] 주택의 경우 6개 구간 과세표준에 대하여 0.5%~ 2.7%의 초과 누진세율이 적용되고, 조정지역 2주택 및 3주택의 경우 0.6%~3.2%의 초과 누진세율이 적용된다. 토지에 대한 종합부동산세의 경우 종합합산 토지에 3개 구간의 과세표준에 대하여 1.0%~3.0%의 초과 누진세율이 적용되고, 별도합산 토지의 경우 3개 구간의 과세표준에 대하여 0.5%~0.7%의 초과 누진세율이 적용된다. 또한 종합합산 및 별도합산의 과세표준을 도출할 때 각각 5억원 및 80억원의 기본 공제가 적용된다(〈표 3-2〉). 한편 재산세를 부과할 때의 분리과세 대상 토지(전·답·과수원, 임야 등, 공장용지, 골프장, 고급오락장용 토지 등)에 대해서는 종합부동산세가 과

---

2 종합부동산세법은 '20년 7월 28일 세법 개정이 의결되어 '21년부터 새로운 세율 체계가 적용됨 (상세 내용은 이하에서 논의됨).

〈표 3-3〉 보유세(재산세 및 종부세)의 세율구조(2020년)

과세항목			재산세(지방세)		종합부동산세(국세)	
			과표	명목세율	과표	명목세율
합산방식			누진세율 적용 토지는 시군구 내 인별합산		과세항목별로 국가내 인별합산[2]	
주택	일반주택		시가 표준 액의 60%	~0.6억 0.1% 0.6~1.5억 0.15% 1.5~3.0억 0.25% 3억~ 0.4%	과세 기준 초과 분의 90%[1]	~3억원 0.5% 3~6억원 0.7% 6~12억원 1.0% 12~50억원 1.4% 50~94억원 2.0% 94억원~ 2.7%
	별장		60%	4%	과세하지 않음	
토지	분리 과세	전·답·과수원, 임야 등	70%	0.07%	과세하지 않음	
		공장용지, 공급목적	70%	0.2%		
		골프장, 고급오락장용	70%	4%		
	별도 합산	건물 부속토지, 사업용토지	70%	~2억 0.2% 2~10억 0.3% 10억~ 0.4%	90%	~200억 0.5% 200~400억 0.6% 400억~ 0.7%
	종합 합산	분리과세, 별도합산토지 이외 모든 토지	70%	~0.5억 0.2% 0.5~1억 0.3% 1억원~ 0.5%	90%	~15억 1.0% 15~45억 2.0% 45억~ 3.0%
건축물	골프장·고급오락장 건축물		70%	4.0%	과세하지 않음	
	공장용 건축물		70%	0.5%		
	이외 일반건축물(상가 등)		70%	0.25%		
부가세(surtax)			지방교육세 20%		농어촌특별세 20%	

주1) 2020년 기준이며, 2021년 95%, 2022년부터 100% 적용.
주2) 조정지역 2주택 및 3주택의 경우 각 구간별로 0.1%p, 0.2%p, 0.1%p, 0.3%p, 0.2%p, 0.5%p, 0.5%p를 추가 적용함.

자료: 국회예산정책처, 2018a. 부동산세제 현황 및 최근 논의동향 자료를 이용하여 최근 세제개편 내용 반영.
원자료: 「지방세법」 및 「종합부동산세법」.

세되지 않고 있다. 또한 주택이 아닌 건축물의 경우, 재산세가 부과되지만 종합부동산세는 부과되지 않는다.

종합부동산세의 세율 체계에서 한 가지 주목할 점은 별도합산 토지에 대한 종합부동산세 세율은 주택이나 종합합산의 경우와는 달리 적용 세율의 누진도가 상당히 낮다는 점이다. 주택의 경우 재산세 세율이 0.2~0.4%이고 종부세 세율이 0.5~2.7%로 설정되어 있어서 양자 간 세율 차이가 상당히 크다는 점을 확인할 수 있다. 종합합산 토지의 경우에도 재산세 세율 0.2~0.5%와 종부세 세율 1~3% 간에는 상당한 격차가 난다. 반면, 별도합산 토지의 경우에는 재산세 세율 0.2~0.4%와 종부세 세율 0.5~0.7% 간에 큰 차이가 없는 데다가 종부세 별도합산의 과세표준이 200억원 이상으로 매우 높게 설정되어 있다. 즉 〈표 3-3〉에 나타나 있는 종합부동산세 세율 체계를 재산세 세율 체계와 비교해 볼 때 종합부동산세의 과세 대상이 주택과 종합합산 토지에 초점이 맞추어져 있음을 확인할 수 있다. 종합부동산세의 경우에도 재산세의 경우와 마찬가지로 세부담 상한제도가 적용되고 있는데, 일반 종부세의 경우 전년 대비 세부담 인상율이 150% 이내로 제한되고 있고 3주택 이상이거나 조정대상 지역 2주택의 경우 세부담이 전년 대비 300%까지 증가할 수 있다.

한국의 주택 시장은 2018년 과열 현상을 보였었고 또한 2020년에도 과열 현상을 보이고 있는 바, 종합부동산세 과세 체계가 2018년 크게 강화되었고 2020년에도 과세 체계가 대폭 강화됐다(2021년부터 시행). 2020년의 종부세 과세 강화의 경우, 일반주택에 적용되는 세율이 6억원 이하인 경우 0.1%p가 증가하고, 6억~94억원 구간에는 0.2%p가 증가하며, 94억원 이상의 주택에 대해서는 0.3%p가 증가한다.

2020년 종합부동산세 세제 개편의 주된 취지는 실거주 이외인 주택(부동산 투자가 활성화되어 있는 지역(조정대상지역)의 2주택 이상 보유 또는 3

〈표 3-4〉 종합부동산세 세율 체계 개편(2021년 시행)

(단위: %. %p)

과세표준	일반			3주택 이상 + 조정대상지역 2주택		
	현행	개정	증가	현행	개정	증가
3억원 이하	0.5	0.6	0.1	0.6	1.2	0.6
3~6억 원	0.7	0.8	0.1	0.9	1.6	0.7
6~12억 원	1.0	1.2	0.2	1.3	2.2	0.9
12~50억 원	1.4	1.6	0.2	1.8	3.6	1.8
50~94억 원	2.0	2.2	0.2	2.5	5.0	2.5
94억 원 초과	2.7	3.0	0.3	3.2	6.0	2.8

자료: 기획재정부, 「종합부동산세법·소득세법·법인세법 개정안」(보도자료, 2020. 7. 28)

주택 이상 보유)에 대해서는 주택 보유의 의욕을 상실할 정도로 강력한 보유세 부담을 주는 것이라 할 수 있다. 그 결과 조정대상지역 2주택 및 3주택 이상인 경우의 종부세 과세표준이 3억원 이하인 경우 종부세 세율이 0.6%p 증가하고, 과세표준이 각각 3~6억원, 6~12억원, 12~50억원, 50~94억원, 94억원 이상의 구간에 대하여 각각 0.7%p, 0.9%p, 1.8%p, 2.5%p, 2.8%p로 세율이 인상된다.

향후 종합부동산세의 과세표준 산정에 적용되는 공정시장가액비율이 100%로 상향 조정되고, 공시가격 현실화도 지속적으로 추진될 것이 예상되므로, 3주택 이상 및 조정대상지역 2주택의 종합부동산세 세금은 지금까지보다 거의 3배 증가할 것으로 전망된다. 기획재정부가 2020년 7월 발표한 종합부동산세 세제개편의 보도자료를 보면, 종합부동세 과세체계의 강화에 따른 세부담 변화가 사례별로 예시되어 있는데, 고가 1주택자의 경우 주택을 3년간 보유한 58세의 1세대 1주택자의 세부담이 55% 증가하고, 주택을 10년간 보유한 65세의 1세대 1주택자의 경우 세부담이 16.7% 정도 증가한다는 점을 알 수 있다(〈표 3-5〉). 이와 같은 현상이 발생하는 이유는

〈표 3-5〉 고가 1주택 보유자의 세부담 변화(예시)

	A[1]		B[2]	
	2020년	2021년	2020년	2021년
시가	36억원	40억원[3]	36억원	40억원
공시가격	31억원	34억원	31억원	34억원
종부세액	756만원	882만원	1,892만원	2,940만원
증가액	-	126만원	-	1,048만원

주1〉 주택을 3년간 보유한 58세의 1세대1주택자
주2〉 주택을 10년간 보유한 65세의 1세대1주택자
주3〉 공시가격 30억원 이상 주택은 2019년 기준 전체주택의 0.01%에 해당함
　　자료: 기획재정부, 「주택시장 안정 보완대책」 관련 주요 제기사항에 대한 설명(보도자료, 2020. 7. 13)

〈표 3-6〉 종부세의 실수요 1주택자의 세부담 경감(공제)

	고령자 공제		장기보유 공제(현행 유지)	
연 령	공제율(%)		보유기간	공제율(%)
	현 행	개 정		
60~65세	10	20	5~10년	20
65~70세	20	30	10~15년	40
70세 이상	30	40	15년 이상	50

　　자료: 기획재정부, 「종합부동산세법·소득세법·법인세법 개정안」(보도자료, 2020. 7. 28)

〈표 3-6〉에 나타나 있듯이 1가구 1주택의 경우 주택 실수요자로 인정되어 장기보유 공제가 적용되고 또한 고령자 공제도 2020년 7월의 종합부동산세 세제개편 때 강화됐기 때문이다.

　　종합부동산세는 2018년 이후 세법 개정이 세 차례 이루어지면서 투기적 수요(조정대상지역 2주택 이상) 및 다주택자(3주택 이상)에 대해서는 주택소유의 억제를 목적으로 세부담이 대폭 강화되어 왔는데, 2020년 7월의 종

<표 3-7> 조정대상지역 2주택자의 세부담 변화

	2020년도	2021년도
시 가	33억원	36억원
합산 공시가격	28억원	30.5억원
종부세액	2,650만원	6,856만원

자료: 기획재정부, 「주택시장 안정 보완대책」 관련 주요 제기사항에 대한 설명
(보도자료, 2020. 7. 13)

<표 3-8> 3주택자의 세부담 변화

	2020년도	2021년도
시 가	43억원	48억원
합산 공시가격	36.7억원	40.5억원
종부세액	4,179만원	1억754만원

자료: 기획재정부, 「주택시장 안정 보완대책」 관련 주요 제기사항에 대한 설명
(보도자료, 2020. 7. 13)

부세 세제 개편으로 조정대상지역 2주택자 및 3주택자의 경우에 해당하는 초고가 주택 보유의 경우 세부담이 종전에 비하여 250% 이상 상승할 것으로 예시됐다(〈표 3-7〉 및 〈표 3-8〉).

3) 지역자원시설세의 과세대상 및 세율구조

지방세 중 지역자원시설세는 재산세와 유사하게 건축물과 선박의 보유에 대한 과세를 하고 있다. 지역자원시설세의 과세 대상은 특정자원분(발전용수·지하수·지하자원), 특정시설분(컨테이너로·원자력발전·화력발전), 소방분(건축물·선박)으로 구분되는 바,[3] 소방분의 건축물에 대해서는 재산

---

3   2020년까지 지역자원시설세의 과세표준이 "소방시설, 오물처리시설, 수리시설, 그 밖의

<표 3-9> 지역자원시설세 과세표준 및 세율

과세표준	세율
6백만원 이하	0.04%
6백만원 ~ 1천3백만원	0.05%
1천3백만원 ~ 2천6백만원	0.06%
2천6백만원 ~ 3천9백만원	0.08%
3천9백만원 ~ 6천4백만원	0.1%
6천4백만원	0.12%

자료: 「지방세법」 제146조

세와 마찬가지로 시가표준액을 과세표준으로 한다. 지역자원시설세의 과세표준 구간은 6개로 설정되어 있으며 0.04%~0.12%의 초과누진세율이 적용된다. 지역자원시설세의 특정부동산에 대한 징수 금액은 2018년 기준 1.376조원이었다.

거래세의 과세대상 및 세율구조

취득세는 부동산(주택, 건물, 토지 등) 거래 및 증여 등에 대하여 과세되는데, 광역지자체(시·도)가 부과한다. 주택에 대한 거래세는 주택의 크기에 따라 누진세율이 적용되는데, 주택의 과세표준이 6억원 이하인 경우 1%가 적용되고, 6억~9억원 구간의 주택 거래에 2%, 9억원 이상의 주택 거래에 3%의 세율이 적용된다. 취득세에는 국세인 농어촌특별세가 본세의 0.2%로 부가되고, 또한 지방교육세가 본세의 10% 세율로 부가된다. 취득세 본세와 농어촌특별세, 지방교육세 세율을 모두 합할 경우 주택 거래에 대한

공공시설로 인하여 이익을 받는 자의 건축물, 선박 및 토지"이었으나(지방세법 제142조), 2021년부터는 소방분 과세대상에서 토지가 제외되었음.

〈표 3-10〉 취득세 과세 대상 및 세율 체계

구분		취득세	농어촌 특별세	지방교육세	합계세율
주택(6억이하)	85㎡ 이하	1%	비과세	0.10%	1.10%
	85㎡ 초과	1%	0.20%	0.10%	1.30%
주택(9억이하)	85㎡ 이하	2%	비과세	0.20%	2.20%
	85㎡ 초과	2%	0.20%	0.20%	2.40%
주택(9억초과)	85㎡ 이하	3%	비과세	0.30%	3.30%
	85㎡ 초과	3%	0.20%	0.30%	3.50%
주택외 매매(건물, 토지 등)		4%	0.20%	0.40%	4.60%
원시취득, 상속(농지 외)		2.80%	0.20%	0.16%	3.16%
무상취득(증여)		3.50%	0.20%	0.30%	4%

자료: 「지방세법」 제11조

총세율은 규모에 따라 1.1%~3.5%가 된다.

한편 앞서 논의한 바와 같이 2020년 7월에 주택시장이 과열되면서 종합부동산세의 과세체계가 강화됐는데, 이때 투기 목적의 주택 거래를 억제하기 위해 다주택 거래에 대한 취득세가 대폭 강화됐다. 〈표 3-11〉에서 확인할 수 있듯이 1주택자의 거래인 경우 종전의 세율이 적용되지만, 2주택자의 주택 취득의 경우 8%의 세율이 적용되고, 주택 취득자가 3주택 이상을 이미 보유한 경우 12%의 취득세 세율이 적용되고 법인의 주택 거래에 대해서도 종전의 1~3% 세율이 12%로 전면적으로 인상됐다.

즉, 2주택 이상의 거래에 대해서는 종합부동산세가 대폭 강화됐을 뿐만 아니라 8%~12%에 이르는 매우 높은 취득세 세율이 적용되기 때문에 2020년 7월에 개편된 부동산 세제가 유지되는 한 조정 대상지역 2주택 또는 3주택 이상의 보유 비중은 향후 지속적으로 축소될 것으로 전망된다. 앞서 논의된 바와 같이 종합부동산세 과세의 초점이 2주택 이상에 맞춰져 있

<표 3-11> 2020년 취득세 세율 인상(안)

현 재			개 정		
개인	1주택	주택 가액에 따라 1~3%	개인	1주택	주택 가액에 따라 1~3%
	2주택			2주택	8%
	3주택			3주택	12%
	4주택 이상	4%		4주택 이상	
법 인		주택 가액에 따라 1~3%	법 인		

자료: 기획재정부

기 때문에 2주택 이상 보유 비중의 축소는 종합부동산세 과표의 축소를 의미하는 것이기도 하다.

토지 관련 보유세 현황 및 세수 규모 추이

토지 관련 보유세 현황

1) 부동산 관련 조세

부동산과 관련된 조세는 <그림 3-1>과 같이 12개의 세목이나 주요 세목은 재산세, 종합부동산세, 취득세, 양도세라고 할 수 있다. 이를 세수 규모별로 보면 우리나라는 부동산세는 거래세와 이전세가 보유세보다 큰 비중을 차지하는 모습을 하고 있다. 2018년 기준으로 취득세가 약 23.8조원으로 가장 크고 양도소득세가 18.2조원, 재산세가 11.5조원, 종합부동산세는 1.9조원으로 비중이 작다(<그림 3-2>).

〈그림 3-1〉 부동산 조세체계(12개 세목)

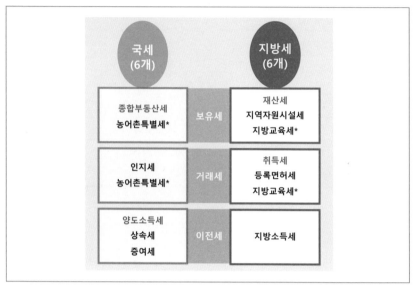

* 부가세(surtax)

자료: 국회예산정책처(2018)

〈그림 3-2〉 부동산 보유 단계별 주요세목(2018년 세수)

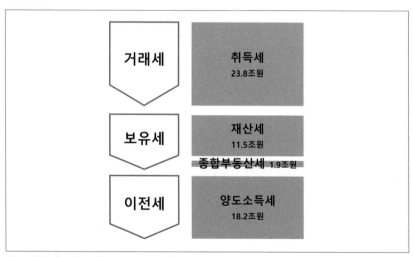

주〉 오른쪽 상자의 크기는 2018년 해당 세목의 크기에 비례

취득세(거래세)는 지방세에서 가장 큰 비중을 차지하는 세목으로 2017년 기준으로 취득세가 지방세에서 차지하는 비중은 29.2%에 달한다. 재산세의 비중은 13.3%이다.

2) 보유세 과세체계 및 세율

보유세는 크게 재산세와 종합부동산세로 나뉜다. 재산세는 납세자가 소유한 재산의 경제적 교환가치에 담세력을 두어 과세하는 조세이고 과세대상은 토지, 건축물, 주택, 선박, 항공기인데 선박과 항공기는 그 과세 대상 및 가액이 미미하므로 주요 과세대상은 부동산이다.

종합부동산세는 주택 및 토지분 재산세의 납세의무자로서 재산세 과세대상인 주택 및 토지의 공시가격을 합산하여 그 공시가격의 합계액이 일정금액을 초과하는 경우에 그 초과분에 대해 부과되는 세금으로서, 부동산 보유에 대한 조세부담의 형평성을 제고하고 부동산 가격안정을 도모함으로써 지방재정의 균형발전과 국민경제의 건전한 발전을 위해 2005년부터 일정 금액 이상의 부동산 보유자에 대해서는 재산세를 부과한 후 추가로 부과되는 국세이다.

부동산 보유세로서 재산세와 종합부동산세에 더해 지역자원시설세가 지방세로 모든 건축물(주택 건물분 포함)에 대해 0.04~0.12%의 세율로 부과되며 2018년 세수는 1.6조원이다.

2005년 이전에는 주택에 대해서도 일반건축물과 같이 건물분과 토지분에 대한 분리 과세가 이루어지다가 2005년 보유세 개편 이후 주택의 건물분과 토지분이 합산되어 과세되고 있는 점은 토지와 건물의 특수성을 반영할 때 개선되어야 할 부분이라고 할 수 있다.

<표 3-12> 재산세 및 종합부동산세 과세체계 및 세율(2020년 기준)

과세항목		재산세		종합부동산세	
		과표	명목세율	과표	명목세율[2]
합산방식		누진세율 적용 토지는 시·군·구내 인별합산		과세항목별로 국가내 인별합산	
주택	일반주택	시가표준액의 60%	~0.6억 0.1% ~1.5억 0.15% ~3억 0.25% 3억~ 0.4%	과세기준 초과분의 90%[1]	구간 / 2주택 이하 / 3주택 등[4] ~3억 0.5% 0.6% ~6억 0.7% 0.9% ~12억 1.0% 1.3% ~50억 1.4% 1.8% ~94억 2.0% 2.5% 94억~ 2.7% 3.2%
	별장	4%		과세하지 않음	
토지	분리과세 농지, 임야 등	70%	0.07%	과세하지 않음	
	분리과세 공장용지, 공급목적		0.2%		
	분리과세 골프장, 고급오락장용		4%		
	별도합산 건물 부속토지, 사업용토지		~2억 0.2% ~10억 0.3% 10억~ 0.4%	90%	~200억 0.5% ~400억 0.6% 400억~ 0.7%
	종합합산 분리과세, 별도합산토지 이외 모든 토지		~0.5억 0.2% ~1억 0.3% 1억~ 0.5%		~15억 1% ~45억 2% 45억~ 3%
건축물	공장용 건축물	60%	0.5%	과세하지 않음	
	이외 일반건축물(상가 등)		0.25%		
재산세 도시지역분[3]		재산세 과표*0.14%		-	
부가세(surtax)		지방교육세 20%		농어촌특별세 20%	
종부세 공제세액		-		-종부세 과표에 대한 재산세액 -1주택 고령자·장기보유자[5] -전년대비 세부담 상한액[6] 초과액	

주1) 종합부동산세 과세표준 = (공시가격 합산액 - 과세기준액*)× 공정시장가액비율(80%)
 * 과세기준액 : 주택 6억원(1주택 9억원), 별도합산토지 80억원, 종합합산토지 5억원
 - 2021년부터 법인에 대해서는 주택 6억원 공제 폐지
 * 공정시장가액비율 : (2019년) 85% → (2020년) 90% → (2021년) 95% → (2022년) 100%

주2) 종합부동산세법 개정에 따라 2021년부터 과표 구간별로 0.1~2.8%p 세율 인상. 주택의 경우
　　2011년부터 법인은 종부세 최고세율로 단일세율 적용(시행령로 정하는 법인은 제외)
주3) 종전 도시계획세, 2011년부터 재산세에 통합됨
주4) 3주택 등 : 3주택 이상자 + 조정대상지역 2주택자
주5) 1세대1주택 고령자·장기보유자 세액공제(중복적용 가능, 한도 70%, 2011년부터 한도 80%)
　　* 고령자 세액공제 : 60세 이상 10%, 65세 이상 20%, 70세 이상 30%, 2011년부터 연령별 공제
　　　율 각각 10%p씩 증가
　　* 장기보유자 세액공제 : 5년 이상 20%, 10년 이상 40%, 15년 이상 50%
주6) 1세대1주택자 등 150%(종합합산토지, 별도합산토지 포함), 조정대상지역 2주택 200%(2021
　　년부터 300%), 3주택 이상 300%

토지 관련 세수 규모 추이

1) 보유세

(1) 재산세와 종합부동산세의 세수 추이

재산세 세수는 2005년 2.6조원에서 2018년 11.5조원으로 꾸준히 증가
해왔는데 2011년에 급격하게 상승한 이유는 기존 도시계획세가 '재산세 도
시지역분'이라는 이름으로 재산세와 통합되었기 때문이다(〈그림 3-3〉).

종합부동산세 세수는 2005년 도입 이후 2007년에 2.8조원까지 증가했
으나 이명박 정부에 들어 크게 약화돼 1조원 미만으로 세수가 줄었다가 서
서히 증가하고 있으나 그 증가폭은 크지 않으며 현재 2조원 미만으로 보유
세제에서 차지하는 비중은 14%이다.

2) 보유세 실효세율 추이 및 국제비교

(1) 실효세율의 의미

실효세율(effective tax rate)은 법이 정한 명목세율(nominal tax rate)이
아니라 다음 식과 같이 실제 부동산 가액 대비 납부하는 세액의 비율을 의
미한다.

〈그림 3-3〉 재산세 및 종합부동산세 세수 추이

(단위: 조원)

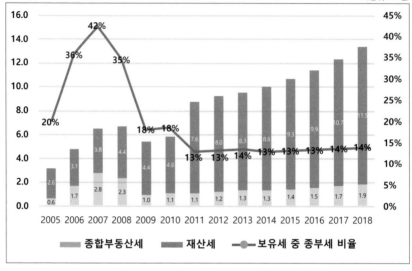

자료: 통계청 국가통계포털(kosis.kr)

$$\text{부동산 보유세 실표세율} = \frac{\text{민간부동산 보유세액}}{\text{민간 부동산 자산 총액}}$$

국가 단위의 실효세율은 그 국가 내에서의 평균적인 실효세율을 의미하므로 그 나라 안에서 부동산 소유가액의 크기에 따라 개별 납부자들의 실효세율이 어떻게 달라지는지 누진적인 특징은 말해주지는 않는다.

(2) 사용 데이터

OECD에서 제공하는 각국의 세금자료와 자산자료를 사용해 실효세율을 산출했다. 보유세액은 OECD에서 제공하는 세수통계(Revenue Statistics)의 세목 중 '4100: Recurrent taxes on immovable property'에 해당한다. 보유세액(4100) 정보는 OECD 대부분의 나라에서 생산되어 제공되고 있지

〈그림 3-4〉 우리나라의 보유세 실효세율 추이

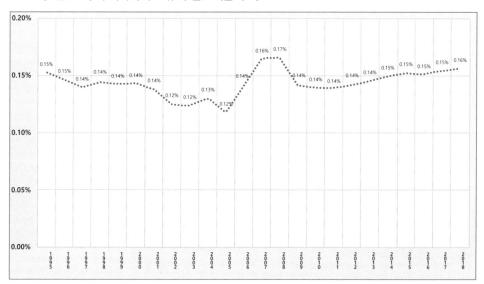

자료: OECD.Stat의 자료를 바탕으로 계산

만 국민대차대조표상의 부동산 자산가액은 모든 나라가 해당 정보를 생산하고 있지 않다. 일부 국가는 부동산 자산에 대한 정보를 전혀 생산하지 않고, 생산한다 하더라도 건물(주택 및 비주거용 건물)에 대해서만 생산하는 국가가 많다. 이런 까닭에 건물과 토지 모두의 자산 가치에 대한 정보를 제공하는 국가를 대상으로 실효세율을 구하여 비교한다.

(3) 우리나라 보유세 실효세율 추이(1995~2018)

우리나라의 보유세 실효세율은 1995년부터 0.15% 내외를 유지하고 있다. 1995년부터 2005년까지는 약간의 감소세를 보이다가 종합부동산세의 도입으로 2006년부터 증가하여 0.17까지 도달하였다가 2009년에 다시 감소하여 0.14%에서 2018년 0.16%까지 완만하게 증가하는 모습을 띠고 있다.

<그림 3-5> OECD 주요국 보유세 실효세율 추이(1990~2018)

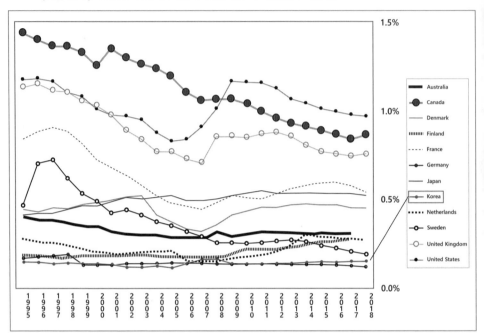

주) 미국의 경우, 부동산 실효세율을 구할 때 법인의 토지자산액은 포함하지 않았으므로 실효세율의 해석에 주의를 요함. 미국이 법인의 토지가치 데이터를 OECD에 제공하지 않은 이유는 미국은 토지가치를 잔여액 산정방식으로 평가하는데 토지가치가 마이너스로 나오는 경우가 발생해 법 인의 경우는 생산하고 있지 않다(Kim 2008).

자료: OECD.Stat의 자료를 바탕으로 계산

(4) OECD 국가 보유세 실효세율 추이

〈그림 3-5〉에서 보듯 우리나라의 보유세 실효세율은 OECD 국가들에 서도 낮은 그룹에 속한다. 영국, 미국, 캐나다 등 영미권 국가들이 1% 내외 의 높은 실효세율을 보이고 있다.

1990년대 말에서 2000년대 중반까지의 기간의 일본을 제외하고는 대 부분 실효세율이 하락하는 경향을 보이며 2000년대 중반 이후에는 국가별 로 다른 변화양상을 보이고 있다. 2000년대 중반 이후 상승 추세에 있는

〈표 3-13〉 OECD 국가별 보유세 실효세율 추이(1970~2018)

(단위: %)

연도	노르웨이	캐나다	영국	프랑스	일본	덴마크	벨기에	호주	네덜란드	핀란드	스웨덴	한국	슬로바키아	독일	체코	멕시코	에스토니아	오스트리아	미국
1990	1.44		0.52					0.44											1.09
1991	1.5		0.54					0.46											1.18
1992	1.55		0.66					0.46											1.21
1993	1.51		0.71					0.43											1.19
1994	1.48		0.74		0.38			0.41											1.21
1995	1.44	1.14	0.84	0.41	0.45		0.16	0.4	0.28	0.19	0.47	0.15	0.16	0.17	0.09		0.08	0.07	1.18
1996	1.41	1.16	0.89	0.42	0.43		0.17	0.39	0.26	0.18	0.7	0.15	0.21	0.18	0.08		0.09	0.07	1.19
1997	1.37	1.12	0.91	0.42	0.45		0.18	0.39	0.25	0.18	0.73	0.14	0.22	0.18	0.07		0.1	0.06	1.17
1998	1.37	1.11	0.89	0.44	0.45		0.17	0.37	0.24	0.17	0.62	0.14	0.2	0.19	0.07		0.1	0.06	1.12
1999	1.34	1.06	0.83	0.47	0.47		0.16	0.35	0.22	0.18	0.53	0.14	0.23	0.13	0.07		0.09	0.06	1.09
2000	1.26	1.04	0.73	0.46	0.49		0.16	0.35	0.2	0.18	0.49	0.14	0.11	0.13	0.07		0.11	0.06	1.02
2001	1.35	0.98	0.68	0.49	0.5		0.15	0.32	0.2	0.18	0.42	0.14	0.11	0.13	0.07		0.1	0.06	0.98
2002	1.31	0.89	0.64	0.51	0.51		0.15	0.3	0.2	0.18	0.44	0.12	0.1	0.13	0.06		0.11	0.06	0.98
2003	1.27	0.84	0.59	0.5	0.52		0.15	0.3	0.21	0.19	0.41	0.12	0.1	0.14	0.07	0.13	0.1	0.06	0.96
2004	1.25	0.78	0.53	0.52	0.42		0.14	0.3	0.21	0.18	0.38	0.12	0.13	0.14	0.06	0.12	0.09	0.06	0.88
2005	1.2	0.77	0.48	0.52	0.37		0.37	0.29	0.21	0.18	0.36	0.12	0.13	0.14	0.06	0.11	0.07	0.06	0.83
2006	1.11	0.74	0.46	0.49	0.33		0.36	0.29	0.16	0.18	0.32	0.14	0.12	0.14	0.06	0.11	0.05	0.05	0.85
2007	1.07	0.72	0.45	0.49	0.32		0.33	0.28	0.15	0.17	0.29	0.16	0.11	0.14	0.05	0.1	0.05	0.05	0.92
2008	1.07	0.86	0.49	0.5	0.36		0.33	0.32	0.15	0.18	0.26	0.17	0.1	0.13	0.05	0.1	0.08	0.06	1.02
2009	1.07	0.86	0.53	0.52	0.42		0.33	0.29	0.17	0.19	0.26	0.14	0.11	0.13	0.06	0.1	0.08	0.06	1.17
2010	1.05	0.85	0.51	0.54	0.44		0.33	0.31	0.18	0.22	0.25	0.14	0.11	0.13	0.08	0.1	0.1	0.06	1.17
2011	1	0.87	0.51	0.55	0.46		0.33	0.32	0.19	0.22	0.26	0.14	0.11	0.13	0.08	0.1	0.1	0.06	1.17
2012	0.11	0.96	0.89	0.54	0.54	0.46	0.32	0.32	0.21	0.22	0.27	0.14	0.13	0.13	0.09	0.09	0.1	0.05	1.13
2013	0.11	0.93	0.86	0.56	0.54	0.47	0.33	0.32	0.25	0.23	0.27	0.14	0.13	0.13	0.09	0.09	0.1	0.05	1.07
2014	0.11	0.92	0.81	0.58	0.54	0.48	0.34	0.31	0.3	0.25	0.26	0.15	0.13	0.13	0.09	0.1	0.09	0.05	1.05
2015		0.9	0.78	0.6	0.53	0.47	0.33	0.31	0.29	0.26	0.24	0.15	0.13	0.13	0.09	0.09	0.09	0.05	1.02
2016		0.87	0.76	0.6	0.53	0.47	0.33	0.31	0.29	0.26	0.22	0.15	0.13	0.13	0.09	0.08	0.08	0.05	1.00
2017		0.85	0.75	0.58	0.53	0.45	0.33	0.31	0.28	0.27	0.21	0.15	0.13	0.12	0.09	0.08	0.08	0.05	0.98
2018		0.87	0.76	0.55	0.52	0.45	0.31		0.27		0.19	0.16	0.13	0.12			0.08		0.97

주) 미국의 경우, 부동산 실효세율을 구할 때 법인의 토지자산액은 포함하지 않았으므로 실효세율의 해석에 주의를 요함.

자료: OECD. Stat의 자료를 바탕으로 계산

<그림 3-6> OECD 국가별 부동산 실효세율 비교(2017년)

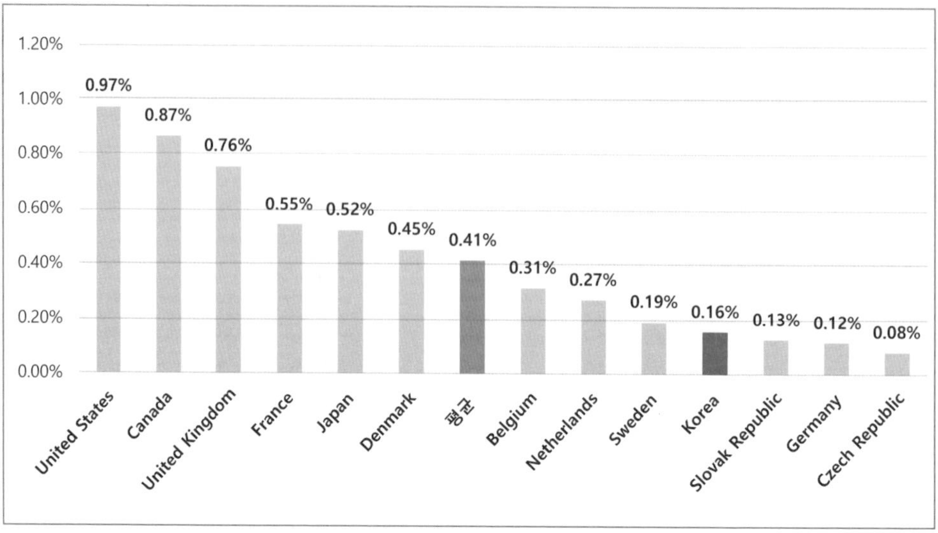

자료: OECD.Stat의 자료를 바탕으로 계산

국가는 프랑스·일본·핀란드·네덜란드이며 캐나다는 감소추세를 보이고
있다.

비교 가능한 최근 연도인 2018년으로 보면 한국의 보유세 실효세율은
0.16%로 비교국들의 평균인 0.41%의 38%에 불과하다(〈그림 3-6〉).

보유세에 더해 거래세(4400: Taxes on financial and capital transac-
tions)[4]까지 포함한 부동산 가액 대비 부동산세의 비율을 보면 한국은 2018
년에 0.52%로 그 비율이 증가하여 비교국들 가운데 중간 정도이며 미국,
영국, 캐나다의 절반 수준이다. 기존 연구에서는 국가별로 부동산세의 크
기를 비교하기 위해 각국의 GDP 대비 % 또는 총조세 대비 %를 사용하는
경우가 많은데 이보다는 총 부동산 가액 대비 부동산세액의 크기를 비교하

4   주식거래세까지 포함하고 있음에 유의

〈그림 3-7〉 민간 부동산 총 가액 대비 부동산세(보유세+거래세) 비율(2017)

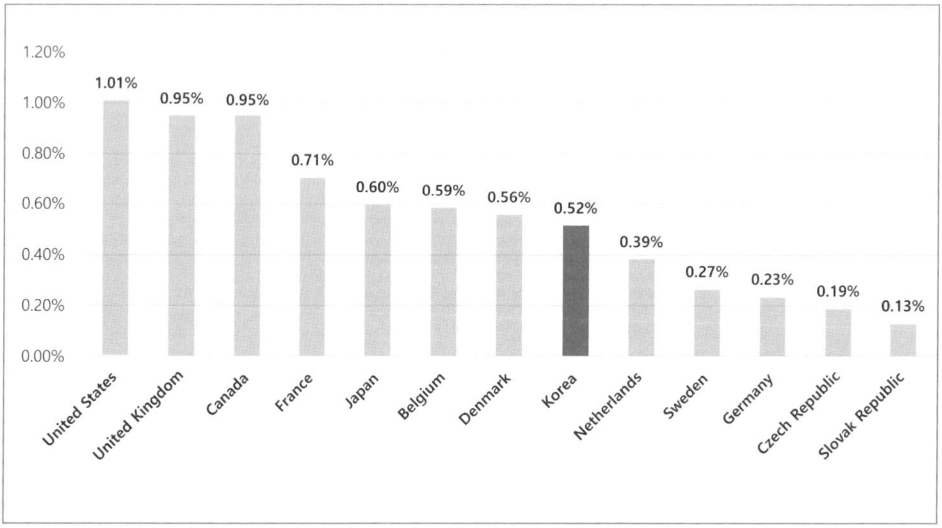

자료: OECD.Stat의 자료를 바탕으로 계산

는 것이 더 적합하다. 왜냐하면 같은 경제규모라도 부동산 가격의 수준과 총조세의 크기는 국가별 특성에 따른 차이가 크며 부동산세는 부동산 가격에 담겨있는 편익에 대한 비용 지불의 측면이 있기 때문이다.

(5) 미국의 보유세 실효세율

미국의 보유세 실효세율을 별도로 살펴보는 이유는 무엇보다 우리나라가 미국 제도에 영향을 많이 받고 그런 까닭에 미국과 자주 비교하는 데에 반해, OECD에서 제공하는 미국의 부동산 관련 자산자료가 불충분하여 OECD 데이터만으로는 미국의 보유세 실효세율을 정확하게 파악하기 어렵기 때문이다.

미국의 재산세 세율은 비례세율이다(박훈 2015, 164). 미국은 지역별로 재산세율이 다른데 농가주택(Homestead)의 경우 가장 세율이 높은 일리노

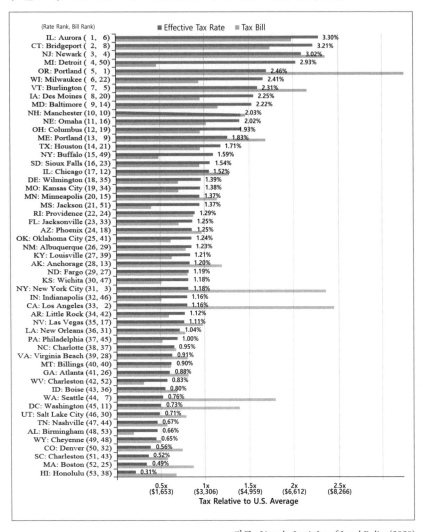

(Rate Rank, Bill Rank)　　■ Effective Tax Rate　　■ Tax Bill

IL: Aurora (1, 6)	3.30%
CT: Bridgeport (2, 8)	3.21%
NJ: Newark (3, 4)	3.02%
MI: Detroit (4, 50)	2.93%
OR: Portland (5, 1)	2.46%
WI: Milwaukee (6, 22)	2.41%
VT: Burlington (7, 5)	2.31%
IA: Des Moines (8, 20)	2.25%
MD: Baltimore (9, 14)	2.22%
NH: Manchester (10, 10)	2.03%
NE: Omaha (11, 16)	2.02%
OH: Columbus (12, 19)	1.93%
ME: Portland (13, 9)	1.83%
TX: Houston (14, 21)	1.71%
NY: Buffalo (15, 49)	1.59%
SD: Sioux Falls (16, 23)	1.54%
IL: Chicago (17, 12)	1.52%
DE: Wilmington (18, 35)	1.39%
MO: Kansas City (19, 34)	1.38%
MN: Minneapolis (20, 15)	1.37%
MS: Jackson (21, 51)	1.37%
RI: Providence (22, 24)	1.29%
FL: Jacksonville (23, 33)	1.25%
AZ: Phoenix (24, 18)	1.25%
OK: Oklahoma City (25, 41)	1.24%
NM: Albuquerque (26, 29)	1.23%
KY: Louisville (27, 39)	1.21%
AK: Anchorage (28, 13)	1.20%
ND: Fargo (29, 27)	1.19%
KS: Wichita (30, 47)	1.18%
NY: New York City (31, 3)	1.18%
IN: Indianapolis (32, 46)	1.16%
CA: Los Angeles (33, 2)	1.16%
AR: Little Rock (34, 42)	1.12%
NV: Las Vegas (35, 17)	1.11%
LA: New Orleans (36, 31)	1.04%
PA: Philadelphia (37, 45)	1.00%
NC: Charlotte (38, 37)	0.95%
VA: Virginia Beach (39, 28)	0.91%
MT: Billings (40, 40)	0.90%
GA: Atlanta (41, 26)	0.88%
WV: Charleston (42, 52)	0.83%
ID: Boise (43, 36)	0.80%
WA: Seattle (44, 7)	0.76%
DC: Washington (45, 11)	0.73%
UT: Salt Lake City (46, 30)	0.71%
TN: Nashville (47, 44)	0.67%
AL: Birmingham (48, 53)	0.66%
WY: Cheyenne (49, 48)	0.65%
CO: Denver (50, 32)	0.56%
SC: Charleston (51, 43)	0.52%
MA: Boston (52, 25)	0.49%
HI: Honolulu (53, 38)	0.31%

0.5x　　　　1x　　　　1.5x　　　　2x　　　　2.5x
($1,653)　　($3,306)　　($4,959)　　($6,612)　　($8,266)
Tax Relative to U.S. Average

자료: Lincoln Institute of Land Policy(2020)

이 주 오로라 시는 실효세율이 3.3%에 달해 우리나라의 실효세율(0.16%)

대비 약 20배 높다(〈표 3-14〉 및 〈그림 3-8〉). 가장 실효세율이 낮은 하와이

주 호놀룰루의 경우도 0.31%로 우리나라의 실효세율보다 두 배가량 높다.

〈표 3-14〉 미국 주별 최대도시의 중위 농가주택 최고/최저 실효세율(2019)

Highest Property Tax Rates			Lowest Property Tax Rates		
1	Aurora (IL)	3.30%	*Why:* High property tax reliance	49	Cheyenne (WY)	0.65%	*Why:* Low property tax reliance
2	Bridgeport (CT)	3.21%	*Why:* High property tax reliance	50	Denver (CO)	0.56%	*Why:* Low property tax reliance, classification, high home values
3	Newark (NJ)	3.02%	*Why:* High property tax reliance	51	Charleston (SC)	0.52%	*Why:* Classification shifts tax to business, High home values
4	Detroit (MI)	2.93%	*Why:* Low property values	52	Boston (MA)	0.49%	*Why:* High home values, Classification shifts tax to business
5	Portland (OR)	2.46%	*Why:* Assessment limit shifts tax to newly built homes	53	Honolulu (HI)	0.31%	*Why:* High home values, low local gov't spending, classification

자료: Lincoln Institute of Land Policy(2020)

〈표 3-15〉 미국 상업용 부동산(100만$) 재산세 최고/최저 실효세율(2019)

Highest Property Tax Rates			Lowest Property Tax Rates		
1	Detroit	3.77%	*Why:* Low property values	49	Honolulu (HI)	1.02%	*Why:* High property values, Low local gov't spending
2	Providence (RI)	3.61%	*Why:* High property tax reliance	50	Virginia Beach (VA)	0.99%	*Why:* Low local gov't spending, High property values
3	Chicago (IL)	3.51%	*Why:* High local gov't spending, Classification shifts tax to business	51	Charlotte (NC)	0.95%	*Why:* Low property tax reliance
4	Bridgeport (CT)	3.30%	*Why:* High property tax reliance	52	Seattle (WA)	0.77%	*Why:* High property values, Low property tax reliance
5	Des Moines (IA)	3.02%	*Why:* Low property values, High property tax reliance	53	Cheyenne (WY)	0.69%	*Why:* Low property tax reliance

자료: Lincoln Institute of Land Policy(2020)

미국은 우리나라와 달리 상업용 건물의 경우 주택보다 재산세 실효세율이 더 높다.[5] 가장 높은 디트로이트의 경우 3.77%이며 가장 낮은 샤이엔 지역의 경우 0.69%로 주택 중 가장 낮은 실효세율 지역보다 두 배 이상 높다(〈그림 3-9〉).

---

5 이진순(2005, 72)에 따르면 세계 대부분의 나라에서는 우리나라와는 반대로 주거용 부동산이 저율로 과세되는 것이 오히려 일반적이다.

〈그림 3-9〉 미국 주별 최대도시 상업용 부동산 재산세 실효세율(2019)

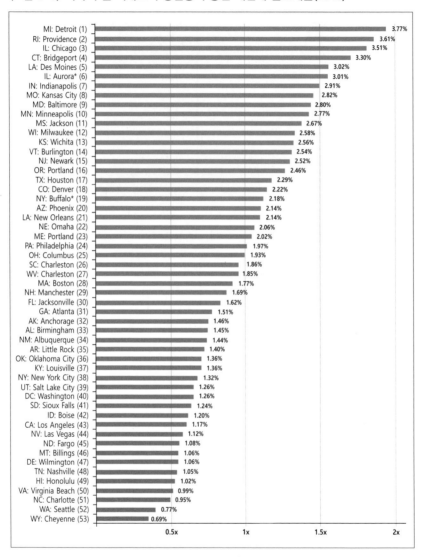

자료: Lincoln Institute of Land Policy(2020)

산업용 부동산의 경우 지역에 따라 실효세율은 0.51%~2.75%이다(〈그림 3-10〉).

<그림 3-10> 미국 주별 최대도시 산업용 부동산 재산세 실효세율(2019)

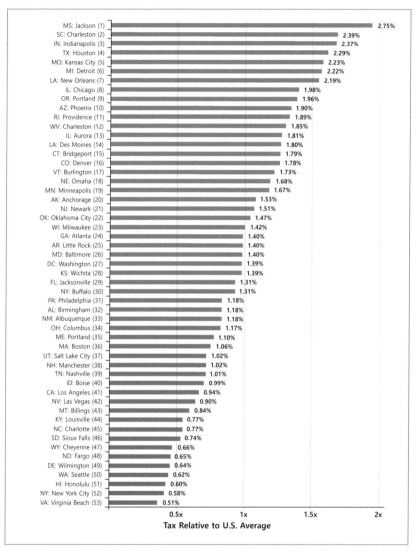

자료: Lincoln Institute of Land Policy(2020)

아파트의 실효세율은 주에 따라 0.33~3.74%이다. 가장 높은 도시는 미시건 주의 디트로이트이다(<그림 3-11>).

〈그림 3-11〉 미국 주별 최대도시 아파트(60만$ 기준) 재산세 실효세율(2019)

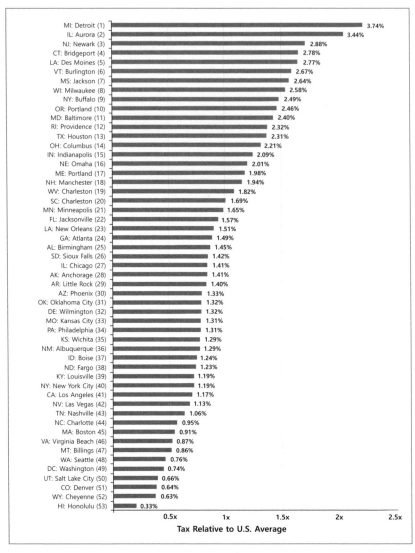

MI: Detroit (1) — 3.74%
IL: Aurora (2) — 3.44%
NJ: Newark (3) — 2.88%
CT: Bridgeport (4) — 2.78%
LA: Des Moines (5) — 2.77%
VT: Burlington (6) — 2.67%
MS: Jackson (7) — 2.64%
WI: Milwaukee (8) — 2.58%
NY: Buffalo (9) — 2.49%
OR: Portland (10) — 2.46%
MD: Baltimore (11) — 2.40%
RI: Providence (12) — 2.32%
TX: Houston (13) — 2.31%
OH: Columbus (14) — 2.21%
IN: Indianapolis (15) — 2.09%
NE: Omaha (16) — 2.01%
ME: Portland (17) — 1.98%
NH: Manchester (18) — 1.94%
WV: Charleston (19) — 1.82%
SC: Charleston (20) — 1.69%
MN: Minneapolis (21) — 1.65%
FL: Jacksonville (22) — 1.57%
LA: New Orleans (23) — 1.51%
GA: Atlanta (24) — 1.49%
AL: Birmingham (25) — 1.45%
SD: Sioux Falls (26) — 1.42%
IL: Chicago (27) — 1.41%
AK: Anchorage (28) — 1.41%
AR: Little Rock (29) — 1.40%
AZ: Phoenix (30) — 1.33%
OK: Oklahoma City (31) — 1.32%
DE: Wilmington (32) — 1.32%
MO: Kansas City (33) — 1.31%
PA: Philadelphia (34) — 1.31%
KS: Wichita (35) — 1.29%
NM: Albuquerque (36) — 1.29%
ID: Boise (37) — 1.24%
ND: Fargo (38) — 1.23%
KY: Louisville (39) — 1.19%
NY: New York City (40) — 1.19%
CA: Los Angeles (41) — 1.17%
NV: Las Vegas (42) — 1.13%
TN: Nashville (43) — 1.06%
NC: Charlotte (44) — 0.95%
MA: Boston 45) — 0.91%
VA: Virginia Beach (46) — 0.87%
MT: Billings (47) — 0.86%
WA: Seattle (48) — 0.76%
DC: Washington (49) — 0.74%
UT: Salt Lake City (50) — 0.66%
CO: Denver (51) — 0.64%
WY: Cheyenne (52) — 0.63%
HI: Honolulu (53) — 0.33%

0.5x 1x 1.5x 2x 2.5x
Tax Relative to U.S. Average

자료: Lincoln Institute of Land Policy(2020)

이상에서 살펴본 미국의 사례를 통해 알 수 있는 것은 첫째로 비례세인
미국의 부동산 보유세는 지역별로 실효세율이 1% 이상인 곳이 다수이며

3.8%, 심지어 4%에 가까운 경우도 있다는 점이다. 다시 말해 한국의 부동산 실효세율이 20배 이상으로도 시장경제가 정상적으로 운영될 수 있다는 점을 미국이 보여준다고 할 수 있다. 둘째로 상업용 또는 산업용 부동산이라고 해서 주거용에 비해 특별히 세금을 낮춰주는 것이 없다는 점이다.

맺음말

우리나라의 부동산 보유세는 빠른 산업화와 경제성장 과정을 거치며 투기억제의 목적 또는 경기부양의 목적으로 정책의 일관성을 갖지 못하고 다소 복잡한 모습을 갖게 됐다. 대상별로 건물에만 과세하거나 또는 건물과 토지에 동시에 과세하거나 토지에만 과세하는 등 토지·건물의 과세에 대해서도 일관성을 갖고 있지 못하다.

공시지가 대비 과표의 현실화는 지속적으로 높아져 왔지만 아직 시가 대비 공시지가 또는 공시가격은 평균 60% 내외에 머무르고 있다.[6] 거래세의 크기가 보유세의 약 2배 정도로, 다른 나라와 달리 부동산세 중 거래세의 비중이 매우 큰 모습을 하고 있다. 하지만 거래세를 포함하더라도 '부동산 총액 대비 보유세+거래세'의 크기는 비교국들 가운데 보통 수준이다.

부동산 문제를 해결하는 데 있어서 가장 중요한 보유세 실효세율은 1995년 이래로 0.15% 내외에서 크게 증가하지 않고 있다. 2018년 현재 보유세 실효세율은 0.16으로 OECD 평균의 절반 이하이며, 1% 내외의 선진국들도 다수 존재하며 미국은 도시에 따라 최고 3%가 넘는 경우도 존재하

---

6   국토교통부(2019.12.17.)의 발표에 따르면 2019년 현재 공시지가(공시가격)의 시가 반영률은 공동주택 68.1%, 단독주택 53.0%, 토지 64.8%이다.

므로 앞으로 보유세를 늘릴 여력은 충분하다고 할 수 있다. 특히 미국의 경우 상업용, 산업용 부동산의 실효세율도 주택의 실효세율과 크게 차이가 없는 모습을 보이고 있다.

OECD도 수차례의 보고서를 통해 부동산 보유세가 소득세 등 다른 세금에 비해 경제성장에 가장 유리한 세금이며, 세수에서 차지하는 비중이 적기 때문에 많은 국가들이 증세의 대상으로 삼을 수 있음을 강조하고 있다(Johansson et al., 2008; Brys et al., 2016; Andrews et al., 2011; Andrews, 2011).

보유세, 특히 토지에 부과하는 보유세는 보통의 세금과 다르다. 경제 전체에 큰 부담을 주고 불평등의 주된 원인인 토지투기라는 지대추구 행위는 보유세 강화 없이는 차단하기가 매우 어렵다. 물론 보유세 강화 하나만으로 투기가 완전히 차단되는 것은 아니다. 양도세와 금융규제도 당연히 필요하다. 하지만 보유세 강화가 전제돼 있지 않으면 투기차단이라는 목표 달성은 불가능에 가깝다. 부동산 기대수익률에 가장 큰 영향을 미치는 변수가 보유세이기 때문이다. 즉, 보유세 강화는 매매차익을 줄여주고 임대소득도 일정 부분 환수하는 정의롭고 효율적인 세금이다. 그런데 앞서 검토했듯이 우리나라에서 이와 같은 보유세 강화가 달성되지 못했고 결과적으로 이것은 부동산투기의 주된 원인이 됐다.

결론적으로, 우리나라 토지 관련 세제의 특징으로 보유세 실효세율이 매우 낮다는 점, 거래세는 높고 보유세는 낮은 비효율적 체계라는 점, 건물과 토지·건물의 과세에 대해 일관성이 부재하다는 점, 보유세 강화를 추진했으나 조세저항으로 후퇴한 경험이 있다는 점, 그리고 보유세를 강화하기 위해서는 효과적인 극복방안이 필요하다는 점을 확인할 수 있다.

4장

보유세제 개편의 필요성과 방향

보유세제 개편의 필요성

지자체 기간 세목으로서 재산세 역할의 한계

OECD 국가 중 보유세제가 발달한 국가들은 영미권 국가(미국, 영국, 캐나다, 호주 등)들로서 19세기부터 지방정부 재산세(property tax)가 국가의 중요한 세원이었고, 일본의 경우 2차 세계대전 직후의 세제개혁 당시 미국 (샤우프 권고)의 영향을 많이 받아 재산세제가 비교적 일찍 정착됐다. 즉, OECD 국가들 중 보유세가 강화돼 있는 국가들의 특징은 19세기 동안 재산세가 국가 세수의 거의 대부분을 차지하던 역사적 요인이 작용됐다는 점이다. 또한 이론적으로 볼 때, 지역적으로 혜택이 한정되는 지방공공서비스의 혜택은 그 지역의 부동산 가치에 반영(capitalization)되므로 재산세가 지방정부의 기간 세목 역할을 수행하는 것이 바람직한 이유도 있다.

따라서 이러한 국가들에서의 재산세의 특징은 지방정부의 기간세목,

즉 응익과세(benefit taxation)의 특징을 지니고 있다. 그리고 한국에서는 그간 보유세의 강화 필요성이 논의될 때, 영미권 국가들의 재산세 세수 규모가 크다는 점, 그리고 지방자치의 활성화에 재산세가 도움이 된다는 점이 주로 강조돼 왔다. 그러나 지자체의 자주적 과세권이 전혀 행사되지 않는 한국 지방자치의 현실을 고려할 때, 영미권 국가들과 같은 방식으로 한국의 재산세 정책이 활성화되고, 세수도 증가할 것을 기대하는 데에는 무리가 있다고 판단된다.

한국의 보유세가 갖는 또 한 가지 중요한 특징은 소득 대비 부동산 가치, 특히 주택의 가치가 매우 높고, 서울과 수도권을 중심으로 주택 가격이 매우 높게 형성돼 있기 때문에 중앙정부의 보유세(종합부동산세)가 응능과세(ability taxation)의 역할을 수행하고 있다는 점이다. Piketty(2014)에서 자세히 논의됐듯이 1980년대 이후 소득과 자산 격차가 전 세계적으로 심화되면서 최근 들어 부유세(wealth tax)에 대한 논의가 활발하게 전개되고 있다. 이러한 관점에서 봤을 때 OECD 국가들 중 거의 유일하게 응능과세의 역할을 수행하는 재산세인 한국의 종합부동산세는 21세기 경제 여건(소득과 자산 격차의 심화)에 맞는 세목이라는 평가를 일단 내릴 수 있을 것이다. 다만, 현행 종부세는 응능과세를 통한 재분배적 세수 확보의 특징보다 다주택 보유의 억제, 즉 과세 목적이 성공할수록 과세 대상은 축소되는 토빈세(tobin tax)의 특징을 더 강하게 갖고 있기 때문에 종합부동산세를 보다 본격적인 응능과세로 전환하는 것이 바람직할 것인지에 대한 검토가 필요하다. 그런데 전술했듯이 부동산 보유세의 과세 강화가 필요함에도 불구하고 한국의 지방자치단체의 재산세 강화 역량에는 한계가 있으므로 현재 일종의 응능과세로서의 보유세 역할을 수행하고 있는 종합부동산세를 현재의 토빈세 성격에서 응능과세의 성격으로 전환하는 것은 효율성과 형평성을 고려하는 조세체계의 정비 관점에서 바람직한 방향이라고 볼 수 있다.

국세 보유세로서 종합부동산세 역할의 한계

1) 중앙정부 세목으로서 정체성 불투명

앞서 한국의 종합부동산세는 OECD 국가들 중 거의 유일하게 응능과세의 역할을 수행하는 세목이라고 평가했는데, 영미권 재산세제에 바탕을 두고 보유세제의 개편 방향을 도출할 경우에는 중앙정부가 보유세를 운용하지 않는 것이 바람직하다는 결론에 도달한다. 사실 2005년 당시 재산세를 이원화하여 국세로서 종합부동산세를 도입할 때에도 중앙정부 보유세(종합부동산세)의 역할 및 의의에 대한 논란이 있었다. 최근 들어 부동산 가격이 다시 급등하는 모습을 보이고 있기 때문에 부동산의 가격안정의 도모를 목적으로 하고 있는 종합부동산세의 역할이 조명을 받고 있다. 그러나 다주택 보유 및 가격이 매우 높은 주택에 대한 중과를 목적으로 하고 있는 종부세는 중장기적으로 세수 확장성이 제한적이다. 즉, 현행 종합부동산세가 응능과세로서의 중앙정부 보유세의 역할을 수행하기에는 정체성이 불명확하다는 평가를 내릴 수 있다. 이러한 이유 때문에 지난 몇 년 전까지 종부세와 재산세의 통합 논의가 지속적으로 이루어져 왔고, 향후 주택 시장이 안정화될 경우 국세로서의 종부세의 정체성 논의가 재점화될 가능성이 충분히 있다.

2) 세수 확보를 위한 응능과세 기능의 한계

현행 종합부동산세의 목적은 고액 부동산에 대한 과세를 통한 세부담 형평성 제고 및 부동산 가격 안정으로 되어 있다. 종합부동산세법의 제1조에서는 동 세목의 목적이 나타나 있는데, 그 내용은 "이 법은 고액의 부동산 보유자에 대하여 종합부동산세를 부과하여 부동산보유에 대한 조세부담의 형평성을 제고하고, 부동산의 가격안정을 도모함으로써 지방재정의 균형발전과 국민경제의 건전한 발전에 이바지함을 목적으로 한다"로 되어 있다. 이와 같이 종합부동산세는 부동산 정책(부동산 투기 억제) 수단에 초점이 맞춰져 있어 세목의 고유 기능인 세수 확보의 기능은 약하다. 즉, OECD 국가들의 보유세는 응익과세의 특징을 지니고 있는 반면, 한국의 종부세는 부유세의 한 유형으로서 응능과세의 특징을 지니고 있지만, 종부세의 역할이 다주택 및 초고가 주택의 제한적인 보유에 초점을 맞추고 있어서 응능과세의 특징이 부각되지 않고 있다.

종부세의 보다 더 근본적인 문제점은 종부세의 토빈세적 특징상, 다주택 및 초고가 주택의 보유가 줄어들 경우 종부세의 과세 목적이 실현되었으므로 바람직한 결과이지만, 이는 동시에 종부세 과세 대상의 축소를 의미하기 때문에 세수 확충 차원에서는 종부세의 일반적인 세목으로서의 기능이 매우 제한적이라는 점이다. 또 한편으로는 한국에서의 보유세 강화의 논거가 재산세가 강화되어 있는 영미권 국가들의 재산세 정책에 바탕을 두고 있기 때문에 지금까지 주류를 이루고 있는 한국에서의 보유세 강화의 논거는 암묵적으로 "응익과세 강화"였다. 그러나 21세기 경제·재정 정책 여건의 가장 중요한 특징은 소득과 자산의 격차 확대이기 때문에 이러한 문제를 해소하면서 경제 활력을 유지하는 것이 현재 조세·재정 정책이 당면한 어려운 도전 과제이다. 바로 이러한 이유 때문에 소득·자산 격차가 심해지고 있는 미국에서 자산(wealth)에 대한 과세를 강화하는 부유세가 활발하게 논의되고 있다. 특히 2009년의 세계경제 위기 극복 과정에서 대대적인 양적 완화가 이루어져 부동산을 비롯한 자산 가격 상승이 전세계적으로 진행되어 왔고, 최근에는 코로나 경제위기로 인하여 더욱 더 큰 폭의 양적 완화가 국내외적으로 진행되어 OECD 국가 중 상당수의 국채 이자율이 거의 0에 근접하고 있다(〈그림 4-1〉).

〈그림 4-1〉 **국채 이자율 장기 추세**

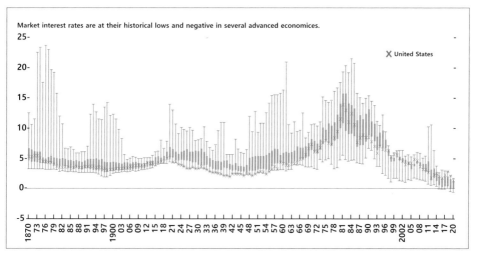

자료: IMF

즉, 21세기 들어서 소득과 자산 격차가 심화되는 와중에 대대적인 양적
완화가 진행됨에 따라 이자율이 0에 가까워져 자산 구매의 기회비용이 그
만큼 낮아졌고, 그 결과 자산 가격은 더욱 급등하는 현상이 발생하고 있다.
바로 이러한 이유 때문에 현재 많은 국가에서는 급등하는 자산에 대한 과
세를 통하여 세수를 확보할 경우 풍부한 과표의 영향으로 세수 확보 효과
가 좋으며 이와 동시에 세부담의 형평성도 제기할 수 있기 때문에 부유세
에 대한 논의가 활발하게 진행되고 있다.

그런데 부유세는 부동산을 비롯하여 금융 자산 등 모든 유형의 자산을
합한 금액이 과세표준이 되므로, 자산에 대한 광범위한 과세표준을 설정하
는 차원에서 부유세가 조세원칙에 부합하는 측면이 있지만 조세행정 비용
측면에서는 부유세가 현실화될 때까지 상당히 어려운 난관이 남아 있다.
반면 부유세만큼 자산 전반에 걸친 과세는 아니지만, 부동산에 대한 과세
는 오랜 세월 동안 시행되어 왔기 때문에 과표의 산정이 부유세 과표 산정

에 비하여 훨씬 더 용이하게 이루어질 수 있다. 따라서 21세기 경제·재정 정책 여건의 중요한 특징인 자산 격차의 확대 문제에 대응하기 위해서는 부동산 과세에 대한 기존의 "응익과세 강화"의 차원을 벗어나 "응능과세" 의 역할 강화 방안을 적극적으로 모색해야 할 시점이 되었다.

3) 보유세로서의 보편성 부족

종부세의 과세체계는 2018년 이후 크게 강화되어 종부세 세수가 2018 년 1.87조원에서 2024년에는 5조원 이상으로 그 규모가 커질 것으로 전망 되고 있다. 다만, 종부세의 규모가 이렇게 빠르게 증가하고 있는 중요한 이 유가 공시가격의 현실화이기 때문에 2022년 이후 공시가격의 현실화 과정 이 마무리되면 부동산 시장가격이 현재의 증가세를 유지하지 않고 둔화될 경우 종부세의 세수 증가세 역시 전망치보다 낮아질 가능성도 있다. 다만, 앞서 논의하였듯이 전 세계적으로 국채 이자율이 0에 가까울 정도로 떨어 지고 있기 때문에 부동산 가격이 지속적으로 상승할 가능성이 정체될 가능 성보다는 더 높다고 볼 수 있다.

이처럼 부동산 자산 가격이 지속적으로 증가할 가능성이 있음에도 불 구하고 현행 종부세가 세수 확충 기능을 잘 수행하는 중앙정부의 응익과세 로서의 역할을 충분히 수행하는 데에는 한계가 있다. 현행 종부세의 가장 큰 특징은 다가구 주택 및 초고가 주택에 대하여 높은 누진세율(일반 주택 0.6%~3.0%, 조정대상지역 2주택 이상 1.2%~6.0%)이 적용되고 있다는 점이 다. 즉, 현행 종부세는 세수 확충보다는 다주택 및 초고가주택 보유의 억제 에 초점을 맞춘 토빈세의 특징을 지니고 있다. 이러한 현행 종부세의 특징 으로 중장기적으로 종부세의 과세 목적이 충분히 달성될 경우 종부세 부담 이 적은 이른바 "똘똘한 한 채"에 대한 수요가 지속적으로 커지게 될 것이 다. 이는 결국 종부세가 응능과세로서 자산 가격의 근본적인 격차는 해소하지 못한 채 주택 보유의 형태만 제한하여 종부세 세수는 중장기적으로 그만큼 줄어드는 결과가 초래될 수 있다. 또한 현행 종부세는 실거주자가 아닌 주택 수요의 억제에 초점이 맞추어져 있기 때문에 비주거용 부동산 (일반 상가와 오피스텔)에 대한 관심이 부족하고 또한 종합합산에 비하여 별도합산에 대한 세부담은 현저히 낮은 특징을 보이고 있다.

4) 부동산 가격 상승 억제에 한계

조정대상지역(투기지역)의 2채 이상 및 3주택 이상에 대하여 중과하는 종합부동산세는 2020년처럼 자본이득을 목적으로 하는 주택 수요가 폭증하는 시기에 거래를 잠재우는 상당한 효과를 거둘 수 있다. 그러나 다주택 소유에 초점을 맞춘 종부세의 특징으로 인하여 종부세는 오히려 "똑똑한 한 채"의 수요를 유도하는 간접적인 효과, 즉 부작용이 나타난다.[1] 전 세계적으로 1가구 1주택에 대해서는 양도소득세를 포함하여 상당히 완화된 형태로 과세되는데, 이는 최근의 종부세 논의에서 확인할 수 있듯이 주택에 대한 과세는 정치적 요인을 무시할 수 없기 때문이다. 따라서 현재 토빈세 차원에서 주택 보유 자체를 억제하는 데 초점을 두고 설정된 다주택 대상 종부세 세율 체계(1.2%~6.0%)를 유지하면서 종부세 과세 대상을 넓히는 데에는 분명한 한계가 있다고 볼 수 있다. 그러나 21세기 경제·재정 정책 여건(자산 격차의 확대)이 부유세의 도입 또는 강화의 필요성을 키우고 있기 때문에 종부세의 토빈세적 성격을 지속적으로 유지하는 것보다는 세수 확보를 위한 부유세의 형태로 점진적으로 전환하는 방안이 모색될 필요가 있다.

---

1   "輿, '똑똑한 한 채' 1주택자 종부세 안 올린다"(한국일보, 2020.07.09.), "종부세 강화 등 쏟아지는 규제 속 '똑똑한 한 채' 각광"(BizM, 2020.7.14).

보유세제 개편의 기본방향

중앙-지방 이원적 보유세제의 역할 정립

보유세제 개편의 첫 번째 기본방향은 중앙-지방 이원적 보유세제의 역할을 정립하는 것이다. 즉, 재산세의 경우 지자체의 재정을 확보하는 중요한 기간 세목이기 때문에 사무의 혜택이 지역에 한정되는 자치사무의 재원 확충을 위하여 재산세가 응익과세 원칙(benefit principle)을 잘 수행할 수 있어야 한다. 다만, 자치사무의 범위가 제한적이기 때문에 자치사무에 소요되는 재원 역시 국가사무나 공동사무에 비하여 큰 규모가 아니므로 응익과세 원칙(지방공공재의 혜택에 비례하는 과세)의 속성상 재산세 세수의 확충에는 본질적으로 한계가 있고, 특히 지자체가 스스로 과세권을 행사하지 않는 한국 지방자치의 여건상 재산세를 충분히 확충하는 데에는 한계가 있다고 보아야 할 것이다.

중앙-지방의 이원적 보유세제의 역할을 정립하는 관점에서 보았을 때, 중앙정부의 보유세는 지자체의 보유세만큼 중요한 역할을 수행할 필요가 있다. 특히 21세기 들어서 자산 격차가 크게 벌어지고 있기 때문에 중앙정부는 개인간, 지역간 재분배적 관점에서 응능과세(ability to pay principle)로서의 보유세 역할을 강화해 나가는 것이 바람직하다.

그런데 종부세를 중앙정부의 응능과세로 전환하는 경우 한 가지 중요하게 고려해야 할 점은 2009년 세계경제 위기 및 2020년의 코로나 경제 위기를 극복하는 과정에서 대대적으로 진행되고 있는 양적완화로 인하여 자산가격은 크게 증가하면서 자산으로부터의 수익(이자율)은 거의 0에 가까워지고 있다는 점이다. 그 결과 비록 자산 가격은 높지만, 이로부터의 소득(자산이자율)은 0에 근접하는 "자산가격과 소득의 격차" 문제가 심화되고 있다. 따라서 보유세를 통하여 응능과세의 역할을 강화해 나갈 경우, 보유세 부담과 소득과의 연계성을 강화하는 것이 중요하다. 예를 들어, 근로소득이나 사업소득이 충분할 경우 보유세 부담에 큰 문제가 없을 것이나, 고가 주택을 소유한 은퇴자의 경우 그러한 자산을 팔지 않는 한 보유세 부담을 지기가 어려운 상황이 발생할 수 있다. 그러나 고가 주택을 보유한 은퇴자가 궁극적으로 동 자산을 처분하거나 또는 상속하는 경우에는 소득(자본이득)이 발생하므로 보유세 부담과 자본 이득과의 연계성을 강화하는 조치들이 필요하다. 즉, 중앙정부가 보유세의 응능과세 원칙을 강화할 경우, 이러한 보유세가 소득기반 재산세제(income-based property tax)가 될 수 있게 하는 조치들이 동반될 필요가 있다. 이러한 소득기반 재산세제는 은퇴자의 보유세(한국의 경우 60세 이상 인구가 향후 급등하는 추세의 초반에 있음) 강화 및 중산층의 보유세(자산 가격이 급등하였으나 소득 수준은 높지 않은 경우) 강화가 이루어질 경우 조세저항을 완화하는 차원에서 특히 중요한 조치라 할 수 있다. 즉, 응능과세로서의 소득기반 재산세제를 도입할 경우 부동산에 대한 과세가 소득과 연계될 수 있도록 보유세 부담의 연기(deferal)가 지금까지보다 훨씬 더 광범위하고 근본적인 차원에서 검토될 필요가 있다. 또한 상속세와 증여세에 "이연된 보유세"가 포함될 수 있을 것이다.

지역간·세대간·계층간 상생적 재분배 역할 수행

향후 중앙정부 보유세를 강화함에 있어서 재산세, 종부세 등에 덧붙여 새로운 세목이 도입될 경우 납세자들의 조세저항이 상당히 커질 수 있다. 따라서 중앙정부 보유세(예: 국토보유세)의 도입은 현행 종부세의 근본적 개편 차원에서 이루어지는 것이 바람직하다. 즉, 중앙정부 보유세의 도입은 현행 종부세의 다주택-고가주택 억제 수단인 토빈세적 성격과, 세수 확보 수단인 응능과세 성격을 분리하는 차원에서 추진되는 것이 바람직하다.

또한 중앙정부 보유세에 대한 납세자의 순응도를 높이기 위해서는 중앙정부 보유세의 의의가 충분히 알려져야 한다. 따라서 중앙정부 보유세는 그 목적을 분명히 하고 이 목적에 재원이 투입될 수 있도록 조세목적과 재원활용을 연계하는 특별회계 도입의 검토가 필요하다. 특별회계의 용도는 세대간 자산 격차의 완화 차원에서 활용될 수 있고,[2] 또는 복지제도의 강화 차원에서 활용될 수도 있을 것이다.

중앙정부 보유세로서 국토보유세 도입

종합부동산세의 근본적 개편 및 국토보유세의 도입

이상에서 논의된 현행 보유세제의 현황과 발전방안을 요약하면, 중앙정부 보유세의 응능과세의 역할, 지역간·세대간·계층간 상생의 역할, 그리고 가격 안정 수단으로서의 효과성 제고에 기여하는 보유세가 필요하며, 이를 위해서는 현재 가격 안정에 초점이 맞추어져 있는 종합부동산세를 개편하여 새로운 형태의 중앙정부 보유세 도입이 필요하다고 할 수 있다. 즉, 현재의 종합부동산세의 목적(제1조)은 "이 법은 고액의 부동산 보유자에 대하여 종합부동산세를 부과하여 부동산보유에 대한 조세부담의 형평성을 제고하고, 부동산의 가격안정을 도모함으로써 지방재정의 균형발전과 국민경제의 건전한 발전에 이바지함을 목적으로 한다"로 되어 있는데, 이를 개편하거나 아예 종합부동산세를, 민간의 모든 토지를 원칙적으로 예외 없

---

2   Edenhofer 외(2016) 및 Paine(1797) 참조.

이 인별로 합산해서 과세하는 국토보유세로 대체하여 아래와 같은 목적을 지닌 중앙정부 보유세 도입을 검토할 필요가 있다. 이러한 경우 목적조항을 "이 법은 민간(개인과 법인)이 소유하고 있는 모든 토지에 대하여 국토보유세를 부과하여 토지보유에 따른 담세능력을 바탕으로 조세 부담의 형평성을 제고(응능과세)하고, 세수 전액을 기본소득으로 지급(토지배당)하여 지역간·세대간·계층간 상생을 도모(목적세)하며, 이와 동시에 토지에 대한 투기적 보유를 차단하고 토지의 효율적 사용을 촉진하며 나아가서 부동산으로 인한 불평등 해소를 목적으로 한다"로 규정할 수 있다.

과세대상을 건물과 토지의 합인 부동산에서 굳이 건물을 제외하고 토지로 한정한 이유는 앞에서 충분히 언급했듯이 토지가 가지는 독특성 때문이다. 건물은 인간이 노력으로 만들어 낸 일반 재화이지만 주어진 재화인 토지는 재생산이 불가능할 뿐만 아니라 인간의 삶에서 필수재인 까닭에 근원적으로 모두의 것이라고 할 수 있다. 더군다나 토지 가치가 발생하고 상승하는 이유가 토지 소유자의 노력과 무관한 사회경제적 원인에서 비롯되었기 때문이다. 특히 일반 보유세로서 종합부동산세의 강화에 국한하지 않고 국토보유세로 대체하는 이유는 세수의 사회적 환원 장치로서 토지배당(기본소득 지급)을 필수적으로 동반하는 데서 찾을 수 있다. 이는 공유부 배분이라는 권리의 향유를 전제하기에 정당성을 획득하게 되고, 결과적으로 일종의 목적세로서 지역간·세대간·계층간 상생 내지 분배 개선에 효과적이며 자연스럽게 부동산 가격안정에도 기여하게 된다. 여기에 일반 부동산 보유세의 강화를 넘어선 기본소득형 국토보유세여야만 하는 이유가 있다.

국토보유세의 응능과세 원칙의 강화

중앙정부 응능과세 차원에서 국토보유세를 도입할 경우, 국토보유세 세부담과 소득 수준과의 연계성을 확보할 수 있는 다양한 제도가 활용될 필요가 있다. 예를 들어 미국의 주정부들은 재산세 부담과 소득 수준(담세 능력)을 연계하기 위하여 재산세 이연 융자 프로그램(Property tax deferral loan program)을 운용하고 있는데 이러한 방식으로 소득의 흐름과 재산세 부담을 연계하는 방안을 한국에서도 적극 검토할 필요가 있다. 미국 위스 콘신 주의 경우를 예로 들면, 소득이 중위소득 이하인 은퇴 계층(노령자)이 보유한 주택 자산을 현금 흐름으로 전환할 수 있도록 약 250만원(2,500달 러)까지 재산세 납부를 지원하는 융자 제도를 운용하고 있다. 그리고 융자 금 상환은 해당 납세자의 집이 팔리거나 양도되는 시점까지 이연해 주고 있다. 한국의 경우에도 고가 주택의 은퇴자가 향후 크게 늘어날 전망이므 로 보유세의 기능 강화와 함께 이러한 방식으로 보유세 부담의 이연을 허 용할 경우 보유세의 과세기반 확대에 기여할 뿐만 아니라 조세저항 역시 완화시키는 효과를 거둘 수 있다.[3]

국토보유세의 보편성 확대

향후 국토보유세가 응능과세의 원칙에 따라 세수 확보의 수단으로서 의 역할을 수행할 수 있으려면 보유세 부담과 소득 수준과의 연계성을 전 제로 "똘똘한 한 채"에 대한 보유세 부담을 높여야 할 필요가 있다. 현재처 럼 종부세가 다주택 보유의 억제에 초점을 맞추면서 1가구 1주택인 경우

3　"The Wisconsin property tax deferral loan program allows low- and moderate-income elderly homeowners to convert home equity into income to pay property taxes. The program provides cash income to elderly individuals who have little disposable income and a significant amount of home equity. Loans help pay property tax bills, thereby helping elderly persons remain in their homes."(Wisconsin Legislative Fiscal Bureau, 2009. Property Tax Deferral Loan Program).

자산가치가 매우 높더라도 낮은 세부담을 유지하는 경우처럼 국토보유세가 1가구 1주택에 대해 토지에 대한 세부담을 줄여줄 경우 수도권 지역의 "전반적인 주택 가격"은 국토보유세 도입으로 오히려 더 상승할 가능성이 있기 때문이다.

그러므로 종부세를 대체하는 국토보유세는 다주택자에게 집중 과세하는 것이 아니라 보유토지의 가액이 높을수록 더 많은 보유세를 납부하도록 세제를 설계할 필요가 있다. 국토보유세를 설계하는 5장에서 자세히 다루겠지만 본 연구에서 제시하는 국토보유세는 불로소득을 노린 고가의 1주택 보유 차단을 유도하는 장치가 내장되어 있다. 소득에 비해 고가의 주택을 보유할수록 국토보유세 세부담은 높게 되고 결과적으로 부담이 토지배당액보다 많은 순부담 가구가 된다.

투기적 주택수요 억제

향후 중앙정부 차원의 응능과세적 보유세인 국토보유세를 도입할 경우에는 종합부동산세의 장점인 투기적 주택 보유를 억제하는 기능도 유지할 필요가 있다. 특히 한국처럼 수도권을 중심으로 주택에 대한 투기적 매매가 성행하는 경우에는 투기적 거래를 막는 토빈세적 부동산세의 역할이 분명히 필요하다. 부동산 거래를 위축시키는 토빈세적 부동산 과세 중에서 부동산 거래세의 효과가 가장 크다고 볼 수 있지만, 최근의 주택시장 과열 상황에서 볼 수 있었듯이 종부세의 강화 역시 주택시장의 안정화에 기여할 수 있으므로 현행 종부세의 주택투기 억제 기능을 국토보유세가 유지하는 것이 바람직하다고 판단된다.

지역간·세대간·계층간 상생적 재분배를 위한 특별회계의 운용

현재의 종합부동산세의 세수는 비수도권 지자체에 부동산교부세 형태로 이전되고 있으나, 향후 응능과세적 중앙정부 국토보유세가 도입될 경우 세대간·계층간 상생적 재분배 역할로의 확대 차원에서 마땅히 전국민에게 1/n의 토지배당이 있어야 한다. 이론적으로 볼 때 중장년 세대는 부동산을 보유하여 자산 이익이 증가하는 반면, 젊은 세대는 높은 부동산 가격으로 부동산 보유의 기회가 줄어들고 있을 뿐만 아니라, 중장년 세대가 소유한 주택에 세입자로 거주하고 있는 경우가 대부분이므로 중앙정부가 국토보유세로 징수한 세수를 기본소득의 형태로 분배하면 세대간 재분배 역할을 수행할 수 있을 것이다.[4]

여기에 하나 덧붙일 것은 기본소득이 국민이 지닌 권리에 입각한 배당을 전제하는 것인 만큼 일반회계에 의한 재원 운용이 아닌 목적성 지출을 전제한 특별회계의 운용이 필수적이라는 점이다.

부유세로의 발전 가능성 검토

중앙정부 보유세가 소득과의 연계성을 강화하는 응능과세의 역할을 수행할 경우, 보다 더 근본적으로는 부동산을 포함하는 자산 전체에 대한 응능과세의 역할을 강화하는 방안이 검토될 수 있다. 특히 코로나 19 이후 미국, 일본, 유럽, 중국 등의 막대한 양적 완화 조치 이후 자산 가치가 급등하고 있어서 미국, 유럽 등에서 부유세에 대한 논쟁이 한층 가열되고 있다.[5, 6, 7] 다만 본격적인 부유세 도입을 위해서는 조세행정 비용 등 매우 많

---

4   Edenhofer 외(2016)에 보다 자세히 논의되어 있다.

은 사안들을 면밀히 검토하여 실행력이 있는지를 분석하는 것이 필요하다. 그러나 향후 한국에서 중앙정부 보유세가 현행의 토빈세적 성격을 넘어서 응능과세로서 그 역할이 강화되어야 할 필요성이 인정될 경우, 보다 근본적인 차원에서 부유세로서의 발전 가능성의 검토도 필요하게 될 것이다. 그런 차원에서 국토보유세의 누진도를 강화할 필요가 있다.

국토보유세 도입의 검토와 고려 사항

본 연구에서는 중앙-지방 이원적 보유세제의 역할을 정립하고, 지역간·세대간·계층간 상생적 재분배 역할을 수행하는 차원에서 응능과세 차원의 중앙정부 보유세의 강화가 필요하고, 이를 위해서는 현재 사실상 토빈세적 역할을 수행하는 종합부동산세를 다른 보유세로 대체할 필요가 있음을 주장하였다.

사실 보유세의 바람직한 과표는 토지·건물 통합보다 건물(capital)을 분리한 토지라는 점이 경제학계에서 오랜 역사를 두고 주장되어 왔다. 경제학의 아버지라 할 수 있는 아담 스미스는 "토지세만큼 합리적 세목은 없다(nothing could be more reasonable)"라고 했고, 20세기의 대표적인 보수적 경제학자인 밀튼 프리드만은 보유세가 "가장 단점이 적은 세목(the least bad tax)"이라 역설한 바 있다. 또한 진보적인 학자로 잘 알려져 있는 노벨경제학상 수상자 조지프 스티글리츠는 21세기 조세정책의 화두로서 토지 렌트와 독점

---

5   "Should Wealth Taxes Pay For Coronavirus Relief And Recovery?"(Tax Policy Center, 2020. 5. 28.).

6   "We need more progressive taxation, and a wealth tax, to pay for the COVID-19 rescue packages"(London School of Economics, 2020. 7. 7.).

7   "COVID-19 tax? Over 80 super-rich seek wealth tax over coronavirus"(Moneycontrol, 2020. 7. 14.).

렌트에 대한 과세 강화를 주장했다(Stiglitz, 2015). 이처럼 토지세의 장점은 오랜 역사를 두고 다양한 각도에서 주장되어 왔는데, 이러한 논의에서 매우 흥미로운 점은 진보적인 학자와 보수적인 학자들이 토지세의 장점에 대하여 모두 동의한다는 점이다. 이러한 현상은 경제학계의 논의에서 거의 예외적이라 할 수 있다.[8]

따라서 향후 중앙정부 보유세의 개혁은 응능과세적 성격을 강화하면서 세수 확보 기능도 강화하고자 할 경우 토지·건물 통합이 아닌 토지만을 대상으로 과세표준을 설정하는 방안을 고려할 수 있고, 이는 충분히 이론적 근거를 지닌다.

결론적으로 중앙정부가 보유세를 강화하고자 할 때 토지만을 대상으로 과세체계를 구축하는 것은, 즉 국토보유세를 도입할 경우 이는 이론적으로 충분히 추진할 만한 조세정책이다. 다만 토지세의 추진에 있어서 현실적으로 발생할 여러 가지 어려운 점(특히 주택의 경우 건물과 토지의 분리)에 대하여 사전적으로 심도 있는 검토를 수행할 필요가 있고, 또한 토지에 덧붙여 자산에 과세를 하는 것도 부의 집중이 심화되고 있는 21세기 경제 여건에 부합할 수 있다는 점도 고려할 필요는 있다.

---

8   토지세의 장점에 대한 논의는 경기연구원(2020)에 자세히 소개되어 있다.

5장

기본소득형 국토보유세 설계와 예상 효과

국토보유세의 기본소득 재원 적합성

기본소득 재원의 적합성 기준 세우기

국토보유세가 기본소득 재원으로서 적합한지 평가할 수 있는 기준이 있다. 그리고 그 기준에 가장 잘 부합하는 것이 토지이다.

재원의 적합성에서 가장 우선돼야 할 기준은 '정당성'이다. 기본소득이 '필요'가 아니라 '권리'로 인식되기 위해서는 모두가 기본소득을 누려야 할 평등한 권리를 가졌다는 정당성이 도출되어야 한다. 이것은 기본소득의 원칙 중 하나인 '개별성'의 관점에서 봐도 그렇다. '가구' 단위가 아니라 '개인' 단위로 똑같이 지급되기 위해서는 모든 개별적 존재가 똑같은 권리를 가졌다는 근거가 분명하게 제시되어야 한다.

두 번째는 기본소득의 재원마련 자체가 우리 시대의 과제인 불평등 해소에 기여하는가이다. 물론 기본소득 지급은 불평등 해소에 도움이 된다.

하지만 여기서 말하는 기준은 재원마련 자체가 불평등 해소에 도움이 되느냐에 대한 검토다.

세 번째는 생산 활동 촉진에 도움이 되는가이다. 물론 기본소득은 저소득층의 소비를 높이고 종래 복지국가에서 문제로 지적되었던 복지의 함정에 빠지지 않고 노동공급이 증가하는 긍정적인 면이 있다. 하지만 여기서 말하는 생산 활동 촉진은 재원마련 자체가 가져오는 효과에 관한 것이다.

네 번째는 생태환경보전에 도움이 되는가이다. 주지하듯이 코로나19 사태는 인류에게 새로운 삶의 방식을 요구하고 있다. 코로나19 사태가 일어난 근본적 원인에는 인류의 토지 및 생태환경의 오남용이 자리하고 있다는 점을 부인하기 어렵다. 물론 기본소득이 지급되면 불평등이 완화되고 이것은 생태적 전환의 가능성에 도움이 되지만, 여기서 말하는 기준은 기본소득의 재원마련 자체가 생태환경보전에 도움이 되느냐를 의미한다.

토지의 기본소득 재원 적합성

그렇다면 위의 네 가지 기준에 가장 잘 부합하는 것이 무엇일까? 논의를 본격적으로 전개하기 전에 본 연구는 소득의 원천을 구분하여 재원의 정당성을 검토할 것을 제안한다.[1] 소득의 원천은 크게 보아 인간이 만들지 않은 천연물과 인공물 그리고 노동이다. 그리고 각각에서 발생하는 소득에 이름을 붙이면 천연물에서 발생하는 소득은 지대소득으로, 인공물의 소득은 자본소득으로, 노동의 소득은 근로소득이라고 명명할 수 있다. 천연물에서 비롯된 소득을 지대소득이라고 부르는 까닭은 천연물은 공급이 고정되어 있고 일반적으로 공급이 고정된 생산요소에서 발생하는 이익을 '지

---

1   이런 문제의식을 가지고 새로운 분배정의론을 구상한 예로 김윤상(2017)을 들 수 있다.

대'라고 부르기 때문이다. 인공물은 일반적으로 생산된 생산수단인 자본으로 정의되고 여기에서 발생하는 소득을 보통 이윤이라고 하지만 여기에서는 '자본소득'으로 명명한다. 그리고 노동에 의한 소득은 일반적으로 '근로소득'이라고 부르는 것을 그대로 따르기로 한다. 이것을 그림으로 나타낸 것이 〈그림 5-1〉이다.

〈그림 5-1〉 소득의 원천과 결과

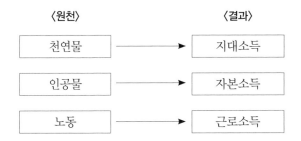

첫 번째, 재원의 정당성 관점에서 검토해보자. 소득을 〈그림 5-1〉처럼 소득의 원천에서부터 구분하면 기본소득으로 가장 정당한 재원, 즉 재정의 원천이 천연물임을 알게 된다. 왜냐하면 이해관계를 떠나서 생각해보면 천연물은 노동의 결과물이 아니므로 누구도 소유권을 주장할 수 없고 인간은 천연물이 없으면 생존이 불가능하므로 천연물에 대한 권리를 모두가 평등하게 누려야 한다는 원리가 자연스럽게 도출될 수 있기 때문이다. 다시 말해서 기본소득의 중요 조건 중 하나인 '개별성'의 원칙, 즉 개별적 존재 모두가 똑같은 권리를 가졌다는 원칙을 충족시킬 수 있다는 것이다.[2]

---

2   물론 자유지상주의는 천연물이 인간이 만들지 않은 것이 맞지만 그렇더라도 '사유(私有)'가 정당함을 주장한다. 그러나 자유지상주의의 입장에서 봐도 천연물의 사유(私有)는 정당하지 않으며 필요에 의해서 단독사용을 허용한다고 하더라도 천연물에서 발생하는 '지대'에 대해서는 모두가 동등한 권리를 갖는다는 결론이 도출된다. 이에 대한 자세한

여기서 흥미로운 점은 천연물에서 발생하는 이익인 지대소득 자체도 1/n의 권리, 즉 개별성의 원리가 적용될 수 있다는 것이다. 천연물의 대표인 토지를 예를 들어보자. 토지는 모두가 동등한 권리를 가지고 있다고 하더라도 공동으로 사용하는 것보다 단독으로 사용하는 것이 훨씬 효율적이다. 그런데 단독 사용하면 필연적으로 토지의 공급이 고정되어 있기에 다른 사람을 배제할 수밖에 없게 되고, 좋은 위치의 토지를 사용하는 사람은 그렇지 못한 토지를 사용한 사람보다 위치의 유리함을 누리게 되는 불공평이 발생한다. 이를 해결하기 위해서는 위치의 유리함에서 발생하는 이익인 지대소득을 환수해서 사회구성원 모두에게 똑같이 분배하면 위치의 유리함이 초래한 불공평 문제는 해소된다.

게다가 토지의 위치의 차이도 개별토지 소유자가 아니라 사회가 만들었기 때문에 개별적 권리의 근거가 분명하다고 하겠다. 우리가 알고 있듯이 토지 가치는 정부 정책, 사회경제적 변화나 환경적 요인이 결정한다. 예를 들어 강남의 토지가 비싼 것은 정부가 강남 중심정책을 오랫동안 추진해왔고, 다른 곳보다 압도적인 인프라를 설치해왔으며, 자연스럽게 인구도 집중되었기 때문이다. 만약 정부가 '강남'이 아니라 '가평' 중심정책을 추진했으면 가평의 토지 가치는 지금보다 훨씬 높았을 것이다.[3] 한강이 보이는

논의는 남기업(2018) 참조.

3 이런 까닭에 조지(Henry George), 마르크스(Karl Marx), 밀(John Stuart Mill)은 다음과 같이 말한다.

"지대는 토지에서 자연히 생기는 것도 아니고 토지소유자의 행위에 의해 생기는 것도 아니다. 지대는 사회 전체에 의해 창출된 가치를 대표한다. 사회에 다른 사람이 없다면 토지소유자로 하여금 토지 보유로 인해 생기는 모든 것을 갖게 해도 좋다. 그러나 사회 전체가 창출한 지대는 반드시 사회 전체의 것이 되어야 한다."(George 1997, 352-353).

"토지소유의 경제적 실현[또는 지대의 발달]에서 나타나는 독특한 특수성은, 지대가 결코 지대수취자의 행동에 의하여 결정되는 것이 아니라 [그와는 무관하며 그는 어떤 역할도 하지 않는] 사회적 노동의 발전에 의하여 결정된다는 점이다."(Marx 1990,

곳과 보이지 않는 환경 차이도 개별토지 소유자가 창출한 것이 아니라 자연이 제공해준 것이다. 요컨대 이를 통해서 우리는 토지 자체도 모두의 것이고, 한 사람이 토지를 사용하면 타인을 배제할 수밖에 없으며, 토지 가치도 사회가 만든 것이니 당연히 토지 가치에 대해서는 모두가 똑같은 권리를 주장할 수 있다는 결론에 도달하게 된다.

그리고 하나 추가하면 천연물의 하나인 자연환경도 마찬가지다. 예컨대 탄소 배출권을 생각해보자. 환경에는 오염을 허용할 수 있는 자연적 한도가 존재하는데 탄소 배출권은 그 한도 내에서 탄소를 배출할 수 있도록 하는, 다시 말해서 필요에 따라서 단독 사용하는 이익을 부여한 것이다. 그런데 그 이익을 특정인이 누리면 토지처럼 타인은 배제되고 그만큼 손해를 보는 것이 되므로 탄소 배출권 사용자는 그 이익인 지대소득을 사회에 납부해야 하고 사회구성원은 그것을 기본소득 형태로 공유하면 탄소 배출권으로 인한 불공평은 사라진다(김윤상 2017, 35). 요컨대 토지를 대표로 하는 천연물에서 발생하는 이익인 지대소득을 기본소득의 재원으로 삼는 것은 소득의 원천으로 보나, 소득 자체의 성격으로 보나 정당하다고 하겠다.

다음으로 인공물인 자본소득과 노동의 근로소득을 검토해보자. 물론 이것도 기본소득의 대상이 될 수 있다. 인공물이라는 생산수단과 노동이라는 서비스를 통해서 창출한 소득도 인류가 누대로 쌓아온 지식과 불특정

786-787).

"무릇 어떤 사회에서든지 부를 증진하는 방향의 통상적 발전은 언제나 지주들의 소득을 늘려주는 경향을 가진다. 그들이 치르는 어떤 수고나 지출과 상관없이 액수로 보든 공동체 전체의 부에서 차지하는 비율로 보든 그들에게 돌아가는 몫이 커지는 것이다. 말하자면 일하지도 않고 위험부담을 무릅쓰지도 않고 절약하지도 않으면서 잠자는 동안에도 그들은 더 부유해진다. 사회정의라는 일반적 원칙에 비춰볼 때 이런 식으로 부를 취득할 권리가 그들에게 있다고 주장할 수 있는 근거가 무엇인가?"(Mill 2010, 186).

다수가 기여한 것을 활용한 것이기 때문이다.[4] 이런 관점에서 앞서 검토한 천연물을 '자연적 공유부(common wealth)'로 인간의 지식, 각종 제도 등을 '인공적' 공유부로 분류하여 후자도 얼마든지 기본소득의 재원이 될 수 있다는 주장은 타당성이 있다고 하겠다(금민 2020, 127~182). 또한 사람의 '능력'이라는 것도 노력의 산물이 아니라 환경적·유전적 요인이 크게 작용한다는 점을 고려하면 인간의 '능력'은 공동자산(common assets)이므로 기본소득이 대상이 될 수 있다.[5] 그리고 불특정 다수가 생산한 빅데이터를 사용하는 플랫폼 기업이 누리는 자본소득의 상당 부분도 기본소득의 대상이 될 수 있다.

그러나 기본소득의 재원으로 정당성을 온전히 확보하려면 개별성의 원칙과 배제의 여부라는 관문을 통과해야 한다. 즉, 남녀노소, 유능과 무능과 무관하게 모든 개별적 존재가 평등한 권리가 있다는 점이 논증되어야 하고, 그 공유부를 사용하는 데 있어서 한 사람이 사용하면 타인이 배제되어야 한다는 것이다. 전술했던 것처럼 토지는 개별성의 원칙을 완전히 충족시키고 타인 배제의 원리가 작동함을 확인했다. 하지만 인공적 공유부를 사용해서 생산한 자본과 그것을 활용하는 노동은 완전히 그렇다고 하기 어렵다. 왜냐면 인공적 공유부가 생산되는 데 투입된 지식이 온 인류가 쌓아 온 것이고 불특정 다수가 정보 생산에 참여했다는 것은 맞지만, 그렇다고 해서 개별적 존재가 똑같은 권리를 갖는다고 하긴 어렵기 때문이다. 다시 말해서 인공적 공유부를 만드는 데 누가 어느 정도로 기여했는지를 알 수

---

4   이와 관련해서 노벨 경제학상 수상자인 하버트 사이먼(Herbert Simon)은 "모든 소득의 90%는 다른 사람들의 지식을 활용한 것이다. 따라서 90%의 소득세율이 적절하다. 그러나 기업가에게 약간의 인센티브를 주기 위하여 70%의 세율로 일률적으로 과세하고, 그 조세 수입을 기본소득으로 나누어 가지자"(Simon 2000)고 했다.
5   인간의 능력을 공동자산으로 봐야 한다고 주장한 대표적인 학자로 Rawls(2003)를 들 수 있다.

없다는 것이지 인류 전체가 똑같이 기여했다고 할 수 없다는 것이다. 또 토지는 위치와 면적이 한정되어 있어서 누군가 특정 토지를 취득·사용하면 다른 사람의 취득·사용 기회는 그만큼 사라지거나 줄어들기 때문에, 즉 타인에게 손해를 끼치기 때문에 타인을 배제한 대가인 '지대'를 환수해서 기본소득의 재원으로 사용하면 문제가 해결되지만, 인공물을 사용하는 것에는 이런 배제의 원리가 작동하지 않는다. 예컨대 인류가 누대로 쌓아온 지식과 제도를 어느 특정인이 사용한다고 해서 특별한 경우를 제외하고는 타인이 그 제도와 지식을 사용할 수 없는 것은 아니라는 것이다.[6]

두 번째로 불평등 해소 관점에서 살펴보자. 물론 지대소득, 자본소득, 근로소득을 기본소득의 재원으로 삼으면 징수 자체가 불평등을 줄이는 효과가 있다. 게다가 비례세가 아니라 누진세 형태로 징수하면 그 효과는 더 크게 나타난다. 그러나 그중에서 천연물인 토지의 지대소득에서 징수하는 것이 더 큰 효과를 발휘한다.

이것은 불평등의 원인을 파헤친 피케티의 분석으로 들어가 보면 보다 분명해진다. 『21세기 자본』 출간으로 불평등 연구의 대가 반열에 오른 토마 피케티는 자본소득과 근로소득 중 자본소득 비율의 증가가 불평등 심화의 원인이라고 주장했다. 그렇다면 자본소득은 왜 증가했을까? 피케티는 β값(자본/국민소득) 증가에서 원인을 찾았다. 다시 말해서 국민소득보다 자본 가격의 증가 속도가 빠른 것이 주된 원인이라는 것이다. 여기까지만 보면 자본소득에서 기본소득의 재원을 마련하는 것이 불평등 해소에 더 도움

---

6   여기서 일반 개인이 생산한 빅데이터를 수집·분석하는 플랫폼 기업이 누리는 이익과 앞서 말한 '배제의 원리'와는 논의의 층위가 다르다는 점을 언급할 필요가 있다. 빅데이터 관련 논의는 빅데이터를 제공하는 개인과 플랫폼 기업 간의 소유권 논의를 통해서 정리되어야 할 사항이다. 물론 우리는 플랫폼 기업의 이윤의 상당 부분은 기본소득의 대상이라고 보고 있다. 이와 관련된 자세한 논의는 목광수(2020) 참조.

이 된다고 할 수 있다. 하지만 자본 가격이 급증한 이유를 살펴보면 불평등의 주된 원인이 토지임을 알게 된다. 피케티를 격찬한 스티글리츠가 말했듯이 1970년대 이후로 자본 가격 상승을 주도한 것은 부동산, 즉 토지 가치 상승이다(Parramore 2014). 본네트 외(Bonnet et. al. 2014)의 연구도 과거 수십 년 동안 β값 상승을 주도한 것은 주택가격 상승임을 보여준다. 이 연구는 주택가격을 제외한 상태에서 계산한 자본재 β값은 매우 완만하게 상승하는데 주택가격을 넣으면 급격하게 증가한다는 것을 보여주고 있다. 이를 종합하면 1980년대 이후 불평등 심화의 일등 공신은 토지라는 것이다. 그리고 지대소득을 제대로 환수하면 불평등의 중요 역할을 하는 자본이득(capital gain)이 줄어든다는 것도 불평등 해소에 큰 도움이 된다. 지대소득에 세부담을 높이면 자본이득인 매매차익은 줄어들기 때문이다.

그러므로 천연물인 토지에 집중과세해서 기본소득의 재원으로 삼는 기본소득형 국토보유세는 불평등의 주된 원인인 토지 때문에 발생한 불평등을 해소할 수 있다.[7] 그러므로 우리는 불평등 해소 관점에서 보더라도 천연물인 토지에서 지대소득을 기본소득의 재원으로 삼는 것이 효과가 크다는 결론에 도달하게 된다.

세 번째로 생산 활동 촉진의 관점에서 살펴보자. 먼저 인공물과 노동을 살펴보자. 기본소득의 재원마련을 위해 자본소득과 노동소득에 세금을 부과하면 자본을 생산하는 활동과 노동공급이 줄어드는 건 부인할 수 없는 사실이다. 자본소득과 노동소득을 기본소득으로 모두에게 지급하면 소비수요가 증가하여 자본공급과 노동공급이 더 늘어날 수 있지만, 기본소득 재원마련 자체가 초래하는 부작용은 피할 수 없다.

반면 천연물의 대표인 토지에서 기본소득의 재원을 마련하면 토지라

---

7   토지가 불평등의 주된 원인이라는 점은 3장에서 자세히 다룬다.

는 생산수단은 더 효율적으로 사용된다. 그뿐 아니라 토지투기라는 비생산적 경제활동이 사라진다. 다시 말해서 토지투기로 흘러 들어갔던 자금들이 더 생산적인 곳으로 흘러 들어갈 가능성이 높아진다. 그리고 미사용·저사용 토지의 이용 가능성, 즉 토지의 효율적 이용 가능성도 제고된다. 요컨대 토지에서 기본소득의 재원을 마련하는 자체가 생산 활동을 촉진한다는 것이다.[8]

　　마지막으로 생태환경보전의 관점에서 검토해보자. 자본소득과 노동소득에서 기본소득의 재원을 마련하는 것과 생태환경과의 인과관계를 찾긴 어렵다. 그러나 천연물의 대표인 토지에서 기본소득의 재원을 마련하는 것은 환경파괴의 주된 원인인 난개발과 막개발을 차단할 수 있다. 토지에서 기본소득의 재원을 마련하면 농지를 택지로, 그린벨트 지역을 개발지역으로, 임야를 산단이나 택지로 용도를 전환할 유인이 크게 줄어든다. 결정적인 이유가 용도 전환에서 발생하는 개발이익을 누리기 어렵기 때문이다. 만약 용도가 전환되어 개발이익이 발생하면 상당 부분은 기본소득의 재원으로 환수되고, 토지소유자가 기대할 수 있는 전체 이익은 다른 곳에 투자했을 때 예상되는 평균 수익률에 수렴하기 때문이다. 더구나 토지에서 기본소득의 재원을 마련하면 도심 내에 유휴지나 저사용 토지가 이용되어 밀

8　토지에 세금을 부과하는 것이 생산 활동을 촉진한다는 것은 미국 펜실베니아 주의 피츠버그 시의 예를 통해서 확인할 수 있다. 피츠버그 시는 1913년부터 건물보다 토지에 대해 더 높은 세율을 부과하는 차등과세 방식의 보유세를 부과해오다가 1977~1980년에 그 격차를 5배로 대폭 확대하였다. 그 결과 14개 도시에서는 1980년대 신규 건축 평균가액이 11.5~67% 감소하였으나 피츠버그의 수치는 70% 증가한 것으로 나타났다(Oates and Schwab 1997). 그러나 피츠버그는 2000년에 주민들의 요구에 따라 차등과세 방식을 폐기하고 토지와 건물 통합가액에 대해 과세하는 방식으로 전환했는데, 그 결과 2001~2002년 건축 관련 지출은 1998~1999년 수치에 비해 21% 감소했는데 반해, 같은 기간 동안 펜실베니아의 다른 도시와 미국 전체의 건축 관련 지출은 증가한 것으로 나타났다(Eleanor D. Craig 2003, 6; 김경환·손재영 2011, 306).

도 있는 도시의 가능성이 높아지므로 도시가 무분별하게 확산되면서 발생하는 환경파괴도 차단할 수 있다. 즉, 생태환경보전에 큰 의의가 있는 농지와 산지를 보호하고 공원을 포함한 녹지를 확보하는 데도 대단히 유용하다는 것이다.[9] 게다가 천연물의 하나인 자연자원과 환경에 대해서도 자원고갈세나 탄소세와 같은 환경오염세를 부과해서 기본소득의 재원으로 삼으면 생태환경보전에 더 큰 효과를 낼 수 있다.[10]

요약

천연물의 대표인 토지의 지대소득은 기본소득 재원의 정당성 측면에서, 특별히 각각의 모든 사회구성원이 권리로서 주장할 수 있는 측면에서 인공물의 자본소득과 노동의 근로소득보다 정당성이 높다는 것이다. 그뿐 아니라 불평등 해소 측면에서, 생산 활동 촉진의 관점에서, 그리고 생태환경보존의 관점에서도 토지에서 발생하는 지대를 기본소득의 재원으로 삼는 것은 자본소득과 근로소득에서 재원을 마련하는 것보다 훨씬 효과적이다. 토지가 불평등의 주된 원인이므로 토지에서 기본소득을 마련하는 것이

---

9   이것은 미국의 펜실베이니아 주 해리스버그 시의 사례에서도 입증된다. 해리스버그는 피츠버그와 같이 재산세에서 토지세를 높이고 건물세를 낮추는 정책을 단행했다. 그 결과 건설 경기가 활발해졌을 뿐만 아니라 녹지가 보존되는 결과가 나타났는데, 이에 대해서 당시 시장(Stephen R. Reed)은 다음과 같이 증언했다.
     "많은 주 정부들은 민간으로부터 개발권을 사들임으로써 농지를 보존하려 노력합니다. 그러나 그것은 돈이 많이 드는 방법이죠. 우리는 돈을 한 푼도 들이지 않고도 농지를 보존할 수 있습니다. 그것은 바로 재산세에서 건물과 토지에 차별적 세율을 적용하는 것입니다. 도시 내에 이용되지 않는 토지가 있기 때문에 주변의 농지와 녹지가 개발에 잠식당하는 것입니다. 차별적 세율정책은 도시 내에서 이용되지 않고 있는 토지의 이용을 촉진함으로써 주변의 농지를 보존합니다"(Robert V. Andelson ed. 2000, 127).
10   사실 검토해보면 작금의 기후변화를 필두로 한 환경재앙의 원인이 무엇인지 알게 된다. 즉, 근본적으로 보면 지금의 생태위기의 뿌리는 천연물 사유화에서 비롯된 것이다.

불평등 해소에 더 효과적이고, 토지에서 재원을 마련하는 것 자체가 토지의 효율적 사용을 촉진하는 동시에 지대추구 행위인 토지투기를 차단하므로 생산 활동 촉진에 도움이 되며, 환경파괴를 발생시키는 난개발과 막개발도 막고 농지와 녹지를 보호할 수 있으므로 생태환경보존에도 큰 도움이 된다.

이로써 우리는 천연물의 대표인 토지에서 기본소득의 재원을 마련하는 기본소득형 국토보유세는 정당성 면에서, 불평등 해소 측면에서, 생산 활동 촉진 측면에서, 생태환경보전 차원에서 최상의 대안이라는 결론에 도달하게 된다.

기본소득형 국토보유세의 개념과 필요성

민간이 보유한 모든 토지를 대상으로 보유세를 국세로 부과하여 세액 전부를 기본소득으로 지급하는 기획인 기본소득형 국토보유세는 현행 국세인 종합부동산세 폐지를 전제로 한다. 이와 같은 국토보유세와 기존의 국세인 종합부동산세와 비교하면 다음과 같다. 국토보유세는 용도별 차등과세와 감면을 원칙적으로 폐지하고 분리과세대상 토지까지 포함한다는 면에서, 세액 전부를 기본소득으로 지급한다는 점에서 종합부동산세와 크게 구별된다. 이를 통해 기본소득형 국토보유세는 토지로 인한 불평등을 해소하고 지대추구 행위를 차단하는 동시에 생산 활동을 촉진하며 생태환경보전의 가능성을 높이려는 교정적 목적도 지니고 있다.

그런데 왜 '양도세'가 아니라 '보유세'인지, 즉 국토'양도세'가 아니라 국토'보유세'냐는 의문이 들 수 있어 이를 검토해본다. 다시 말해서 매매차익을 환수하는 양도소득세가 토지 불로소득을 환수하는 더 좋은, 그러면서

〈표 5-1〉 종합부동산세와 국토보유세의 비교

세목	종합부동산세	국토보유세
과세대상	주택의 경우 토지+건물, 별도합산토지, 종합합산토지. 분리과세대상 토지는 제외	민간보유토지 전체
용도별 차등과세	주택, 별도합산토지, 종합합산토지로 구분하여 차등과세	폐지
과표	공시지가(공시가격)×공정시장가액비율	공시지가
인별합산	인별합산	인별합산
과표 및 세율	용도별로 과표 및 세율 상이	누진세 혹은 비례세로 설계
비과세·감면	있음	감면만 폐지
특이사항	재산세 공제	- 재산세 토지분은 전액 차감 - 세수 전액 기본소득 지급

누구나 공감할만한 방안이 아니냐는 것이다.

양도세가 아니라 보유세를 통해서 기본소득의 재원을 마련하려는 이유는 정의의 원칙과 효율의 원칙 모두에서 양도세보다 보유세가 낫기 때문이다. 먼저 정의의 원칙부터 살펴보자. 현재 제도하에서 토지소유자가 토지를 통해서 얻는 이득은 '지대소득'과 '자본이득' 두 가지다. 정확히 말하면 보유 시엔 매입 자금의 이자를 초과하는 지대소득[11]을, 처분 시엔 매매차익을 누리는데, 보유세는 지대소득에 과세하는 것이고 양도소득세는 매매차익에 과세하는 것이다. 그리고 둘 다 불로소득이다.

그런데 양도세는 지대소득에 과세를 하지 못하는 한계를 안고 있다. 매각 시에만 부과하는 세금이기 때문인데, 이것은 불로소득을 온전히 환수할 수 없다는 것을 의미한다. 그렇다면 보유세는 매매차익에 과세하지 못하는

---

11 임대소득 안에는 소유자가 이용하는 토지에서 발생하는 귀속 임대소득(imputed rent)도 포함되어 있다.

한계를 안고 있지 않냐고 할 수 있다. 틀린 말은 아니다. 토지보유세를 저율로 부과하면 매매차익이 발생하는 것을 피할 수 없기 때문이다.

그런데 고율의 토지보유세를 부과하면 매매차익이 거의 생기지 않는다. 다시 말해서 매매차익은 고율의 토지보유세를 통해서 차단할 수 있다는 것이다. 그리고 원칙적으로 보면 토지의 지대에서 매입가액의 이자를 초과하는 부분만 환수해도 매매차익은 제로가 된다. 즉, 보유세를 잘 운용하기만 하면 매매차익은 발생하지 않는다(김윤상 2009, 323~336). 그런데 양도세는 아무리 잘 운용해도 보유 기간에 토지소유자가 누리는 지대소득에 영향을 줄 수 없다. 요컨대 보유세가 양도세보다 불로소득을 환수 및 차단하는 정의의 원칙을 잘 충족시킨다고 할 수 있다.

또한 보유세는 양도세보다 더 효율적이다. 양도세는 토지소유자로 하여금 보유토지의 매각을 꺼리게 만들어 토지거래를 위축시키는 동결효과(lock-in effect)라는 부작용을 낳고, 토지가격이 상승하는 국면에서는 세부담을 구매자에게 전가시켜 가격 상승이 가속화되는 부작용을 수반하는 문제가 발생한다. 거기에 더하여 양도세는 토지의 효율적 사용을 촉진하는 역할을 하기 어렵다. 보유자에게 어떤 부담도 주지 않기 때문이다. 반면 보유세는 양도세처럼 동결효과라는 부작용을 발생시키거나 조세전가도 불가능하다. 그리고 토지의 효율적 사용을 촉진하여 경제 전체에 선순환을 가져오는 역할을 한다. 요컨대 보유세가 양도세보다 효율적이라는 것이다.

하나 덧붙이면, 양도세는 소유하고 있는 토지를 매각시에만 징수할 수 있는 단점이 있다. 즉, 양도세 징수는 부정기적이라는 것이다. 언제 매매가 일어날지 알 수 없기 때문인데, 이것은 기본소득의 요건 중 하나인 '정기성'을 충족시키기에 어려움이 따른다는 것을 의미한다. 반면 보유세는 정기적으로 징수하는 세금이다. 따라서 '정기성'을 충족시키기에도 보유세가 더 적합하다고 할 수 있다.

그렇다면 정의와 효율의 면에서 우수한 토지보유세 강화를 지금까지 실현하지 못한 이유는 무엇일까? 가장 큰 이유는 토지 과다 소유자들의 조세저항 때문이다. 이들은 소수이지만 경제적, 정치적 힘은 막강하다. 또 참여정부가 2007년까지 강화되는 보유세 강화 로드맵을 제시하고 입법화에는 성공했지만, 2008년에 후퇴한 까닭의 상당한 원인도 부동산을 과다 소유한 경제주체의 '조직적' 저항 때문이었다. 문재인 정부에 들어와서 종합부동산세의 세율을 높이고 과세표준이 되는 공시지가(공시가격)의 시가반영률을 높여 보유세 강화를 시도하고 있지만 쉽지 않은 것이 현실이다. 따라서 이를 극복하기 위해서는 다수의 적극적 지지층이 필요하고 한번 도입하면 후퇴할 수 없도록 해야 하는데, 가장 좋은 방안은 기본소득과 연계하는 것이고 이런 상황 가운데 나온 전략이 바로 기본소득형 국토보유세이다. 더구나 기본소득형 국토보유세는 앞에서 검토했듯이 '필요'가 아니라 '권리'로 주장할 수 있는 탄탄한 근거를 내장하고 있다.

물론 기존의 종합부동산세와 재산세의 종합합산토지와 별도합산토지를 통합해서 과세하거나, 종합부동산세 대상이 아닌 분리과세대상 토지 중에 일정 요건을 갖춘 토지도 종합부동산세 과세대상에 넣는 방법으로 토지보유세를 강화할 수도 있다(박상수 2019a). 하지만 이런 방안들은 기본소득과 연계되지 않는 까닭에 언제든지 후퇴의 가능성이 있고, 여전히 용도별 차등과세와 감면 유지의 틀을 벗어나지 못했다는 면을 지적하지 않을 수 없다. 그리고 기존의 재산세와 종합부동산세는 대한민국 국토가 국민 전체의 것이고 토지 가치는 사회가 만든 것이라는 정신과 거리가 있다. 요컨대 기존 보유세 틀 안에서는 토지보유세 강화의 한계가 분명하고, 그런 까닭에 분명한 철학과 원칙을 지닌 국토보유세를 도입할 필요가 있다는 것이다.

<표 5-2> 기초통계(2020년 기준)

구분		수치	비고
인구 및 세대 통계	총세대	22,042,947	2018년 기준
	토지소유세대	13,513,679	2018년 기준
	토지소유세대 비율	61.3%	= 토지소유세대/총세대
	2020년 총인구	51,780.579	2020년 통계청 추정
	평균 세대원 수	2.36명	= 총인구/총세대
토지가격 통계	공시지가[주]	4,474,529.2	2020년(10억원)
	시가[주]	7,073.920,7	2020년(10억원)
	공시지가의 시가반영률	63.4%	= 공시지가/시가

주) 2020년 민간이 보유한 공시지가와 시가는 한국은행이 발표한 2018년의 민간토지의 지가상승률 (8.06%)과 2019년의 지가 상승률(6.69%)의 평균(7.34%)을 활용해서 구했음.

자료: 국가통계포털(kosis.kr); 한국은행(ecos.bok.or.kr)

기본소득형 국토보유세 도입 시나리오별 시산 및 순수혜 분포

　여기서는 비례형과 누진형으로 설계된 기본소득형 국토보유세의 다양한 시나리오를 제시하고 시산(試算) 및 순수혜 분포를 살펴본다. 먼저 토지소유와 관련된 기초통계를 소개하겠다.

　<표 5-2>를 보면 우리나라 전체세대는 2천 2백만 세대이고, 그중 1,351만 세대, 즉 전체 세대의 61.3%가 토지를 소유하고 있는 것으로 나타났다. 반대로 말하면 38.7%의 세대는 토지를 1평도 소유하지 못했다는 것을 의미한다. 2020년 현재 공시지가는 4,474.5조원이고, 시가로는 7,073.9조원이며 공시지가의 시가반영률은 63.4%다. 이를 기초로 비례형과 누진형을 설계해보도록 하자.

비례형

1) 시나리오별 국토보유세 시산

본 연구에서 비례형의 경우 국토보유세의 세율은 부동산 시장의 동향과 재정여건 등을 고려하여 공시가격의 1000분의 5(0.5%)부터 1000분의 40(4%)까지의 범위에서 대통령령으로 정하도록 하는 것을 기본으로 상정하고 있다. 따라서 아래에서는 0.5%, 1%, 1.5%, 2%, 3%, 4%의 법정세율에 따라 시산한 후 순수혜가구 비율을 제시한다.

〈표 5-3〉을 보면 0.5%일 경우에는 1인당 지급액이 25만원 정도이고, 평균세대는 59만원의 기본소득을 누리게 된다. 1%일 경우에는 1인당 68만원, 세대당 160만원을 누리게 되며, 1.5%일 경우에는 인당 111만원, 세대당 261만원을 누리게 되고, 2.0%에서는 인당 155만원, 세대당 363만원의 기본소득을 누리게 되며, 3%의 경우에는 인당 241만원, 세대당 566만원을 누리게 되고, 4%의 경우에는 인당 328만원, 세대당 769만원을 누리는 것으로 추산되었다. 토지분 재산세를 공제해 주기 때문에 실제 국토보유세 담세율은 법정세율보다 0.2%p가 낮고, 시가대비 실효세율은 0.18~2.40%가 되는 것으로 계산되었다.

2) 세대별 순수혜액 추정

그렇다면 세대별로 부담과 수혜를 검토해보자. 통계청이 제공한 100분위 통계에는 모든 분위의 평균 세대원과 소유한 토지의 평균가액이 들어 있는데, 이를 활용하여 6개 시나리오별 비례세율을 적용하고 부담액과 수혜액을 산출한 결과는 〈표 5-4〉와 같다. 먼저 〈표 5-4〉에 포함되지 않은 850만 세대는 부담이 없는 순수혜 세대가 된다는 점을 언급할 필요가 있다. 또한 토지를 소유한 세대 중 순수혜 세대는 1~77분위 세대이고 무(無)토지

<표 5-3> 시나리오별 기본소득액

(단위: %, 10억원)

구분	비례1	비례2	비례3	비례4	비례5	비례6	비고
법정세율	0.5	1.0	1.5	2.0	3.0	4.0	
국토보유세액	22,372.6	44,745.3	67,117.9	89,490.6	134,235.9	178,981.2	공시지가 × 법정세율
재산세(토지분)	9,390.7$^{주)}$						2020년
최종 국토보유세액	12,981.9	35,354.6	57,727.2	80,099.9	124,845.2	169,590.4	국토보유세 −재산세 토지분
담세율	0.29	0.79	1.29	1.79	2.79	3.79	최종 국토보유세액/ 공시지가
실효세율	0.18	0.50	0.82	1.13	1.76	2.40	최종 국토보유세액/ 시가
1인당 지급액 (원)	250,710	682,777	1,114,843	1,546,909	2,411,042	3,275,175	연간
세대당 평균 지급액(원)	588,938	1,603,895	2,618,852	3,633,809	5,663,723	7,693,637	평균 세대원 2.35명

주) 2018년 재산세 토지분에 지가 상승률을 곱해서 구했음.

자료: 국가통계포털(kosis.kr)에서 제공하는 공시지가와 재산세를 통해서 추산함.

소유세대와 합치면 85.9% 세대가 순수혜 세대가 된다. 순부담세대는 78~100분위 세대이고 전체세대에서 차지하는 비중은 14.1% 세대이다.

이를 좀 더 자세히 살펴보자. 흥미로운 점은 분위가 올라갈수록, 즉 세대가 소유한 토지가액이 높아질수록 순수혜액이 낮아지지 않고, 20분위 세대의 순수혜액이 가장 높은 것으로 나타났다는 것이다. 이것은 보유토지가액과 세대원수의 변화 방향이 일치하지 않기 때문일 것이다. 20분위 세대의 순수혜액은 0.5%일 경우는 51만원, 1%일 경우엔 140만원, 1.5%일 경우에는 228만원, 2.0%일 경우에는 316만원, 3.0%의 경우에는 493만원, 4%의 경우에는 670만원으로 추산되었다. 반면 당연하지만 순부담 세대는 분위가 높아질수록 순부담액이 증가하는 것으로 나타났다.

⟨표 5-4⟩ 토지소유세대분위별 기본소득의 순수혜(순부담)액 계산

(단위: 원)

소유분위	1	2	3	4	5	6	7	8	9	10	세율(%)
순수혜	305,222	235,970	290,730	314,945	335,765	372,152	396,929	418,777	438,108	460,873	0.5
	831,233	642,632	791,765	857,711	914,413	1,013,508	1,080,985	1,140,486	1,193,130	1,255,129	1.0
	1,357,244	1,049,295	1,292,800	1,400,478	1,493,061	1,654,864	1,765,041	1,862,194	1,948,152	2,049,384	1.5
	1,883,255	1,455,958	1,793,835	1,943,244	2,071,709	2,296,220	2,449,097	2,583,902	2,703,174	2,843,639	2.0
	2,935,277	2,269,283	2,795,905	3,028,777	3,229,005	3,578,932	3,817,208	4,027,319	4,213,217	4,432,150	3.0
	3,987,299	3,082,609	3,797,975	4,114,309	4,386,301	4,861,644	5,185,320	5,470,735	5,723,261	6,020,660	4.0

소유분위	11	12	13	14	15	16	17	18	19	20	세율(%)
순수혜	473,918	478,857	480,060	487,910	494,148	498,580	506,898	506,129	510,145	512,872	0.5
	1,290,653	1,304,104	1,307,380	1,328,758	1,345,747	1,357,818	1,380,469	1,378,377	1,389,314	1,396,741	1.0
	2,107,388	2,129,352	2,134,701	2,169,607	2,197,346	2,217,055	2,254,041	2,250,625	2,268,483	2,280,610	1.5
	2,924,124	2,954,599	2,962,021	3,010,456	3,048,946	3,076,293	3,127,613	3,122,873	3,147,652	3,164,479	2.0
	4,557,595	4,605,094	4,616,662	4,692,154	4,752,144	4,794,769	4,874,757	4,867,368	4,905,990	4,932,216	3.0
	6,191,065	6,255,589	6,271,303	6,373,851	6,455,342	6,513,244	6,621,900	6,611,864	6,664,328	6,699,954	4.0

소유분위	21	22	23	24	25	26	27	28	29	30	세율(%)
순수혜	507,135	513,942	513,682	509,318	507,419	510,103	508,458	508,677	503,663	504,550	0.5
	1,381,116	1,399,655	1,398,945	1,387,061	1,381,891	1,389,200	1,384,719	1,385,317	1,371,661	1,374,077	1.0
	2,255,097	2,285,367	2,284,209	2,264,804	2,256,362	2,268,297	2,260,979	2,261,956	2,239,658	2,243,604	1.5
	3,129,078	3,171,079	3,169,472	3,142,547	3,130,833	3,147,394	3,137,240	3,138,595	3,107,656	3,113,130	2.0
	4,877,039	4,942,504	4,939,999	4,898,033	4,879,775	4,905,588	4,889,762	4,891,873	4,843,651	4,852,183	3.0
	6,625,001	6,713,929	6,710,526	6,653,519	6,628,717	6,663,781	6,642,283	6,645,151	6,579,646	6,591,237	4.0

소유분위	31	32	33	34	35	36	37	38	39	40	세율(%)
순수혜	501,527	493,566	497,202	490,815	487,241	484,627	486,600	478,769	469,081	473,392	0.5
	1,365,843	1,344,163	1,354,064	1,336,671	1,326,938	1,319,819	1,325,192	1,303,866	1,277,480	1,289,222	1.0
	2,230,159	2,194,760	2,210,926	2,182,528	2,166,636	2,155,012	2,163,783	2,128,962	2,085,879	2,105,052	1.5
	3,094,475	3,045,357	3,067,788	3,028,384	3,006,333	2,990,204	3,002,375	2,954,058	2,894,279	2,920,882	2.0
	4,823,107	4,746,551	4,781,512	4,720,096	4,685,727	4,660,588	4,679,558	4,604,251	4,511,078	4,552,542	3.0
	6,551,739	6,447,744	6,495,236	6,411,808	6,365,121	6,330,972	6,356,742	6,254,444	6,127,876	6,184,202	4.0

소유분위	41	42	43	44	45	46	47	48	49	50	세율(%)
순수혜	460,109	459,304	452,276	443,786	440,568	435,281	429,138	423,859	407,812	408,681	0.5
	1,253,046	1,250,854	1,231,715	1,208,594	1,199,830	1,185,431	1,168,701	1,154,325	1,110,623	1,112,990	1.0
	2,045,983	2,042,404	2,011,154	1,973,402	1,959,092	1,935,581	1,908,265	1,884,790	1,813,434	1,817,299	1.5
	2,838,920	2,833,954	2,790,594	2,738,210	2,718,354	2,685,731	2,647,828	2,615,256	2,516,245	2,521,607	2.0
	4,424,794	4,417,054	4,349,472	4,267,825	4,236,879	4,186,031	4,126,954	4,076,187	3,921,867	3,930,225	3.0
	6,010,668	6,000,154	5,908,350	5,797,441	5,755,403	5,686,332	5,606,081	5,537,119	5,327,489	5,338,842	4.0

소유분위	51	52	53	54	55	56	57	58	59	60	세율(%)
순수혜	401,524	397,187	385,362	382,071	365,432	360,338	352,399	343,601	338,574	322,759	0.5
	1,093,499	1,081,688	1,049,484	1,040,519	995,208	981,332	959,712	935,751	922,062	878,991	1.0
	1,785,474	1,766,188	1,713,606	1,698,968	1,624,983	1,602,327	1,567,025	1,527,902	1,505,549	1,435,223	1.5
	2,477,449	2,450,689	2,377,728	2,357,417	2,254,758	2,223,322	2,174,338	2,120,053	2,089,037	1,991,456	2.0
	3,861,399	3,819,690	3,705,972	3,674,314	3,514,309	3,465,311	3,388,964	3,304,354	3,256,013	3,103,920	3.0
	5,245,349	5,188,691	5,034,216	4,991,212	4,773,859	4,707,300	4,603,590	4,488,656	4,422,988	4,216,385	4.0

소유분위	61	62	63	64	65	66	67	68	69	70	세율(%)
순수혜	310,027	296,111	287,144	277,537	255,937	245,743	231,375	217,407	196,502	182,135	0.5
	844,318	806,421	782,000	755,836	697,012	669,250	630,120	592,080	535,148	496,020	1.0
	1,378,609	1,316,730	1,276,856	1,234,134	1,138,087	1,092,756	1,028,865	966,753	873,793	809,905	1.5
	1,912,900	1,827,039	1,771,712	1,712,433	1,579,162	1,516,263	1,427,610	1,341,426	1,212,439	1,123,790	2.0
	2,981,483	2,847,658	2,761,423	2,669,030	2,461,311	2,363,276	2,225,099	2,090,772	1,889,730	1,751,561	3.0
	4,050,065	3,868,276	3,751,135	3,625,627	3,343,461	3,210,289	3,022,589	2,840,119	2,567,021	2,379,331	4.0

소유분위	71	72	73	74	75	76	77	78	79	80	세율(%)
순수혜	162,540	143,805	117,940	95,996	70,913	41,600	10,936	−20,299	−49,129	−87,143	0.5
	442,657	391,635	321,193	261,433	193,123	113,293	29,783	−55,281	−133,795	−237,323	1.0
	722,773	639,465	524,446	426,871	315,333	184,986	48,630	−90,263	−218,462	−387,503	1.5
	1,002,890	887,294	727,700	592,308	437,542	256,679	67,478	−125,245	−303,129	−537,682	2.0
	1,563,123	1,382,954	1,134,206	923,182	681,962	400,065	105,172	−195,209	−472,462	−838,042	3.0
	2,123,356	1,878,613	1,540,713	1,254,056	926,381	543,450	142,866	−265,173	−641,796	−1,138,401	4.0

소유분위	81	82	83	84	85	86	87	88	89	90	세율(%)
순수혜	-127,718	-168,057	-213,129	-269,662	-325,656	-392,454	-465,685	-547,844	-641,130	-749,163	0.5
	-347,824	-457,681	-580,430	-734,389	-886,881	-1,068,798	-1,268,232	-1,491,981	-1,746,034	-2,040,248	1.0
	-567,930	-747,304	-947,730	-1,199,116	-1,448,106	-1,745,143	-2,070,779	-2,436,118	-2,850,937	-3,331,333	1.5
	-788,036	-1,036,928	-1,315,030	-1,663,843	-2,009,330	-2,421,487	-2,873,326	-3,380,256	-3,955,841	-4,622,419	2.0
	-1,228,247	-1,616,176	-2,049,631	-2,593,296	-3,131,780	-3,774,175	-4,478,420	-5,268,530	-6,165,648	-7,204,589	3.0
	-1,668,459	-2,195,423	-2,784,232	-3,522,750	-4,254,230	-5,126,863	-6,083,514	-7,156,805	-8,375,456	-9,786,759	4.0

소유분위	91	92	93	94	95	96	97	98	99	100	세율(%)
순수혜	-865,051	-1,010,464	-1,194,836	-1,416,977	-1,694,464	-2,064,088	-2,586,919	-3,410,078	-5,000,503	-15,131,918	0.5
	-2,355,854	-2,751,867	-3,253,979	-3,858,953	-4,614,652	-5,621,275	-7,045,137	-9,286,902	-13,618,217	-41,209,805	1.0
	-3,846,658	-4,493,271	-5,313,123	-6,300,929	-7,534,840	-9,178,461	-11,503,354	-15,163,727	-22,235,931	-67,287,691	1.5
	-5,337,461	-6,234,674	-7,372,266	-8,742,905	-10,455,028	-12,735,648	-15,961,572	-21,040,551	-30,853,646	-93,365,578	2.0
	-8,319,067	-9,717,480	-11,490,553	-13,626,856	-16,295,404	-19,850,021	-24,878,007	-32,794,200	-48,089,074	-145,521,352	3.0
	-11,300,673	-13,200,287	-15,608,840	-18,510,807	-22,135,780	-26,964,395	-33,794,443	-44,547,849	-65,324,503	-197,677,125	4.0

주1〉 각 세대의 순부담/순수혜 액수는 [〈1인당 지급액 × 세대원수〉-〈각분위평균토지소유가액 × 국토
보유세 부담세율〉]을 통해서 구했음.
주2〉 순수혜(순부담)은 '재산세-국보세'로 전환을 전제로 한 상태에서 토지 기본소득 수혜액과 국보
세 부담액의 차이를 통해서 구한 것임.
자료: 국가통계포털(kosis.kr)의 〈토지소유현황〉이 제공하는 통계자료를 통해 계산함.

그렇다면 대한민국 세대의 평균 형태인 '세대원 4인·1주택' 경우 주택
가격에 따라서 '재산세-종부세'에서 '재산세-국보세'로 전환하면 순수혜
혹은 순부담이 어떻게 바뀌는지 살펴보자. 〈표 5-5〉에서 보는 것처럼 국토
보유세율 1%의 경우, 1억원의 주택만 소유한 경우에는 245만원의 순수혜
액이, 5억원 상당의 주택 소유세대는 137만원의 순수혜액이 10억원 상당
의 주택소유세대에게는 7.7만원의 순수혜가 발생하고, 11억원에서는 17만
원의 순부담이 발생한다. 결론적으로 순수혜액이 0인 세대, 즉 부담과 혜택
이 동일한 세대의 주택가격은 10.3억원으로[12] 추정되고, 그 이상의 주택을

〈표 5-5〉 주택가액별 순수혜(순부담) 예시(4인 가족 1주택 기준)

세율	1억원	5억원	9억원	10억원	11억원	20억원	30억원	50억원	100억원
0.5%	887,853	446,351	49,579	-36,339	-122,257	-764,119	-1,332,599	-2,469,559	-5,311,959
1.0%	2,454,618	1,367,116	324,344	76,926	-170,492	-2,265,854	-4,449,334	-8,816,294	-19,733,694
1.5%	4,021,384	2,287,882	599,110	190,192	-218,726	-3,767,588	-7,566,068	-15,163,028	-34,155,428
2.0%	5,588,149	3,208,647	873,875	303,457	-266,961	-5,269,323	-10,682,803	-21,509,763	-48,577,163
3.0%	8,721,680	5,050,178	1,423,406	529,988	-363,430	-8,272,792	-16,916,272	-34,203,232	-77,420,632
4.0%	11,855,211	6,891,709	1,972,937	756,519	-459,899	-11,276,261	-23,149,741	-46,896,701	-106,264,101
종부 세액	0	0	0	0	0	234,000	1,884,000	9,504,000	35,604,000

주1〉 순수혜액 : 1인당국토보유세액×4 - (국토보유세액-토지분 재산세액)
주2〉 국토보유세부담액은 《(시가×0.5*×0.634**×국토보유세율***) - 재산세토지분》를 통해서 구했음
　* 2019년 공동주택 공시가격의 시가반영률은 68.1%이고 단독주택 53.0%이지만, 2020년에 주택 가격이 크게 올라 2020년의 주택 공시가격의 시가반영률을 50%로 간주해서 추산했음.
　** 한국은행 통계에 따르면 주택 가액에서 토지 가액이 차지하는 비중이 64.6%임
　*** 공시지가의 시가반영률이 63.4%임
주3〉 종부세 계산은 부가세인 농특세도 포함시켰고 노령공제와 장기보유특별공제는 적용하지 않았음.

소유한 1주택 세대의 경우에는 순부담이 되지만, 그 이하는 순수혜가구가 된다. 물론 세대원이 많으면 순수혜의 기준은 더 올라간다.

　이렇게 국토보유세액 전부를 기본소득으로 지급하면 제도 도입의 수혜자는 자신이 누리는 혜택이 바로 그 세금 때문임을 인식하게 된다. 더구나 비례세이기 때문에 수혜액(혹은 부담액)이 얼마인지도 간편하게 계산할 수 있다. 이렇게 설계하면 국민 86%의 세대가 기본소득형 국토보유세를 지지하게 될 것이고, 이것은 순부담 세대의 조세저항을 극복하는 데 상당한 역할을 할 것이다. 종합부동산세가 강남 등 일부 지역에 밀집한 소수 부

12　순수혜 0인 주택은 0.5%의 경우에는 9.58억원, 1.5%는 10.5억원, 2%는 10.5억원, 3%는 10.6억원, 4%는 10.6억원이다.

동산 부자들의 조세저항을 견디지 못하고 후퇴한 까닭은 그 세금의 수혜자들이 무엇으로 혜택을 누리는지 알 수 없었기 때문이기도 하다(남기업 외, 2017, 132)는 점에서 우리는 기본소득형 국토보유세의 장점을 다시 한번 생각해볼 수 있다. 이처럼 기본소득형 국토보유세는 종합부동산세보다 성공 가능성이 높고, 한번 실행되면 적극적 지지층이 생기기 때문에 되돌리기가 매우 어려우며, 오히려 여론은 실효세율을 더 높이자는 쪽으로 나아갈 가능성이 높다고 할 수 있다.

마지막으로 보유세 체계가 '재산세-종부세'에서 '재산세-국토보유세'로 전환할 때 종부세 부담자의 부담이 어떻게 변화되는지 살펴보도록 하자. 1주택일 경우 종부세 부담은, 현재 주택의 공시가격의 시가반영률을 50%로 가정하면 18억원이 초과한 주택부터 종부세를 부담하므로 대략 20억원부터 종부세액과 국토보유세 순부담액을 비교할 수 있다. 〈표 5-5〉를 보면 0.5%의 비례세일 경우에는 20억원일 경우에는 76만원이 순부담액이지만, 종부세는 23만원이 부담액이 발생한다. 즉, 20억원일 경우에는 종부세 체계가 더 유리하다는 것이다. 하지만 30억원일 경우에는 국토보유세로 전환하면 133만원의 순부담액이 발생하지만 종부세로 유지할 경우에는 188만원을 부담하기 때문에 국토보유세 전환이 유리하다. 1.0%의 비례세일 경우에는 50억원일 때 비로소 종부세 부담액(950만원)보다 국토보유세 순부담액(882만원)이 더 적게 되어 국토보유세로의 전환이 유리하고, 1.5%의 경우에는 100억원일 때 종부세 부담액(3,560만원)보다 국토보유세 순부담액(3,416만원)이 더 적어져 국토보유세로의 전환이 유리하다. 요약하면 비례세율이 높을수록 고가 1주택 소유자에게는 종부세 유지가 유리하다는 것인데, 이는 국토보유세는 비례세 체계이지만 종부세는 누진세체계(0.5~2.7%)이기 때문이다. 다른 각도에서 말하면 이는 국토보유세를 누진세로 디자인하면 얼마든지 바뀔 수 있다는 것을 뜻한다.

누진형

1) 시나리오별 국토보유세 시산

아래에서는 최저세율 0.3%로 시작하여 최고구간 세율에 2%에서 2.5%에 이르는 세 가지 누진세 안을 설계했다. 제1안은 개인과 법인 모두 최고세율이 2.5%인 안으로 세부담이 가장 높은 안이다. 제2안은 법인의 최고세율만 2.0%로 낮춘 안이고, 제3안은 개인과 법인 모두 최고세율을 2.0%로 낮춘 안이다. 아래에서는 각 안의 세율에 따른 국토보유세액을 시산한 후 인별·세대별 기본소득액 및 순수혜가구 비율을 검토한다.

누진형 1안은 개인과 법인 모두 동일하게 총 6개 과세표준 구간으로 1억원 이하는 0.3%로 시작하여 100억 초과 구간은 최대 2.5%로 설계했다.[13]

개인의 경우 과표구간별 대상자 수는 세율 0.3%인 1억원 이하 구간이 가장 많으며 세액은 10억~50억 구간의 과표 대상자에게서 가장 많이 발생한다. 누진형 1안에 따른 국토보유세액은 2020년 기준으로 60.4조원(재산세 차감 이전)이다.

누진형 2안은 1안에 비해 법인의 구간별 세율을 조금씩 낮춘 안이다. 이에 따른 국토보유세는 2020년 기준으로 1안보다 약 5조원이 줄어든 55.2조원이다.

누진형 3안은 1안에서 개인과 법인 모두 구간별 세율을 모두 낮춘 안이다. 이에 따른 국토보유세는 1안에 비해 약 10조원이 적은 50.7조원이다.

---

13 누진세를 설계함에 있어 과표 구간을 〈표 5-6〉과 같이 구분한 이유는 현재 시산에 사용할 수 있는 통계(국토교통부 토지소유통계)에서 금액별 소유자 수를 해당 구간으로 나누어 제공하고 있기 때문이다. 만약 통계청 또는 국세청에서 보다 세분화된 구간별 과세대상자수 자료를 제공한다면 누진세 구간을 달리 설계할 수 있을 것이다.

〈표 5-6〉 누진형 1안 국토보유세 시산

과세표준	개인			법인		
	세율 (%)	대상자수 (명)	세액 (십억원)	세율 (%)	대상자수 (개)	세액 (십억원)
1억원 이하[1]	0.3	10,816,397	1,386.0	0.3	85,422	9.7
1억원 초과~5억원 이하[3]	0.5	5,400,677	7,020.9	0.5	65,085	84.6
5억원 초과~10억원 이하[3]	1	718,662	3,449.6	1	30,808	147.9
10억원 초과~50억원 이하[3]	1.5	362,363	13,516.1	1.5	50,091	1,868.4
50억원 초과~100억원 이하[3]	2	17,226	2,020.6	2	8,505	997.6
100억원 초과[2]	2.5	6,789	2,833.0	2.5	10,147	24,528.3
합계	–	17,322,114	30,226.2	–	250,058	27,636.5[4]
국토보유세액(개인+법인, 2018)	52.7조원					
국토보유세액 2020년 추정값(재산세 차감 이전)[5]	60.4조원					

주1) 1억 이하 구간 평균 과세표준액: 개인의 경우 2018년 토지소유 통계에서 1억 이하 구간은 3구 간(1천만원 미만, 1천~5천, 5천~1억)으로 나뉘어져 있으므로 3개의 구간별 중간값에 세대 수 를 가중치로 가중평균하여 1억원 이하 과표구간의 평균금액을 산출하여(4,271만원) 계산함. 법 인의 경우 개인과 같은 방법을 통해 산출한 이 구간의 평균 과세표준액 3,767만원임
주2) 100억 초과 구간 평균 과세표준액: 개인의 경우, 이 구간에 해당하는 인원은 6,789명. 토지소유 통계에서 상위 1만명의 평균금액이 174억원, 상위 5천명의 평균 금액이 252억원이므로 이 구 간의 평균 과세표준액을 약 200억으로 추정하여 계산함. 법인의 경우, 이 구간에 해당하는 법 인 수(10,147)는 전체의 4.06%인데, 토지소유 통계 법인 100분위 자료에 따르면 상위 4%의 평 균 소유가액인 1,059억원이므로 이 구간의 평균 과표를 약 1,000억원으로 추정하여 계산함
주3) 나머지 구간은 구간의 중간값을 평균 과세표준액으로 하여 계산함(예를 들어 1억~5억 구간의 경우 3.5억)
주4) 법인 수 합계 250,058은 토지소유통계 생산과정에서 시도별 합산방식에 따라 여러 지역에 토 지를 소유하고 있는 법인이 중복계상된 것이고 실제 토지소유 법인 수는 203,266개이므로 이 표에서 산출된 산출된 총 세액을 이 비율(203,266/250,058=81.3%)에 따라 조정. 이에 따라 위에서서 산출된 법인의 세액 총 27.5조원의 81.3%인 22.3조원을 법인의 국토보유세 시산액으 로 사용

〈표 5-7〉 누진형 2안 국토보유세 시산

과세표준	개인			법인		
	세율 (%)	대상자수 (명)	세액 (십억원)	세율 (%)	대상자수 (개)	세액 (십억원)
1억원 이하	0.3	10,816,397	1,386.0	0.3	85,422	9.7
1억원 초과 ~ 5억원 이하	0.5	5,400,677	7,020.9	0.5	65,085	84.6
5억원 초과 ~ 10억원 이하	1	718,662	3,449.6	0.8	30,808	132.5
10억원 초과 ~ 50억원 이하	1.5	362,363	13,516.1	1.2	50,091	1,517.8
50억원 초과 ~ 100억원 이하	2	17,226	2,020.6	1.5	8,505	780.8
100억원 초과	2.5	6,789	2,833.0	2	10,147	19,576.6
합계	-	17,322,114	30,226.2	-	250,058	22,101.9
국토보유세액 (개인+법인, 2018)	48.2조원					
국토보유세액 2020년 추정값 (재산세 차감 이전)	55.2조원					

주) 시산방식은 〈표 5-6〉의 주 내용을 참조

〈표 5-8〉 누진형 3안 국토보유세 시산

과세표준	개인			법인		
	세율 (%)	대상자수 (명)	세액 (십억원)	세율 (%)	대상자수 (개)	세액 (십억원)
1억원 이하	0.3	10,816,397	1,386.0	0.3	85,422	9.7
1억원 초과 ~ 5억원 이하	0.5	5,400,677	7,020.9	0.5	65,085	84.6
5억원 초과 ~ 10억원 이하	0.8	718,662	3,090.2	0.8	30,808	132.5
10억원 초과 ~ 50억원 이하	1.2	362,363	10,979.6	1.2	50,091	1,517.8
50억원 초과 ~ 100억원 이하	1.5	17,226	1,581.3	1.5	8,505	780.8
100억원 초과	2	6,789	2,235.6	2	10,147	19,576.6
합계	-	17,322,114	26,293.7	-	250,058	22,101.9
국토보유세액 (개인+법인, 2018)	44.3조원					
국토보유세액 2020년 추정값 (재산세 차감 이전)	50.7조원					

주) 시산방식은 〈표 5-6〉의 주 내용을 참조

<표 5-9> 누진형 국토보유세 시산액 및 기본소득 지급액

(단위: %, 10억원)

구분	누진1	누진2	누진3	비고
법정세율	0.3~2.5	개인 0.3~2.5 법인 0.3~2.0	0.3~2.0	
국토보유세액	60,363.7	55,209.6	50,704.4	공시지가×법정세율
재산세(토지분)		9,390.7		2020년
최종 국토보유세액	50,963.7	45,809.6	41,304.4	국토보유세-재산세 토지분
국토보유세 담세율	1.14	1.02	0.92	최종 국토보유세액/공시지가
국토보유세 실효세율	0.72	0.65	0.58	최종 국토보유세액/시가
1인당 지급액(원)	984,224	884,687	797,681	연간
세대당 평균 지급액(원)	2,312,926	2,079,014	1,874,551	평균 세대원 2.35명
순수혜가구비율[1]		95.7%		토지소유 백분위 중 하위 93분위

주〉 순수혜가구 비율은 2018 토지소유현황 통계의 토지소유세대 100분위 자료를 사용하여 산출함.

2) 세대별 수혜액 및 수혜가구 비율 추정

누진 1안은 0.72% 실효세율의 국토보유세를 통해 1인당 연간 약 100만원에 가까운 98만원의 기본소득 지급이 가능하며, 이는 세대당 평균 231만원이다(〈표 5-9〉). 누진 2안은 1인당 연간 89만원, 누진 3안은 1인당 연간 80만원 지급이 가능하다. 누진 안에 따라 최고세율이 줄어듦으로 누진 2안과 누진 3안의 국토보유세액과 기본소득 지급액은 1안에 비해 줄어드나 순수혜가구 비율은 세 가지 안 모두 95.7%로 같다.[14]

순수혜가구의 비율이 비례형은 85.9%인데 비해 누진형은 95.7%로 월

14 순수혜가구 비율을 구할 때 토지 소유 세대의 100분위 자료를 이용하여 세 가지 안의 경우 모두 하위 93%가 순수혜가구로 나타났는데 만약 더 세밀한 분위의 자료를 이용한다면 순수혜가구의 비율은 약간의 차이를 보일 것이다.

등히 높아 정치적으로 더 큰지지 세력을 확보할 수 있으나 한편 누진세의 부담으로 상위 소유자의 더 조세저항은 더욱 클 것으로 예상된다. 〈표 5-10〉은 토지소유세대 100분위별 기본소득의 순수혜(부담)액 크기이다. 토지소유 가구 중 93분위는 순수혜가구이며 7개 분위는 순부담가구가 된다.

다음으로 대한민국의 일반 세대의 평균 형태인 세대원이 4인인 1주택의 경우 주택가격에 따라서 순수혜 혹은 순부담이 어떻게 되는지 살펴보자. 〈표 5-11〉에서 보는 것처럼 시가 20억원짜리 주택을 보유한 가구도 연간 100만원 내외의 이익을 보는 순수혜가구가 된다. 게다가 현재 납부하고 있는 종부세 23.4만원은 폐지되므로 그 이익은 더 커진다. 누진 안에 따라 약간씩 다르지만 대략 25억원을 경계로 하여 순수혜, 순부담가구의 경계가 나뉘게 된다. 기존에 종부세의 누진세 세율이 높기 때문에 누진형 국토보유세로 대체될 경우 〈표 5-11〉과 같이 특정 구간(50억원 부근)을 제외하고는 대부분의 경우 국보세의 순부담액이 현재의 종부세 부담액보다 적어지게 된다.

기본소득형 국토보유세가 경제 전체에 미치는 예상 효과

기본소득형 국토보유세를 실시하면 다음과 같은 사회경제적 효과가 예상된다.

첫째는 토지 때문에 발생하는 불평등이 줄어든다. 무엇보다 국토보유세 실시로 지가가 하향 안정화되면 매매차익이 줄어드는데 이렇게 되면 부동산소득이 줄어들고 그것은 부동산이 불평등에 미치는 영향 자체가 줄어든다는 것을 의미한다. 그뿐 아니라 투기목적으로 소유하고 있던 토지가

〈표 5-10〉 토지소유세대분위별 기본소득의 순수혜(순부담)액 계산

(단위: 원)

소유분위	1	2	3	4	5	6	7	8	9	10	세율
	1,181,068	885,389	1,179,523	1,276,606	1,373,484	1,568,783	1,665,557	1,762,331	1,859,105	1,955,880	누진1
순수혜액	1,061,624	795,806	1,060,079	1,147,208	1,234,132	1,409,524	1,496,344	1,583,165	1,669,985	1,756,806	누진2
	957,218	717,501	955,672	1,034,101	1,112,324	1,270,315	1,348,435	1,426,555	1,504,675	1,582,795	누진3
소유분위	11	12	13	14	15	16	17	18	19	20	세율
	2,052,860	2,051,211	2,049,666	2,146,543	2,145,101	2,242,081	2,240,639	2,239,197	2,336,177	2,334,838	누진1
순수혜액	1,843,832	1,842,184	1,840,639	1,927,562	1,926,120	2,013,146	2,011,704	2,010,262	2,097,288	2,095,949	누진2
	1,661,121	1,659,473	1,657,927	1,736,150	1,734,708	1,813,034	1,811,592	1,810,149	1,888,475	1,887,136	누진3
소유분위	21	22	23	24	25	26	27	28	29	30	세율
	2,333,396	2,331,953	2,428,934	2,427,594	2,426,152	2,424,710	2,423,165	2,421,722	2,420,074	2,516,951	누진1
순수혜액	2,094,507	2,093,065	2,180,091	2,178,752	2,177,310	2,175,867	2,174,322	2,172,880	2,171,232	2,258,155	누진2
	1,885,694	1,884,252	1,962,578	1,961,238	1,959,796	1,958,354	1,956,809	1,955,367	1,953,718	2,031,941	누진3
소유분위	31	32	33	34	35	36	37	38	39	40	세율
	2,515,406	2,415,438	2,512,213	2,510,564	2,508,813	2,507,062	2,505,311	2,503,456	2,501,499	2,597,861	누진1
순수혜액	2,256,610	2,166,596	2,253,416	2,251,768	2,250,017	2,248,266	2,246,514	2,244,660	2,242,703	2,329,111	누진2
	2,030,396	1,949,083	2,027,202	2,025,554	2,023,803	2,022,052	2,020,300	2,018,446	2,016,489	2,094,197	누진3
소유분위	41	42	43	44	45	46	47	48	49	50	세율
	2,497,378	2,593,740	2,591,577	2,490,991	2,587,147	2,584,778	2,582,512	2,580,142	2,577,670	2,574,992	누진1
순수혜액	2,238,582	2,324,991	2,322,827	2,232,195	2,318,398	2,316,028	2,313,762	2,311,393	2,308,920	2,306,242	누진2
	2,012,368	2,090,076	2,087,913	2,005,981	2,083,483	2,081,114	2,078,847	2,076,478	2,074,006	2,071,327	누진3
소유분위	51	52	53	54	55	56	57	58	59	60	세율
	2,572,416	2,569,635	2,564,791	2,555,823	2,545,859	2,535,895	2,525,266	2,514,306	2,601,436	2,589,146	누진1
순수혜액	2,303,666	2,300,885	2,296,041	2,287,073	2,277,109	2,267,145	2,256,517	2,245,556	2,322,732	2,310,443	누진2
	2,068,752	2,065,970	2,061,126	2,052,159	2,042,195	2,032,230	2,021,602	2,010,642	2,079,117	2,066,828	누진3
소유분위	61	62	63	64	65	66	67	68	69	70	세율
	2,576,525	2,465,150	2,549,954	2,536,337	2,521,058	2,505,780	2,489,837	2,472,566	2,454,299	2,435,367	누진1
순수혜액	2,297,822	2,196,400	2,271,251	2,257,633	2,242,355	2,227,076	2,211,134	2,193,863	2,175,595	2,156,663	누진2
	2,054,207	1,961,485	2,027,636	2,014,018	1,998,740	1,983,461	1,967,519	1,950,248	1,931,980	1,913,048	누진3

소유분위	71	72	73	74	75	76	77	78	79	80	세율
순수혜액	2,415,439	2,393,850	2,370,932	2,346,354	2,319,451	2,290,887	2,260,995	2,228,777	2,193,903	2,156,703	누진1
	2,136,735	2,115,146	2,092,229	2,067,650	2,040,747	2,012,183	1,982,291	1,950,074	1,915,199	1,878,000	누진2
	1,893,120	1,871,531	1,848,613	1,824,035	1,797,132	1,768,568	1,738,676	1,706,459	1,671,584	1,634,385	누진3
소유분위	81	82	83	84	85	86	87	88	89	90	세율
순수혜액	2,116,515	2,171,095	2,122,603	2,069,129	2,010,340	1,944,245	1,871,175	1,788,472	1,694,810	1,563,452	누진1
	1,837,811	1,882,438	1,833,946	1,780,471	1,721,683	1,655,588	1,582,517	1,499,815	1,406,152	1,274,794	누진2
	1,594,196	1,630,122	1,581,630	1,528,156	1,469,367	1,403,272	1,330,202	1,247,500	1,153,837	1,032,907	누진3
소유분위	91	92	93	94	95	96	97	98	99	100	세율
순수혜액	1,229,528	830,448	343,589	-260,008	-1,032,829	-2,056,319	-4,205,496	-7,879,177	-14,975,322	-62,386,306	누진1
	940,870	541,791	54,932	-548,665	-1,321,486	-2,344,976	-4,494,153	-8,167,834	-15,263,979	-62,674,964	누진2
	783,529	485,492	121,901	-328,872	-906,023	-1,670,376	-4,313,762	-7,133,047	-12,578,826	-60,568,391	누진3

자료: 국가통계포털(kosis.kr)의 〈토지소유현황〉이 제공하는 통계자료를 통해 계산함

〈표 5-11〉 누진형 국토보유세 주택가액별 순수혜(순부담) 예시(4인 가족 1주택 기준)

(단위: 만원)

주택 시가		1억원	5억원	10억원	15억원	20억원	30억원	50억원	100억원
순수혜액	누진1	3,886,507	3,580,405	3,097,715	2,668,125	1,439,935	-743,545	-10,685,505	-29,677,905
	누진2	3,488,359	3,182,257	2,699,567	2,269,977	1,041,787	-1,141,693	-11,083,653	-30,076,053
	누진3	3,140,337	2,834,235	2,351,545	1,921,955	985,765	-551,715	-7,586,675	-21,734,075
종부세액		0	0	0	0	234,000	1,884,000	9,504,000	35,604,000

주1〉 순수혜액 : 1인당국보세액×4 - (국보세액-재산세액)
주2〉 국토세부담액은 〈(주택가액×0.646*×0.5**×각 초과누진세율) - 재산세 토지분〉를 통해서 구
했음
  * 한국은행 통계에 따르면 주택 가액에서 토지 가액이 차지하는 비중이 64.6%임
  ** 공시지가의 시가반영률을 50%로 계산했는데, 이는 2020년 주택가격이 크게 올랐다는 것을 반
영한 것임. 9월 현재 서울과 수도권 아파트 세 곳을 임의로 선정하여 최근의 실거래가와 공시
가격을 통해 구한 평균값임
주3〉 누진 1안, 2안, 3안의 순수혜액이 0이 되는 주택가격은 각각 26.6억원, 24.7억원, 26.4억원임

시장에 나오면서 실수요자 중심으로 토지 소유가 재편되고 결과적으로 토지 소유 불평등도 줄어든다.

두 번째로 지가 안정과 소득분배 개선으로 생산 활동이 촉진된다. 경제에 큰 부담이었던 지가가 안정되면 지가에 짓눌렸던 생산의 용수철이 튀어오르게 되며, 소득분배가 개선되고 기본소득이 지급되면 하위계층의 소득이 크게 늘어 내수, 즉 소비가 지금보다 훨씬 늘어나게 될 것이다. 여기에 하나 덧붙일 것은 지가 안정은 주택가격 안정으로 이어지고, 이것은 다시 중소득층과 저소득층의 주거비를 낮추는데 도움이 되므로 결과적으로 이들의 소비 여력이 더 늘어나게 된다.

세 번째로, 각 경제주체의 지대추구 행위인 토지투기가 줄어든다. 법인도 불필요한 토지를 소유할 유인이 줄고, 개인도 투기목적으로 주택을 소유할 이유가 사라지며, 이를 통해 중소기업의 기업활동과 신규기업의 시장진출이 수월해지고 무주택자들의 내 집 마련의 가능성도 올라가게 된다. 특히 그동안 법인이 부담하는 토지에 대한 보유세가 별도합산토지 혹은 일반 분리과세토지로 분류해서 세부담이 낮았고 이로 인해 상당한 시세차익과 (귀속) 임대소득을 누려왔는데, 용도별 차등과세를 폐지하면 법인의 지대추구행위는 크게 줄어들 것이다. 국토보유세가 도입되면 법인은 시세차액에 대한 기대가 반영된 사업 경영이 아니라 토지가격 변동과 무관하게 기술혁신을 통한 이윤창출 전망에 기초해서 사업 진출 혹은 확장 여부를 결정하게 되는데, 이렇게 되면 경제 전체의 효율은 높아진다.

네 번째로 토지의 효율적 사용이 촉진되고 환경파괴도 줄어든다. 도시내에 미사용·저사용 되는 토지의 소유 주체는 늘어난 토지보유세 자체를 비용으로 인식하기 때문에 효율적으로 이용하거나 그런 의사가 없는 경우에는 효율적 이용자에게 소유권이 이전된다. 그뿐 아니라 임야와 농지를 택지나 산단으로 용도 전환하려는 수요도 줄어들어 환경파괴의 가능성도 낮아진다. 왜냐하면 토지보유세 상승으로 인해 용도 전환을 통해서 누릴 수 있는 시세차익의 규모가 줄어들기 때문이다. 요컨대 도시 내 토지의 효율적 이용이 도시의 무분별한 확장을 차단할 뿐만 아니라 농지와 녹지의 개발 수요도 줄어들어, 결과적으로 환경보존의 가능성이 올라간다.

다섯 번째로 재벌기업의 토지투기를 억제하고 나아가서 경제민주화에 도움이 된다. 2016년 당시 더불어민주당 김영주 의원의 발표에 따르면 2014년 현재 상위 1% 기업이 기업 전체 소유 부동산의 76.2%를 소유하고 있고, 상위 10대 기업이 35.3%를 소유하고 있다. 더 큰 문제는 소유의 편중도가 계속 심화되고 있다는 점이다. 2008~2014년 6년 사이에 상위 1% 기업이 소유한 부동산은 546조원에서 966조원으로 77% 포인트 증가했고, 상위 10대 기업이 소유한 부동산은 180조원에서 448조원으로 무려 147% 포인트 폭증했다(김영주 의원실, 2016). 이를 통해서 기업 소유 부동산에서 발생한 토지 불로소득의 대부분은 상위 1% 기업이 차지했을 것으로 추정된다. 그런데 국토보유세를 부과하면 그동안 재벌이 누렸던 토지 불로소득을 누릴 수 없게 되고, 그런 까닭에 재벌의 영향력은 줄어들게 된다. 반면 신규기업과 중소기업에게는 유리한 경제 여건이 조성된다. 요컨대 각 경제주체 간의 힘의 비대칭이 해소된다는 의미의 경제민주화의 가능성이 제고될 수 있다는 것이다.

여섯째로 국토보유세를 기본소득과 연계시키면 대한민국 모든 국민은 국토의 실질적 주인의 지위를 갖게 된다. 기본소득형 국토보유세는 마치 주식회사의 주주가 회사의 주인으로서 권리를 누리고 배당을 갖는 것 같은 효과를 발휘하게 될 것이다(남기업 외, 2017, 131).

일곱째로 기본소득형 국토보유세를 통해서 '부담'이 아니라 '혜택'을 통한 투기차단이 가능해진다. 즉, 경제적 유인구조의 변화를 통하여 개인과 법인의 부동산 소유 패턴에 영향을 준다는 것이다. 종래에 추진했던 보유세 강화는 부동산 가격이 높을수록 더 많은 보유세를 부담시켜, 즉 보유비용을 증가시켜 투기억제를 달성하려는 전략이었다. 보유세 부담을 높이면 조세의 자본화 효과 때문에 매매차익에 대한 기대가 줄고 보유비용은 증가하기 때문이다. 그러나 앞서 살펴본 것처럼 이런 전략은 조세저항 때문에 성공하지 못했다. 그런데 기본소득형 국토보유세의 투기억제 수단은 '혜택'이다. 무주택자가 집을 매입할 경우, 1주택자가 주택을 매각하고 새로운 주택을 매입할 때 고려하는 것은 앞으로 주택가격 상승에 대한 기대이다. 그런데 기본소득형 국토보유세를 실시하게 되면 보유세 실효세율이 증가하기 때문에 매매차익에 대한 기대가 줄고, 전액 기본소득으로 분배하기 때문에 순수혜액(순부담액)을 얼마나 향유할 수 있는지가 관건이 된다. 한마디로 말해서 개인의 경우에는 누릴 수 있는 순수혜액이 소유할 주택의 가액을 결정할 핵심 변수가 될 것이고, 이렇게 되면 소득에 비해서 비싼 주택을 소유하는 주택과소비 현상이 자연스럽게 사라진다. 매매차익도 기대되지 않는데 일부러 고가의 주택을 소유해서 순부담 가구로 머무를 필요가 없다는 것이다. 이렇게 저가 주택을 소유할수록 순수혜액이 늘어나는 구조는 지금까지 부동산 시장의 유인구조를 완전히 바꿔 놓을 것이다. 물론 법인은 기본소득의 대상이 아니므로 토지보유세 부담은 크게 늘고 거기에 따른 매매차익의 기대는 더 낮아질 것이다.

마지막으로 한 가지 덧붙일 것은 국토보유세의 실효세율이 높을수록 전술한 효과는 더 뚜렷하다는 점이다. 실효세율이 증가할수록 토지로 인한 불평등은 줄어들고, 토지의 효율적 사용은 촉진되며, 토지 때문에 발생하는 경제주체 간 힘의 비대칭도 줄어들고, 난개발·막개발은 차단되어 환경보존의 가능성도 올라가며, '혜택'이라는 새로운 경제적 유인구조가 작동하여 주택과소비도 크게 줄어들 것이다.

기본소득형 국토보유세를 둘러싼 쟁점

여기서는 기본소득형 국토보유세와 관련된 몇 가지 쟁점에 대해 살펴보고, 정책을 실행할 때 유의해야 할 사항을 검토한다.

국토보유세는 전가된다?

표준적인 교과서에 따르면 토지보유세를 임차인에게 전가하는 것은 불가능하다. 배리안은 다음과 같이 말한다. "완전비탄력적 공급의 경우, 조세의 어떤 부분도 전가되지 않는다"(Varian 2014, 303). 〈그림 5-2〉를 보자.

일반적으로 공급자에게 과세를 하면 공급곡선이 조세만큼 상향 이동한다. 그러나 공급곡선이 수직선이면 상향이동을 하더라도 아무 변화가 없다. 토지의 공급곡선은 수직선이므로 균형가격 P^*는 그대로 유지된다. 따라서 전가가 불가능하다.

만약 공급자가 국토보유세 t만큼 임대가격을 올리면 어떻게 되겠는가? 수요곡선 AE 상에 있는 수요자들은 토지를 구매할 수 없게 된다. 그러면 AB만큼 초과 공급이 발생하여 가격은 다시 내려가지 않을 수 없다. 물론 수요곡선 DA 상에 놓여 있는 수요자들은 P^*+t의 가격을 수용할 능력이 있다. 그러나 능력이 있다고 다 수용하는 것은 아니다. AB만큼 빈 토지가격이 내려가면 그 토지로 옮겨가려고 할 것이다. 이러한 과정이 계속되어 토지가격은 결국 다시 P^*로 내려가게 된다.

그러나 일시적으로 이러한 과정에 장애가 발생할 수 있다. 예를 들어 아이가 고등학교에 다니고 있는 부모라든지, 그 동네에 고객을 많이 확보한 상인의 경우처럼, 단기적으로 옮기기 힘든 사람들이 있을 것이다. 이렇게 불리한 위치에 있는 사람들 중 일부가 P^*+t의 가격을 수용하게 되면 단

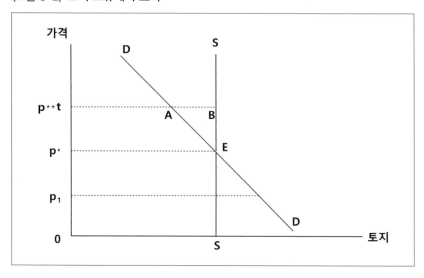

〈그림 5-2〉 토지 보유세의 효과

기적으로 토지세가 전가될 수 있다.

　이와 같은 단기적인 전가를 막기 위해서는 국토보유세를 부과할 때 최소 임대차 기간 연장 등의 조치를 함께 취할 필요가 있다. 예들 들어 중고등학교에 다니는 아이를 둔 경우에는 임대차 기간 만료 이후에도 기존의 계약 금액에 물가상승률을 더한 금액으로 아이가 고등학교를 졸업할 때까지 임차할 수 있도록 보장하는 것이다.

　현실에서는 주택 소유자가 보유세 부과를 구실로 전월세를 인상시키려고 노력할 것이다. 이러한 인상 요구는 세입자가 열등한 처지에 있을 때에는 수용될 가능성이 있다. 열등한 처지란 꼭 그 집에서 살아야 하는 경우, 예를 들어 아이가 고등학교를 다니고 있다는지, 상인이 가게에 상당한 투자를 진행한 경우 등을 들 수 있다.

　이러한 열등한 처지에 놓여 있는 사람들이 버틸 힘을 줄 수 있도록 임대차 3법이 필요하다. 인상률이 법으로 억제되고 계약을 갱신할 수 있는 권리가 생긴 상태에서 보유세가 부과되면 보유세 전가는 거의 불가능해진다. 이준구 교수는 보유세가 판매세가 아니라는 점을 강조하고 있다.

"다주택 보유자는 보유 주택을 임대하든 혹은 임대하지 않고 놀려두든 종합부동산세를 무조건 내게 되어 있습니다. 그렇기 때문에 임대하는 데 세금 부담이 추가로 발생하니까 더 높은 임대료를 받아야겠다는 건 말이 되지 않습니다. 따라서 J일보의 기사에 제시된 그림은 지금의 상황에 적용될 수가 없지요"(이준구 2020).

보유세는 보유하고 있는 동안에 부과되는 세금으로서, 판매하지 않더라도 납부하여야 한다. 그렇기 때문에 수요 공급 곡선을 가지고 판매세의 효과를 분석하는 방법론을 적용하면 안 된다. 그렇다면 어떤 방법론을 적용하여야 할까? 바로 조세의 자본화 효과이다.

부동산 가격의 하향 안정화, 경제적 유인구조 바꾸기

국토보유세가 부동산 가격을 안정시키는 첫 번째 이유는 보유세의 자본화 효과(capitalization effect) 때문이다.

보유세는 매년 부과되므로, 토지를 매입하는 사람은 그 토지에 매년 부과되는 보유세만큼 이자를 내는 부채를 진 것과 마찬가지가 된다. 예를 들어 어떤 토지를 매입하면 매년 100만원의 보유세를 내게 된다면, 연간 이자율이 5%라고 할 때 2,000만원(2,000만원×0.05 = 100만원)의 부채, 즉 비용을 떠안는 것과 마찬가지이다. 토지를 매각하는 사람은 부채(비용)도 함께 떠넘기게 되는 것이므로 그 부채(비용)만큼 토지가격을 내리지 않을 수 없다.

위와 같이 이자를 근거로 부채 금액을 계산하는 방법은 매년 납부하는
보유세를 1년 뒤부터 무한대기까지 납부해야 할 보유세의 현재가치를 구
하는 방법과 동일하다.

$$\frac{100만}{(1+0.05)} + \frac{100만}{(1+0.05)^2} + \frac{100만}{(1+0.05)^3} + \cdots$$
$$= \frac{\dfrac{100만}{(1+0.05)}}{1 - \dfrac{1}{(1+0.05)}}$$
$$= \frac{100만}{0.05}$$
$$= 2,000만$$

예를 들어 매년 국토보유세로 30조원을 걷으면 이자율 5%를 가정할
때 부동산 가격은 600조원만큼 하락하게 된다. 이처럼 30조원의 국토보유
세는 1인당 60만원의 토지 기본소득을 지급할 뿐만 아니라, 600조원 정도
부동산 가격을 하락시키는 것인데, 이는 무주택자에게 600조원의 보조금
을 지급하는 것과 같다.

국토보유세가 부동산 가격을 하락시키는 두 번째 효과는 부동산 과다
소유자들, 예컨대 다주택자들이 집을 팔게 되기 때문이다. 국토보유세가
부과되면 다주택자들은 갑자기 부채가 생기는 결과가 되기 때문이다. 부채
는 주택을 매각하면 없어진다. 주택을 보유함으로써 생기는 매년의 수익이
부채 이자보다 작다면 주택을 매각하는 것이 유리하다. 이것이 어떻게 가
능한지 하나의 예를 들어보자.

자가 거주 주택 이외에 10억짜리 아파트 1채를 전세 6억원을 끼고 2%
의 이자로 4억원의 대출을 받아서 투기한 사람의 경우를 살펴보자. 이런 경
우 지출은 대출에 대한 이자와 기회비용(은행예금이자 1%)과 재산세로 구
성되고, 수입은 연간 주택가격 상승분이다. 이를 정리하면 다음과 같다.

<표 5-12> 국토보유세 도입 전 손익추산

(단위: 원)

연간 가격 상승분(+)	이자(−)	기회비용(−)	재산세(−)	순이득
15,000,000	8,000,000	4,000,000	990,000	2,010,000

〈표 5-12〉와 같은 상황이면 당연히 보유하려고 할 것이다. 그러나 국
토보유세가 도입되면 순이익은 다음과 같이 바뀐다. 〈표 5-13〉을 보면 알
수 있듯이 0.5%의 비례세와 누진 1~3의 경우엔 이익이 발생하고 비례세율
1~4%에서는 손실이 발생할 것으로 예상된다.

<표 5-13> 국토보유세 도입 후 손익추산

(단위: 원)

국보세율	0.5%	1.0%	1.5%	2.0%	3.0%	4.0%	누진 1	누진 2	누진 3
국보세액	1,039,180	2,654,180	4,269,180	5,884,180	9,114,180	12,344,180	83,918	83,918	83,918
순이익	970,820	−644,180	−2,259,180	−3,874,180	−7,104,180	−10,334,180	2,009,916	2,009,916	2,009,916

그러나 비례세 0.5%이든, 누진 1, 2, 3이든 국보세 도입 전보다 순이익
의 규모가 줄어들었고, 더구나 앞서 설명한 자본화 효과를 고려하면, 즉 연
간 주택가격 상승률이 낮아지면 이익의 규모는 더 줄어들게 되고 손실이
발생할 가능성도 존재한다. 그렇게 되면 투기용 주택은 시장에 나오게 된
다. 요컨대 기본소득형 국토보유세는 거주 이외의 주택을 매각하도록 유도
하는 것이다.

그뿐 아니라 1주택자의 경우에는 토지 기본소득으로 주어진 혜택이 주
택과소비를 자제하도록 유도하는 역할까지 한다. 이를 확인하기 위하여 현
금 3억원을 소유하고 있는 사람이 3억원의 주택을 매입할지, 아니면 1억원
을 대출받아서 시가 4억원의 주택을 매입할지의 상황을 가정해보자. 앞의
경우와 마찬가지로 대출 이자는 2%이고, 주택가격 상승률은 4억은 2%,
3억은 1.5%라고 가정하자.

〈표 5-14〉 국토보유세 도입 전 손익추산

(단위: 원)

가격	연간 가격 상승분(+)	이자(-)	재산세(-)	순이익
4억	8,000,000	2,000,000	318,000	5,682,000
3억	4,500,000	0	231,000	4,269,000

〈표 5-14〉를 보면 4억원 주택의 순이익이 더 크기 때문에 대출을 받아 4억원의 주택을 매입하는 것을 선택한다. 그렇다면 기본소득형 국토보유세를 도입하면 어떻게 될까? 일단 두 주택 모두 순이익이 증가하는 것을 알 수 있다. 국보세 도입 전에 4억원과 3억원의 순이익이 각각 5,682,000원, 4,269,000원이 었는데, 국보세를 도입하면 4억원의 경우 597~1,053만원의 순이익이 발생하고 3억원의 경우에는 468~1,036만원의 순이익이 발생한다.

〈표 5-15〉 국토보유세 도입 후 손익추산

(단위: 원)

국보세율		0.5%	1.0%	1.5%	2.0%	3.0%	4.0%	누진 1	누진 2	누진 3
순이익	4억원	5,974,178	6,624,379	7,274,577	7,924,775	9,225,174	10,525,573	8,383,480	8,084,868	7,823,849
	3억원	4,676,166	5,487,867	6,299,565	7,111,263	8,734,662	10,358,061	7,070,508	6,771,896	6,510,877

주) 순이익 = 국보세 도입 전 순이익 - 국보세 + (토지배당액×3*)
　　* 가구당 가구원을 3인으로 가정했음.

그런데 〈표 5-14〉와 〈표 5-15〉를 비교해 보면 4억원의 주택과 3억원의 주택의 순이익의 차이가, 국토보유세를 도입하면 작게는 10만원에서 크게는 125만원이 줄어든다는 것을 알 수 있다. 하지만 〈표 5-15〉는 주택가격 상승률이 4억원은 2%, 3억원은 1.5%로 계산했다는 것에 유의할 필요가 있다. 국토보유세 도입은 앞서 설명한 자본화 효과를 가져와 가격을 떨어뜨리는데, 누진세일 경우엔 고가일수록 국보세액이 늘어나므로 4억원 주택이 더 많이 떨어진다. 다시 말해서 일반적으로 사람들이 대출까지 해서 고가의 주택을 매입하려는 이유는 더 비싼 집의 집값 상승률이 더 크기 때문인데, 국토보유세를 누진세로 도입하면 자본화 효과로 인해서 고가의 주택이 더 많이 떨어질 수 있다는 것이다. 이렇게 되면 4억원의 주택과 3억원의 주택의 순이익의 차이가 더 줄어들어 3억원의 주택의 순수익의 규모가 더 클 가능성도 있다.

결론적으로 두 번째 사례에서 알 수 있듯이, 기본소득형 국토보유세는 주택 소유자를 순수혜가구로 만들기 때문에 비싼 집(4억원)이든 싼 집(3억원)에 살든 이익을 늘려준다. 그럼에도 불구하고 대출을 받은 주택이 아니라 자기 소득으로 주택을 매입하는 것을 선택하도록 유도한다. 왜냐면 그것이 경제적으로 유리하기 때문이다. 즉, 국토보유세는 부담이 아니라 혜택을 주면서 주택투기를 하지 않도록 유인구조를 바꾼다는 것이다.

1가구 1주택자는 국토보유세를 깎아줘야 한다?

1가구 1주택 감세나 면세는 국토보유세 부과 정책 자체를 흔들 수 있다.

첫째, 형평성에 위배된다. 1주택이라고 할지라도 수십억에 달하는 경우에는 웬만한 2주택을 보유한 사람보다 더 부동산 보유액이 많다. 이런 사람에게 국토보유세를 깎아 주는 것은 형평에 맞지 않는다. 다시 말해서 30억원 1주택자는 감면하고 10억원짜리 3주택자는 그대로 부과하는 것은 형평에 맞지 않는다.

둘째, 1주택자를 감면하거나 면세하면 부동산투기를 차단하기 어렵다. 국토보유세의 중요한 기능 하나가 투기차단인데 1주택을 감면하거나 면제하면 "똘똘한 집 한 채" 즉, 고가 주택에 대한 투기적 수요를 차단하기 어렵다. 더구나 똘똘한 한 채 투기는 지방 도시보다 수도권, 수도권보다 서울, 서울보다 강남의 집값을 올려서 더욱 소수만 이득을 보게 만들 수 있다. 요컨대 1주택 감면 혹은 면제는 주택가격의 지역 간 격차를 확대시킬 수 있다는 것이다.

셋째, 가구 분할 등 도덕적 해이를 낳을 수 있다. 예를 들어 주택을 2채 소유하고 있는 부부가 위장 이혼하여 각각 한 채씩 소유해서 매년 1,000만 원 이상 세금이 절약된다면 위장 이혼하지 않을 부부가 얼마나 될까?

넷째, 더구나 대부분의 1가구 1주택은 순수혜가구가 되기 때문이다. 1주택 가구 감면론이 일반 시민들에게 받아들여지는 이유는 1주택은 투기가 아닌데 부담을 지우는 것이 너무한 것 아닌가 하는 것인데, 엄밀하게 말해서 1주택이라고 해서 투기가 아닌 것도 아닐뿐더러, 더구나 기본소득형 국토보유세는 대부분의 1주택 가구를 순수혜가구가 되도록 만든다. 요컨대 기본소득형 국토보유세에서는 종래의 보유세 강화에서 으레 나오던 1가구 1주택 배려론이 설 자리를 잃게 만든다.

국토보유세 부과로 부동산 가격이 폭락한다?

국토보유세의 장점은 위와 같은 국토보유세의 자본화 효과로 인해서 원하는 수준만큼 정밀하게 부동산 가격을 조정할 수 있다는 데 있다. 국토보유세 부과로 거품이 낀 부동산 가격은 꺼질 수밖에 없다. 거품이 꺼지는 것은 경제 전체에 도움이 된다. 때때로 거품이 급격하게 꺼지는 경향도 있는데, 국토보유세는 과잉 하락도 막을 수 있다. 급격한 하락이 예상되면 국토보유세를 낮추면 된다. 이렇게 국토보유세가 부동산 가격을 하향 안정화시키는 역할을 마찰 없이 하려면, 법으로 국토보유세율을 정할 때 탄력적으로 정해야 한다. 앞에서 제시한 것처럼 비례세의 경우 국토보유세율은 0.5% 이상 4% 이하에서 대통령이 부동산 상황을 보고 시행령으로 정할 수 있도록 해야 한다.

그리고 국민주택의 경우 일정한 수준, 예를 들어 기준 시가의 30% 이하로 가격이 하락하면 소유자가 동의할 경우 정부가 국채를 발행해서 매입하고, 매입 주택은 정부가 공공임대주택이나 토지임대부 주택으로 공급하도록 하면 된다.

부동산이 아니라 토지에 부과하는 까닭?

가장 큰 이유는 앞서 설명했듯이 기본소득의 최적의 재원은 인공물인 건물이 아니라 토지이기 때문이다. 그리고 또 다른 이유 하나는 건물에 세금을 부과하는 것은 건물의 증축, 개축, 신축 활동에 부담을 주지만 토지에 부과하면 토지의 효율적 사용을 촉진하는, 다시 말해서 생산 활동을 촉진하는 경제적 효과를 기대할 수 있기 때문이다.

예를 들어 주택가격은 4억원으로 같지만, 어떤 주택은 지은 지 얼마 안 되어서 건물가격이 2.5억원, 토지가격이 1.5억원인데, 어떤 주택은 노후주택이어서 건물가격이 0.5억원, 토지가격이 3.5억원인 경우를 비교해 보자. 지금의 보유세 하에서 두 주택은 주택가격이 같으므로 부담하는 보유세액이 같다. 앞의 주택은 전체 세금에서 건물에 대한 세금이 차지하는 비중이 높고, 뒤의 주택은 토지에 대한 세금이 차지하는 비중이 높은데, 이렇게 되면 지금은 보유세 실효세율이 낮아서 별문제 없지만, 보유세가 강화되면 건물을 짓는 생산 활동은 위축될 수밖에 없다. 이런 까닭에 노벨 경제학상 수상자 윌리엄 비크리는 "부동산 보유세는 최선의 세금 중 하나(토지보유세)와 최악의 세금 중 하나(건물보유세)가 결합된 세금"이라고 한 것이다 (Vickrey 2001, 86). 요컨대 국토보유세의 과세대상을 건물을 제외하고 '토지'로 삼은 이유는 기본소득의 정당성과 경제적 효율성 때문이다.

국토보유세는 이중과세다?

결론부터 말하면 기본소득형 국토보유세는 이중과세가 아니다. 이중과세란 복수의 과세주체가 동일한 납세의무자에게 동일한 과세물건에 대해서 징수하는 것을 의미하는데, 여기에 해당한다고 할 수 있는 기존제도가 종합부동산세이다. 동일한 납세자가 동일한 과세물건에 대해서 한번은 지방세인 재산세로 한번은 국세인 종합부동산세로 이중으로 납부하기 때문이다. 이런 까닭에 종합부동산세는 이중과세 등의 이유로 헌법재판소에 제소된 것이다.

그러나 헌법재판소는 종합부동산세와 관련된 이중과세에 대해 2008년 11월 13일에 내린 판결에서 "동일한 과세대상 부동산이라고 할지라도 지방자치단체에서 재산세로 과세되는 부분과 국가에서 종합부동산세로 과세되는 부분이 서로 나뉘어져 재산세를 납부한 부분에 대하여 다시 종합부동산세를 납부하는 것이 아니므로 이중과세의 문제는 발생하지 아니한다"고 판시했다(2006헌바112, 2008.11.13.). 예를 들어 공시가격 15억원이 되는 1주택자에 대해서 종합부동산세는 과세 기준 9억원을 초과하는 부분에 대해서 재산세율보다 높은 세율로 부과하지만, 9억원을 초과하는 부분에 대한 재산세액은 공제하기 때문에 이중과세 문제가 발생할 여지가 없다는 것이다.

헌법재판소의 이와 같은 판결에 비춰보면 국토보유세도 이중과세가 될 수 없다. 왜냐면 누진세 체계이든 비례세 체계이든 국토보유세는 재산세 토지분 전액을 공제하기 때문이다.

현행 비과세·감면 폐지는 지나친 조치다?

기본소득형 국토보유세는 비과세·감면 폐지를 원칙으로 하고 있다. 그러나 여기서 폐지의 대상은 민간이 소유한 토지에 대한 '감면'이다. 국가의 토지 사용에 대한 중앙정부, 지방자치단체, 지방자치단체조합, 외국 정부 및 주한 국제기구의 소유에 속하는 재산은 비과세 대상이라고 할 수 있다. 그러나 민간이 보유한 토지를 대상으로 한 감면은 다르다. 감면의 대상은 예컨대 의료법인이 의료업에 직접 사용하는 부동산과 기업부설연구소와 같이 연구개발지원을 위해 사용하는 부동산이다. 그리고 민간임대사업자에 대한 재산세와 종합부동산세 감면 등이 여기에 속한다. 그런 까닭에 아래에서는 '감면 폐지'에 관해서만 다루도록 한다.

국토보유세의 감면 폐지에 대해서 우려의 내용은 다음과 같다. 감면의 주된 대상의 세부담이 많이 증가해 결국 "정책 목적의 달성을 위하여 납세자의 행위변화를 유도하는 재정정책의 수단이 상실"된다는 것이다. 예를 들어 "현재 보유세가 면제되는 서울대학교병원은 141억원"을 부담하게 되는데, 이렇게 되면 서울대학교병원의 운영은 타격을 입을 수밖에 없다는 것이다(박상수 2019a).

그럼에도 불구하고 감면은 국토보유세 도입과 무관하게 원칙적으로 폐지해야 하는데 그 이유는 다음과 같다. 첫째, 감면 제도가 토지 소유 주체의 방만한 토지 보유를 조장하기 때문이다. 즉, 토지 사용의 비효율성을 초래한다는 것이다. 바로 이 지점에서, 토지는 한 경제주체가 소유하면 타 경제주체는 배제된다는 특성을 인식할 필요가 있다. 일반적으로 감면 적용을 받게 되면 감면 비적용과 비교해서 더 많은 토지를 보유하려 한다. 왜냐면 비용이 적게 들고 무엇보다 나중에 더 큰 매매차익이 기대되기 때문이다. 그런데 이렇게 되면 토지 사용의 비효율성은 피할 수 없게 된다. 토지의 경우는 자본과 달리 토지로부터 얻는 수익과 토지 보유로 인한 비용이 가까울수록 효율적 사용의 가능성이 올라간다. 감면을 폐지하면 감면이 초래한 토지의 초과 소유분이 다른 생산적 주체로 이전되고 토지는 효율적으로 사용할 수 있게 된다.

두 번째 문제는 토지소유자가 법인이든 개인이든 상관없이 감면 제도를 적극적으로 활용하여 투기를 통한 불로소득 추구에 관심을 가질 가능성이 높다는 데 있다. '감면'을 옹호하는 논리 중 하나는 감면을 통해서 긍정적인 "정책 목적의 달성을 위한 행위변화"를 유도하겠다는 것인데, 오히려 토지투기라는 '부정적' 행위변화가 초래되어 경제 전체에는 도움이 되지 않고 오히려 해가 된다는 것이다.

세 번째 문제는 '감면'이 보유세의 공평성을 훼손시킨다는 것이다. 감면은 일종의 차별적 과세이다. 과세 토지의 소유자는 감면대상 토지소유자에 비해 보다 높은 비용에 직면하고 있기 때문이다.

네 번째는 과세기반의 협소화가 강화되기 때문이다. 감면이 늘어나면 그 대상에 포함되기 위한 입법경쟁이 벌어지게 되는데, 이렇게 되면 과세기반은 더욱 협소하게 되고, 여기서 나타난 세수손실을 보전하기 위해서 세율을 인상하게 되면, 나머지 납세자의 세부담은 그만큼 늘어날 수밖에 없게 된다(이진순, 2005, 70-90; 김종영·김광윤, 2008, 305-306). 원칙적으로 보면 공익 법인이나 비영리단체 등이 보유하는 토지도 다른 대상과 마찬가지로 공공서비스의 혜택을 입고 있으므로 동일하게 보유세를 부담하는 것이 바람직하다. 그렇게 해야 공익 법인이나 단체들도 보유세를 비용으로 인식하고 좀 더 효율적으로 토지를 사용할 것이고, 투기적 소유의 가능성도 줄어들며, 감면을 위한 입법경쟁의 가능성도 차단할 수 있다.

그렇다면 우리나라의 감면 현실은 어떨까? 『지방세정연감』을 통해서 구한 〈표 5-16〉에 따르면, 2018년 현재 재산세에서 감면 건수는 23,265,494

이고 해당 세액은 4조 1,659억원으로서 감면 비율(감면세액/부과세액)은 무려 23.8%나 되는 것을 알 수 있다. 여기에 재산세와 종합부동산세의 부가세까지 고려하면 감면으로 인한 세수손실은 더 커질 것이다. 그런데 문제는 총 재산세에서 감면액이 차지하는 비율과 면적이 점점 증가하고 있다는 점이다. 감면 제도로 인해 과세기반 축소가 진행되어 가고 있고 과세의 공평성은 점점 훼손되고 있다는 것을 뜻한다.

〈표 5-16〉 재산세 감면 추이

(단위: 10억원, %, 천㎡)

연도	2011	2012	2013	2014	2015	2016	2017	2018
총재산세액(A)	12,171	12,882	13,272	13,881	14,428	15,367	16,342	17,487
감면세액(B)	2,669	2,838	2,941	3,141	3,338	3,583	3,850	4,166
감면비율(B/A)	21.9	22.0	22.2	22.6	23.1	23.3	23.6	23.8
감면 대상면적	4,728,137	4,914,575	5,057,047	5,254,714	5,457,158	5,493,451	5,737,850	6,106,100

자료: 국가통계포털(kosis.kr)

이런 까닭에 '감면'은 국토보유세의 도입과 함께 원칙적으로 폐지해야 한다. 그것이 국토보유세의 철학에 부합할 뿐만 아니라 경제 전체의 효율성을 높이고 과세의 불공평성을 바로잡을 수 있기 때문이다. 물론 원칙 적용은 납세자를 고려해서 점진적으로 적용해야 하고, 과세이연제도를 도입해 납부시기를 소유자가 형편에 맞게 결정할 수 있도록 해야 한다.

용도별 차등과세 폐지하면 투자 활동이 위축된다?

용도별 차등과세 폐지와 관련해서도 우려가 제기되고 있다. 현재의 재산세는 주택은 주택별로 물건별 과세하고, 별도합산토지와 종합합산토지는 관내 합산하여 과세하며, 농지·목장용지·임야 등은 '저율' 분리과세

(0.07%), 군과 시의 읍·면에 위치한 공장용지 등에 대해서는 '일반' 분리과세(0.2%), 그리고 고급오락장 및 회원제 골프장 등은 '고율' 분리과세(4.0%)를 정률로 하고 있다. 국세인 종합부동산세도 분리과세 대상 토지를 제외한 부동산 즉, 주택, 별도합산토지, 종합합산토지를 구분하여 인별로 합산해서 일정 과세 기준을 초과하는 부분에만 과세하고 있다.

이러한 용도별 차등과세를 토지의 용도와 관계없이 합산 과세 혹은 비례세로 한다는 것이 국토보유세의 전략인데, 이렇게 용도별 차등과세를 폐지하면 법인 등이 생산 활동에 사용하고 있는 별도합산토지와 분리과세대상 토지에 대한 세부담이 증가하여 정책유도기능이 낮아진다는 것이다. 예를 들어 "사업특성상 대규모 토지의 사용이 불가피한 물류창고, 공장, 농업법인 등에서 세부담이 많이 증가"하여 관련 산업을 위축시킬 수 있다는 것이다(박상수 2019a).

이 쟁점을 본격적으로 검토하기에 앞서 용도별 차등과세가 도입된 배경에 대해 살펴볼 필요가 있다. 현재의 용도별 차등과세의 형태는 1989년 12월 말 제정된 종합토지세에서 시작되었는데, 당시 종합토지세는 전국 토지를 개인별로 합산한 후 과세하지만 주택의 부속토지와 나대지를 종합합산대상에, 업무용 건물의 부속토지를 종합토지세의 별도합산대상에, 그리고 그 외 토지는 분리과세대상으로 분류하여, 농지 등에는 저율·정률 과세로, 골프장 및 고급오락장용 토지는 고율·정률 과세로 부과하도록 설계되었다. 모든 토지를 '종합'해서 과세하는 것이 원칙인 종합토지세를 이렇게 용도별로 구분해서 합산 과세한 이유는 생산 활동에 사용되는 별도합산토지에 대한 세부담을 낮춰서 생산 활동을 촉진하는 동시에 나대지와 잡종지 같은 미사용토지의 종합합산토지는 별도합산토지보다 세부담을 높여서 토지 사용을 좀 더 촉진하면서 소유를 억제하겠다는 이유를 내세웠지만, 사실 이런 이면에는 토지보유세 강화에 대한 조세저항을 회피하려는 목적이

강하게 자리하고 있다(이형구·전승훈 편, 2003, 613-614). 이런 배경을 지닌 용도별 차등과세 구조는 2005년 종합부동산세에도 그대로 이어졌고, 주택은 건물과 일체로 부과하는 것으로 변경했기 때문에 종합부동산세는 주택, 종합합산토지, 별도합산토지로 구분되어 과세되고 있고 재산세는 여기에 더하여 분리과세대상 토지와 일반건축물이 추가된 체계를 갖추고 있다. 요컨대 용도별 차등과세는 생산에 이용하는 토지의 세부담 완화를 통해 기업의 생산 활동 촉진을 목표로 하고 있다는 것이다.

그렇다면 이렇게 용도별로 차등해서 기업의 생산 활동에 사용되는 토지는 저율 과세하고, 거기에 더하여 기초지자체의 하나의 형태인 군과 시의 읍·면에 위치한 공장용지는 0.2% 정률 과세하는 분리과세대상으로, 그렇지 않은 토지는 종합합산토지로 상대적으로 고율 과세로 경제 전체의 생산 활동 촉진 목적은 달성할 수 있을까?

결론부터 말하면 토지의 사용 여부에 따라, 또 위치에 따라 세부담의 정도를 결정하는 것으로 생산을 촉진한다는 것은 성공하기 어렵고, 공공의 주관적·자의적 판단이 개입될 가능성만 높아진다. 건축물의 유무와 건물의 구조 등에 근거하여 별도합산인지, 종합합산인지를 구분한다고 하더라도 얼마든지 위장할 수 있다. 정부가 설정한 면적 기준 이내의 토지는 별도합산토지로 간주해서 낮은 세율을 적용하고, 초과하는 것은 종합합산토지를 간주해서 고율로 과세하는 것도 자의적이라는 비판을 면키 어렵다. 종합합산대상 토지와 별도합산대상 토지의 세율이 다르므로 어떻게 해서든 소유 토지를 별도합산대상 토지로 전환하려는 유인이 작동할 수밖에 없다. 세부담을 낮출 수 있기도 하거니와 세부담이 낮아진 만큼 토지가격이 상승하고 그것이 개별경제주체에게 이익이 되기 때문이다.

하지만 경제 전체의 효율은 토지 불로소득과 무관하게 사업적 타당성만을 고려해서 결정할 때 극대화된다. 그러므로 애초부터 용도별 차등과세의 정책목표는 달성 불가능한 것이다. 생산 활동에 유인을 주기 위한 것이라면 별도합산토지의 건물분 재산세를 감면하거나 폐지하는 것이 더 효과적이다.

그뿐 아니라 공평 과세의 측면에서도 용도별 차등과세는 문제가 있다. 개별경제주체가 보유한 토지의 자산가치가 동일하면 보유세도 동일해야 하는데, 지금과 같은 과세체계에서는 주택과 토지를 용도별로 골고루 소유한 경제주체가 보유세를 덜 부담할 수 있다. 이것은 "같은 것 같게, 다른 건 다르게" 라는 정의의 원칙에 어긋난다.

쉽게 이해하기 위해 예를 들어보자. 가령 공장을 운영하는 A와 B와 C가 있다고 하자. 세 개의 법인이 시가 50억원짜리 공장용지 두 곳, 그러니까 합계 100억원의 공장용지를 소유하고 있는데, A는 도시와 군에 각각 위치해 있고, B는 같은 도시에 위치해 있으며, C는 다른 도시에 위치해 있다고 해보자. 그러면 〈표 5-17〉에서 보듯이 현행 세제에서 B의 토지보유세 부담이 가장 높고 A가 가장 낮다. 왜냐면 A가 소유한 공장용지 중 군에 위치한 것은 분리과세대상 토지이므로 0.2%의 세율이 적용되기도 하고[15] 군 지역에는 '재산세 도시지역분'이 부과되지 않기 때문이다. 또 C가 B보다 낮은 것은 재산세의 별도합산토지는 '관내'합산이기 때문이다. 이렇게 분리과세대상 토지로 지정이 되면 별도합산보다 세금이 낮아지므로 대부분의 경제주체는 자신이 소유한 토지가 분리과세대상 토지로 지정되기 위해서 입법적 노력을 하게 되는데, 아쉽게도 이런 노력은 생산적 노력이 아닌 지대추구행위다.

---

15 시(市)라고 하더라도 읍·면지역에 위치한 공장 부지는 분리과세대상 토지로 분류된다.

〈표 5-17〉 용도별 차등과세가 초래한 문제

과세부담자	A	B	C
토지 소유 개요	시(市): 50억원, 군(郡): 50억원	동일 시(市): 50억원, 50억원	다른 시(市): 50억원, 50억원
재산세액*	22,776,000	33,792,000	32,592,000
비율	67.4%	100%	96.4%

* 전체 재산세 = 산세+재산세 도시지역분

현행 용도별 차등과세가 지대추구행위를 초래했다는 것은 아래 표를 통해서도 추측할 수 있다. 〈표 5-18〉에서는 13년(2005~2018년) 동안 우리나라 법인의 토지 소유면적은 90억㎡가 증가했는데, 희한하게도 분리과세 대상 토지의 증가분이 차지하는 부분이 무려 71.8%에 이른다. 분리과세대상 토지는 종합부동산세 대상에서 제외될 뿐만 아니라 저율(0.2%)로 과세가 되기 때문으로 보인다. 요컨대 낮은 세부담과 더 큰 매매차익에 대한 기대가 분리과세대상 토지의 집중 매입의 원인이라는 것이다. 그런데 만약 용도별 차등과세를 폐지하면 어떻게 될까? 법인의 토지 소유 비율이 증가하더라도 지금과 같은 분리과세대상 토지로의 극단적인 편중은 줄어들었을 것이다.

〈표 5-18〉 재산세 토지분 용도별 소유면적 변화(2005~2018년)

(단위: 천 ㎡)

구분	분리과세토지	별도합산토지	종합합산토지	전체 토지
개인	-4,766,732	789,948	-174,154	-4,150,938
법인	6,428,417	561,279	1,997,648	8,987,344

자료: 국가통계포털(kosis.kr)

그리고 토지의 용도와 무관하게 합산 과세하거나 모든 토지에 같은 세율을 적용하는 국토보유세를 도입하면 지금까지 토지를 여유 있게, 혹은 방만하게 이용하고 있던 경제주체는 토지의 보유 규모를 필요에 맞게 줄여 나갈 것이다. 세율이 높아질수록 꼭 필요한 토지만 보유하려고 할 것이고 보유한 토지는 효율적으로 사용하려고 노력할 것이다. 왜냐면 과거의 과세 체계에서 누렸던 이익, 즉 토지를 보유 혹은 매매하는 것 자체로 누렸던 이익을 기대하기 어렵기 때문이다. 여기에 더하여 오직 사업상의 고려에 의해서만 토지 소유의 위치와 면적을 결정하는 관행이 정착되면 경제 효율은 더 올라갈 것이다.

하지만 농지는 예외로 둘 수 있다. 현재 농지와 임야를 저율로 과세하는 이유는 현실적으로 그 농지와 임야를 이용한 생산 활동에서 얻을 수 있는 소득을 별로 기대하기 어렵기 때문이다. 농지와 임야의 가격이 높게 형성되어 있기 때문에 다른 토지와 동일한 세율을 부과하면 농지 소유자의 부담이 클 수 있다. 이를 해결하기 위해서는 사용가치인 지대를 과표로 하는 것을 생각해볼 수 있다.[16] 또 한 가지 방법은 농지에도 국토보유세를 부과하지만 과표적용률 혹은 공정시장가액비율 등을 활용하여 과표 자체를 낮추는 방안도 생각해볼 수 있다. 중요한 것은 모든 토지에 과세한다는 국토보유세의 원칙을 지키되 농지 등에는 유연하게 적용한다는 것이다.[17]

물론 농지 소유자의 적응을 위해서 점진적·단계적으로 도입할 필요는 있고, 납부시기를 스스로 결정할 수 있는 과세이연제도는 도입해야 한다.

현재 주택의 건물과 토지 구분 평가가 가능할까?

현재 보유세에서 상가빌딩과 영업용 건물의 부속토지의 건물은 분리

---

16 물론 이렇게 하려면 다른 토지의 과표도 지가가 아니라 지대로 교체해야 한다.
17 국토보유세에서 농지 감면이 실시되면 농지의 용도를 전환했을 때 부담하는 농지전용부담금을 강화해야 한다.

해서 평가하고 있는데, 주택은 건물과 토지를 통합과세하고 있다. 그런데 본 연구가 제시하는 국토보유세는 주택의 경우 그 부속토지에 대해서만 과세하게 되는데, 이를 위해서는 주택공시가격을 토지분과 건물분으로 분리해야 한다. 특히 아파트인 공동주택의 경우 공시가격이 시장에서의 거래가격 등을 기준으로 산정되기 때문에 토지분과 건물분을 적절히 나누기 곤란한 측면이 있다는 것이 대체적인 지적이다.

그러나 2004년까지만 해도 주택의 토지분과 건물분이 분리해서 과세돼 왔고, 이것은 해방 후부터 당시까지의 관행이었다. 2004년 당시 주택의 경우 토지와 건물의 합산 과세한 이유는 거래가 빈번한 아파트(공동주택)와 그렇지 않은 단독주택 간의 형평성 문제 때문이었는데, 이것은 간단하게 해결할 수 있다. 부동산 가격에서 감가상각이 반영된 건물 가치를 차감하는 '잔여법'으로 부속토지의 가격을 구하면 된다. 즉, 공동주택이든 단독주택이든 관계없이 주택가격에서 감가상각을 반영한 건물가격을 공제하면 공동주택의 토지가격이 도출된다.

물론 토지 자체의 가치와 건물로 대표되는 토지개량물의 가치를 엄밀하게 구분하는 것은 어렵고 불가능하다고 할 수 있다. 그러나 토지는 눈에 보인다는 점, 비교사례가 많다는 점을 생각하면 평가가 불가능할 정도로 어려운 것은 아니다. 더구나 우리는 눈에 보이지 않는 소득에 대해서도 소득세라는 세금을 부과하고 있다. 소득은 '수입-지출'인데 여기서 지출은 수입을 낳기 위한 지출이지만 사실 경제주체도 소득을 낳는 지출을 정확히 구분할 수 없다. 다시 말해서 부동산에서 건물분을 제외하고 토지 가치를 도출하는 것이 실행 불가능할 정도의 것은 전혀 아니라는 것이다.

한 가지 첨언할 것은 기본소득형 국토보유세를 제안하는 이유는 단지 토지와 건물을 구분하기 위한 것은 아니라는 점이다. 주택에 있어서 토지와 건물을 분리하는 이유는, 보유세는 토지에 집중하는 것이 정의와 효율의 관점에서 훨씬 우수하기 때문이다. 기본소득형 국토보유세를 제안하는 핵심적인 이유는 기존의 '재산세-종부세' 체계로 보유세 강화를 달성하기 매우 어렵기 때문이다. 기존의 재산세-종부세 체계는 앞서 논의했듯이 용도별 차등과세를 적용하고 있고, 종합부동산세의 대상에서 분리과세대상 토지는 제외되어 있으며, 각종 감면 제도가 적용되고 있고, 무엇보다 조세저항을 극복할 장치가 부재하다. 반면에 재산세-국보세 체계는 용도별 차등과세와 감면을 원칙적으로 폐지하고, 모든 토지를 대상으로 하며, 조세저항을 극복할 수 있는 장치가 내장되어 있다. 특히 과거의 재산세-종부세 체계는 보유세라는 '부담'으로 투기를 억제하려 했다면 재산세-국보세 체계는 기본소득이라는 '혜택'으로 투기차단을 유도한다.

국토보유세 납부할 수 없는 개인과 법인은 어떻게 하나?

흔히 집만 한 채 소유하고 있으면서 소득은 없는 고령자나 적자를 보는 기업의 경우가 있을 수 있다. 이들은 국토보유세를 납부할 현금이 없다. 이들은 '국토보유세를 납부하기 위해 집을 팔고, 회사를 처분하라는 것이냐'라고 강하게 저항할 수 있다.

그러나 이 문제는 어렵지 않게 해결할 수 있다. 토지 지분으로 국토보유세를 납부할 수 있게 해주면 된다. 다시 말해서 매년 공시지가의 세율만큼 토지 지분으로 납부하면 된다. 그리고 과세이연제도를 도입하면 된다. 즉, 해당 토지를 처분(상속이나 매매)하는 시점까지 그에 대한 과세이연하는 정책적 특례를 두는 방식으로 문제를 해결할 수 있다. 언제나 중요한 것은 원칙을 훼손하지 않는 범위 내에서 유연하게 적용해나가는 것이다.

하나 덧붙이면 국토보유세 도입을 통해 보유세를 충분히 높이면 소득수준과 관계없이 주택을 소유하거나 토지를 소유하는 관행은 서서히 사라질 것이다. 자동차의 경우는 소득수준에 맞추어 소유하지만 주택과 토지는 그렇지 않은 이유는 보유에 대한 부담은 낮고 기대되는 매매차익과 보유 시의 임대소득이 크기 때문이다. 그런데 보유세를 강화하면 매매차익을 기대하기 어렵고 보유 부담이 높으므로 소득수준에 부합하는 주택과 토지를 소유하게 될 것이다. 토지 기본소득을 지급하기 때문에 그렇게 하는 것이 오히려 본인에게 혜택이 된다.

기본소득형 국토보유세 도입과 부동산 세제 디자인

누진형이든 비례형이든 기본소득형 국토보유세를 도입하면 보유세 실효세율이 높아진다. 〈표 5-19〉에서 볼 수 있듯이 비례세율 1.5%를 실시하면 건물까지 포함한 부동산 보유세 실효세율은 0.62%가 되고, 누진 1의 경우에는 0.51%가 되며, 4%의 비례세율을 적용하면 부동산 실효세율은 1.60%가 된다. 이렇게 보유세의 실효세율이 높아지면 원칙에 부합하도록 부동산 관련 세제를 새롭게 디자인할 필요가 있다. 여기서는 부동산 세제 개혁의 방향을 제시해본다.

우리나라 부동산 세제의 현황과 특징

먼저 우리나라 부동산 세제의 현황과 특징을 검토하면 다음과 같다.

첫째, 지나치게 복잡하다는 것이다. 취득세의 경우도 1주택자에게 적용하는 취득세와 2주택자에게 적용하는 취득세, 3주택자에게 적용하는 취득세, 그리고 대지에 적용하는 취득세, 농지에 적용하는 취득세가 다르다. 보유세의 경우에도 2주택과 3주택이 다르고 2주택이더라도 조정지구대상

<표 5-19> 국토보유세 도입에 따른 보유세 실효세율(2020년)

국토보유세율	토지분 보유세 실효세율	건물분 보유세 실효세율	부동산 보유세 실효세율
0.5%	0.32	0.09	0.23
1.0%	0.63	0.09	0.43
1.5%	0.95	0.09	0.62
2.0%	1.26	0.09	0.82
3.0%	1.90	0.09	1.21
4.0%	2.53	0.09	1.60
누진1	0.77	0.09	0.51
누진2	0.69	0.09	0.46
누진3	0.63	0.09	0.42

주) * 보유세 = 재산세 + 국토보유세

지역의 주택에 적용하는 세율이 다르다. 또 종부세 대상자 중 1주택자의 경우에는 노령층과 장기보유자에게는 공제 제도를 적용한다. 양도소득세의 경우에도 마찬가지다. 1주택자의 경우에는 9억 미만의 경우엔 비과세이고 2주택자와 3주택 이상의 다주택자에 적용하는 세율이 다르다. 또 임대사업자의 경우에는 종합부동산세와 양도소득세를 비과세해주고 있다. 과세체계는 단순하고 명확해야 행정비용이 적게 들고 납세자도 쉽게 이해하며 그 제도에 신속하게 적응한다. 과세체계의 복잡성은 경제 효율에 부정적 영향을 미치고 비용 증가의 요인이 된다.

둘째는 낮은 보유세, 높은 거래세의 특징이다. 2018년 보유세(종부세+재산세+부가세)는 17.0조원, 취득세(취득세+부가세)는 25.6조원으로 전체 부동산세에서 보유세가 차지하는 비중이 39.9%로 아직도 거래세의 비중이 높다. 이것은 거래를 촉진하고 토지의 효율적 이용을 저해하는 세율구조다.

셋째는 용도별 차등과세이다. 앞서 다뤘듯이 주택, 별도합산토지, 종합합산토지, 분리과세토지로 용도별로 차등과세가 적용되고 있다. 이것은 경제 효율을 낮출 뿐만 아니라 정부의 용도 구분의 주관성이 개입될 수밖에 없고, 경제 주체들도 보다 보유세를 낮추기 위한 입법활동 등의 지대추구행위에 신경쓰게 된다. 그리고 이것은 "같은 것은 같게, 다른 것은 다르게"라는 공평과세의 원칙에도 부합하지 않는다.

넷째 앞서 보았듯이 감면대상이 많고 감면비율이 계속해서 증가하고 있다는 점이다. 이것은 공평과세의 원칙에 어긋날 뿐만 아니라 경제주체의 지대추구행위라는 비효율을 초래한다.

바람직한 부동산세제의 원칙과 개혁 방향

개혁의 방향을 제시하기 전에 부동산 세제의 원칙을 제시하고, 부동산 세제 전반의 개혁 방향을 구상해보기로 한다.

첫 번째 원칙은 과세체계 단순화의 원칙이다. 이렇게 해야 납세비용이 적게 들고 납세자들도 쉽게 적응한다.

두 번째 원칙은 경제 효율 제고의 원칙이다. 가능한 경제 효율을 높이는 방향으로, 생산 활동에 부담을 낮추는 방향으로 개혁해야 한다. 물론 경제 효율성 제고의 원칙에는 투기차단이라는 목표도 포함되어 있다.

셋째, 공평과세의 원칙이다. "같은 것은 같게, 다른 것은 다르게"의 원칙이 적용돼야 한다. 즉, 같은 부동산 가액을 소유하고 있다면 주택과 상가 빌딩과 토지를 골고루 소유하고 있든 그렇지 않든 세부담은 같아야 한다. 소유한 부동산이 하나의 지자체에 위치에 있든, 여러 지자체에 분산되어 있든 동일한 가액의 부동산을 소유했으면 부담 세액은 같아야 한다.

이런 관점에서 세제개혁의 방향을 제시하면 다음과 같다.

먼저 보유세는 국세 종합부동산세를 폐지하고 국토보유세를 도입하면서 재산세도 용도별 차등과세와 감면제도는 원칙적으로 폐지하는 방향으로 개혁해야 한다. 이렇게 해야 과세체계가 단순화될 수 있고, 공평과세가 가능해지며, 투기도 상당 부분 차단될 수 있다.

두 번째는 보유세와 취득세의 부가세를 장기적으로는 본세에 통합시켜야 한다. 예를 들어 현재 지방세에서는 본세 중 하나인 '재산세 도시지역분(구 '도시계획세')'이 있고 부가세인 지방교육세가 있다. 취득세에도 농어촌특별세와 지방교육세라는 명목의 부가세가 있다. 그러나 본세에 부가세를 두는 것은 과세체계를 복잡하게 하고 납세자의 적응도와 이해도를 떨어뜨릴 수밖에 없다. 장기적으로는 본세로 통합하고 정부가 용도를 구분해서 사용하도록 해야 한다.

세 번째는 보유세를 강화하는 만큼 취득세를 인하해야 한다. 지금까지 이 원칙을 주장하면서 '취득세 인하'을 실현하지 못한 이유는 짝을 이루어야 할 개혁인 보유세 강화에 실패했기 때문이다. 그러나 국토보유세를 도입하면 취득세 인하의 여지가 생긴다. 그리고 이렇게 보유세를 강화하고 취득세를 인하하면 거래가 활성화되고 토지의 효율적 사용은 촉진된다. 즉, 경제 효율이 높아진다는 것이다. 물론 취득세율도 1주택과 다주택, 농지와 대지 등 부동산의 종류에 따라서 차등 세율을 적용하는 것도 폐지하는 방향으로 개혁해야 한다.

넷째로 장기적으로는 건물분 재산세를 폐지하도록 해야 한다. 건물분 재산세는 건물의 신축, 개축, 증축 활동에 부담을 주기 때문이다. 건물분 재산세 폐지는 경제 효율을 높이는 데 도움이 될 것이다.

다섯째로 양도소득세를 단순하게 정비해야 한다. 1주택과 다주택, 지구지정, 임대사업자와 무관하게 양도소득세는 같은 세율을 적용하도록 해야 한다. 연령, 보유 연수, 거주 여부 등이 반영된 복잡한 특별공제 제도도 단순하게 정비해야 한다. 물론 과세구간과 세율체계는 일반소득세율보다 높게 설계되어야 한다. 왜냐면 양도차익은 본질상 불로소득이기 때문이다. 최소한 근로소득보다 불로소득에 세부담이 높아야 한다.

　마지막으로 장기적으로는 과세표준을 지가(land price)에서 지대(land rent)로 변경할 필요가 있다. 지대는 해당 연도의 시장가치를 반영하는 반면에 지가는 미래의 지대까지 반영하는 지표인데,[18] 지대를 과세표준으로 삼는 것은 마치 개인(혹은 법인) 소득세의 과세표준을 미래에 발생할 수입의 합으로 하지 않고 이미 발생한 수입에 기초하여 세금을 부과하는 것과 유사하다. 지가의 경우, 미래에 발생할 지대를 현재가치로 할인할 때 사용하는 할인율은 이자율이다. 그런데 이자율은 시시각각 변하고, 이렇게 되면 지가도 거기에 반응하게 된다. 이자율이 낮아지면 지가가 상승하게 되는 것이 그 예이다. 또한 인간의 인식능력의 한계로 미래를 정확히 예측할 수 없기 때문에 지가에는 미래에 대한 막연한 '기대(expectation)'로 인한 거품[19]이 생기게 되고, 결과적으로 '지대와 지가의 괴리'를 낳게 된다. 이렇게 지대와 지가 사이에 엄청난 괴리가 있기 때문에 지가를 과세표준으로 삼게 되면, 그 땅을 이용해도 수입이 별로 발생하지 않는데도 보유세를 많이 부담해야 하는 불공평이 발생한다. 그런데 당해 연도의 사용가치를 나타내는 지대를 과세표준으로 삼게 되면 위와 같은 불합리함이 발생할 가능성이 줄

18　이와 관련해서 European Commission(2012)은 지대(imputed rent)에 과세하는 것을 가장 좋은 과세방안이라고 제안했다. 물론 모기지 이자를 공제해줘야 하는 것까지 덧붙였지만, 모기지 이자 공제 혜택은 주택시장에서의 투기수요를 촉진하는 부작용이 발생한다는 점도 함께 지적했다(Capozza et al., 1996; Harris, 2010). 요컨대 모기지 이자 공제 여부와 관계없이 지가 보다는 지대를 과세표준으로 하는 것이 좋은 방안이라는 것이다.

19　거품은 불로소득을 노리는 투기 때문에 발생한다. '투기'는 영어로 'speculation'인데, 'speculate'는 '(미래를) 추측하다'는 뜻이다. 다시 말해서 투기는 미래에 발생할 불로소득에 대한 '기대' 때문에 발생한다는 것이다.

어들고 과세체계 간소화에도 도움이 된다.[20]

맺음말

이 장에서는 기본소득형 국토보유세를 비례세와 누진세로 설계하여 시산하고 순수혜(순부담)세대 비율을 제시했다. 0.5~4%의 비례세 시산과 순수혜세대 비율 산출을 통해서 알 수 있는 것은 비례세를 적용해도 85.9% 의 세대가 순수혜가구라는 것이다. 우리나라의 표준 가구라고 할 수 있는 세대원이 4명 1주택의 경우 시가 10~11억원의 주택 소유자가 부담과 수혜 가 동일한, 순수혜가 '0'으로 계산됐다. 누진세는 과세구간과 세율을 어떻게 하느냐에 약간의 차이가 있지만 모두 95.7%의 세대가 순수혜가구임을 확인했다. 이를 통해 기본소득형 국토보유세는 그동안 조세저항으로 인해 성공하기 어려웠던 '보유세 강화'를 가능케 하는 방법이며, 나아가서 모든 국민의 기초 생활을 보장하는 재원이 될 수 있음을 확인하게 된다.

또한 종래의 보유세 강화가 '부담을 통한 투기억제'라면 기본소득형 국 토보유세는 '혜택을 통한 투기차단'을 유도한다는 것도 확인했다. 즉 경제 적 유인구조를 새롭게 바꿀 수 있다는 것이다. 국토보유세를 도입하면 자 본화 효과로 인해 매매차익에 대한 기대가 낮아지고, 무리하게 대출을 해 서 집을 매입하는 것보다 소득에 맞게 주택을 매입하는 것이 본인에게 이

---

20 이에 대해서 일각에서는 지가보다 지대 평가가 어렵다고 하지만 실제로는 지대를 평가 하는 것이 더 쉽다. 매매사례보다 임대사례가 훨씬 많기 때문이다. 사무실 임대와 주택 의 전월세가 바로 임대의 전형적인 예인데, 여기에서 건물분 임대료만 **빼면** 토지만의 지 대가 쉽게 산출된다. 이미 프랑스의 부동산세와 영국의 비주거용 레이트의 경우에는 임 대가치(rental value)를 과세표준으로 사용하고 있다(김현아, 2004, 44).

익이라는 것을 바로 확인할 수 있게 된다. 투기용으로 보유하고 있는 주택도 투기이익이 줄어들면서 국토보유세를 부담하기 때문에 결국 시장에 내놓을 가능성이 높다.

물론 이러한 기본소득형 국토보유세에 대한 우려와 비판이 없는 것은 아니다. 오랫동안 유지해온 용도별 차등과세과 감면에 대한 원칙적 폐지 등이 목적하고 있는 정책적 효과가 반감되고 부작용이 우려된다는 비판, 부동산 가격 급락에 대한 우려 등이 그것이다. 그러나 검토했듯이 용도별 차등과세와 감면제도 자체가 오히려 경제 전체의 효율을 떨어뜨린다. 용도를 구분하는 것도 자의적이고, 이런 까닭에 경제주체는 소유한 토지를 세부담이 낮은 용도로 전환하기 위해서, 감면대상에 포함되기 위해서 입법경쟁과 같은 지대추구행위를 하게 되고, 이런 과정에서 토지의 비효율적 사용이 일어날 수밖에 없다. 그리고 무엇보다 이런 기존의 제도들은 "같은 것은 같게, 다른 것은 다르게"라는 공평과세의 원칙에도 부합되지 않는다. 부동산 가격 급락도 정부가 안정적 수요자 역할을 하면 연착륙이 충분히 가능하고, 부동산 가격 하락은 오히려 경제 전체에 활력을 불어넣을 수 있을 것이다. 그리고 일반 세금과 달리 국토보유세는 전가가 불가능하고 투기를 차단하여 투기 목적 주택이 시장에 나오도록 유도하며, 주택을 소유하지 못한 세대는 토지배당이라는 혜택뿐만 아니라 주택가격의 하락으로 인한 주거 안정성도 올라가 이들의 경제 수준이 향상될 수 있다.

하지만 비과세 감면과 용도별 차등과세의 원칙적 폐지는 유연하게 적용할 필요가 있다. 로드맵을 제시하여 점진적으로 적용해서 납세자들이 새로운 과세체계에 적응하도록 해야 한다. 그리고 지분 납부가 가능하도록 하고, 과세이연제도를 통해 소유자가 보유세 납부시기를 결정하도록 해야 한다.

결론적으로, 토지보유세를 국세로 징수하여 기본소득으로 지급하자는 기본소득형 국토보유세는 비례형이든 누진형이든 국민 대다수가 순수혜 가구가 되기 때문에 도입하면 후퇴가 어렵고, 국토보유세에 대해 제기되는 여러 가지 우려 사항들은 충분히 극복 가능하며 원칙을 유연하게 적용하면 오히려 경제 효율이 높아진다.

6장

국토보유세 입법화, 현황과 유형화

토지 관련 보유세 현황

토지분 재산세

　토지는 지방세 세목인 재산세의 과세대상 중 하나로서, 재산세에서 말하는 토지는 「공간정보의 구축 및 관리 등에 관한 법률」에 따른 지적공부의 등록대상 토지와 그 밖에 사용되고 있는 사실상의 토지를 의미한다.

　지방세법은 재산세 과세대상의 토지를 용도에 따라 종합합산과세대상, 별도합산과세대상, 분리과세대상으로 구분하고 있다.[1] 별도합산과세대상 토지는 사업용 건축물의 부속 토지나 경제활동에 이용되는 토지 등을 말한다. 분리과세대상 토지는 국가의 보호·지원 또는 중과가 필요한 토지를 말한다. 종합합산과세대상 토지는 별도합산과세대상 토지 또는 분리과세대

1　지방세법 제106조

상 토지를 제외한 토지이다.

토지분 재산세의 납세의무자는 토지를 사실상 소유하고 있는 자이다. 토지의 사실상 소유자가 납세의무자임이 원칙이나, 매매, 상속 등을 원인으로 소유권의 변동이 있었으나 신고하지 않은 경우 공부상의 소유자 또는 주된 상속자가 납세의무자에 해당한다. 소유권의 귀속이 불분명하여 사실상의 소유자를 알 수 없을 때는 사용자가 납세의무자에 해당한다.

토지분 재산세는 토지의 소재지 관할 지방자치단체에서 부과한다. 이러한 토지분 재산세의 납세지는 토지의 소재지이다.

토지분 재산세는 시가표준액의 70%를 과세표준으로 하여 〈표 6-1〉과 같이 세율을 달리 적용하여 계산한다. 여기서 말하는 시가표준액의 70%는 대통령령으로 정하는 공정시장가액비율[2]로서, 50~90% 범위 내에서 대통령령으로 정할 수 있도록 법에 규정하고 있다. 토지분 재산세의 세율은 종합합산과세대상, 별도합산과세대상, 분리과세대상으로 구분하고 있다.

〈표 6-1〉 **토지분 재산세 세율**

(단위: %)

종합합산과세대상		별도합산과세대상		분리과세대상	
과세표준	세율	과세표준	세율	과세표준	세율
5천만 원 이하	0.2	2억 원 이하	0.2	전·답·과수원·목장용지 등 임야	0.07
5천만 원 초과 1억 원 이하	10만 원+5천만 원 초과액×0.3	2억 원 초과 10억 원 이하	40만 원+2억 원 초과액×0.3	골프장용 및 고급 오락장용 토지	4
1억 원 초과	25만 원+1억 원 초과액×0.5	10억 원 초과	280만 원+10억 원 초과액×0.4	그 밖의 토지	0.2

토지분 재산세는 매년 6월 1일을 기준으로 과세하며, 납세의무자는 세

---

2   지방세법시행령 제109조

액을 매년 9월 16일부터 9월 30일까지의 기간 내에 납부해야 한다.

관할 지방자치단체장은 보통징수 방법에 의하여 재산세를 부과·징수한다. 재산세 납부세액이 1천만원을 초과하는 경우 납세의무자의 신청을 요건으로 하여 물납이 가능하고, 재산세 납부세액이 250만 원을 초과하는 경우 납부기한 후 2개월 내에 분할납부도 가능하다.

이렇게 계산된 토지분 재산세액은 직전연도 재산세액의 1.5배를 초과할 수 없으며, 이는 세부담 상한으로서 납세의무자의 급격한 세부담의 증가를 완화시켜주는 의미를 담고 있다.

토지분 종합부동산세

종합부동산세는 주택분 종합부동산세와 토지분 종합부동산세를 합한 것으로, 종합부동산세법상 토지는 지방세법의 규정을 준용하고 있다. 종합부동산세법은 목적 규정을 두고 있다는 특징이 있으며, 종합부동산세법의 목적은 부동산보유에 대한 조세부담의 형평성 제고와 부동산의 가격안정 도모에 있다.

토지분 종합부동산세는 토지를 지방세법에 따른 종합합산과세대상과 별도합산과세대상으로 구분하여 과세한다.[3] 별도합산과세대상 토지는 사업용 건축물의 부속 토지나 경제활동에 이용되는 토지 등을 말한다. 지방세법에서 말하는 종합합산과세대상 토지는 별도합산과세대상 토지 또는 분리과세대상 토지를 제외한 토지이다. 종합부동산세법은 분리과세대상 토지에 대해 별도로 규정하고 있지 않으므로 종합부동산세법에서 말하는 종합합산과세대상 토지의 범위는 지방세법상 종합합산과세대상 토지의 범

---

3   종합부동산세법 제11조

위와 같다.

토지분 종합부동산세의 납세의무자는 토지분 재산세의 납세의무자이면서 다음 중 어느 하나에 해당하는 자이다.

> - 종합합산과세대상의 경우, 국내 과세대상토지의 공시가격의 합계액이 5억원을 초과하는 자
> - 별도합산과세대상의 경우, 국내 과세대상토지의 공시가격의 합계액이 80억원을 초과하는 자
> - 토지분 종합부동산세의 과세표준은 다음과 같이 종합합산과세대상과 별도합산과세대상 토지를 구분하여 산정한다.
>   - 종합합산과세대상 토지분 종합부동산세 과세표준=[공시가격 합계액×(1 - 감면율) - 5억원]×90%
>   - 별도합산과세대상 토지분 종합부동산세 과세표준=[공시가격 합계액×(1 - 감면율) - 80억원]×90%

여기서 말하는 90%는 대통령령으로 정하는 공정시장가액비율[4]로서, 2019년 85%, 2020년 90%, 2021년 95%로 비율이 달리 적용된다.

토지분 종합부동산세의 세율은 〈표 6-2〉와 같이 종합합산과세대상과 별도합산과세대상 토지별로 구분하여 적용한다.

〈표 6-2〉 **토지분 종합부동산세 세율**

(단위: %)

종합합산과세대상		별도합산과세대상	
과세표준	세율	과세표준	세율
15억 원 이하	0.1	200억 원 이하	0.5
15억 원 초과 45억 원 이하	1천5백만 원+ 15억 원 초과액 × 0.2	200억 원 초과 400억 원 이하	1억 원+ 200억 원 초과액 × 0.6
45억 원 초과	7천5백만 원+ 45억 원 초과액 × 0.3	400억 원 초과	2억2천만 원+ 400억 원 초과액 × 0.7

---

4 종합부동산세법시행령 제2조의4 제1항 및 제2항

토지분 종합부동산세의 납세지는 납세의무자가 개인 또는 법인으로 보지 않는 단체, 법인 중 어느 것에 해당하느냐에 따라 달라진다. 납세의무자가 개인 또는 법인으로 보지 아니하는 단체인 경우, 거주자는 주소지, 비거주자는 국내사업장의 소재지(국내사업장이 없는 경우 국내원천소득이 발생하는 장소)가 납세지에 해당한다.

납세의무자가 법인인 경우에는 내국법인은 본점 또는 주사무소의 소재지, 외국법인은 국내사업장의 소재지 등이 납세지이다. 납세의무자가 비거주자 또는 외국법인으로 국내사업장이 없고 국내원천소득이 발생하지 않는 토지를 소유한 경우, 해당 토지의 소재지가 납세지이다.

토지분 종합부동산세는 재산세와 동일하게 매년 6월 1일을 기준으로 과세한다. 관할세무서장은 종합부동산세액을 결정하여 매년 12월 1일부터 12월 15일까지 부과 및 징수해야 한다. 이때 관할세무서장은 납세고지서에 주택 및 토지를 구분하여 과세표준 및 세액을 기재해야 하며, 납부기간 개시 5일 전까지 납세고지서를 발부해야 한다.

종합부동산세는 관할세무서장이 부과하는 것이나 납세의무자가 신고납부방식으로 납부하는 것도 가능하며, 이때 납세의무자는 12월 15일까지 종합부동산세를 납부해야 한다.

종합부동산세 납부세액이 250만 원을 초과하는 경우 납세의무자의 신청을 요건으로 하여 6개월 내에 분할납부하는 것도 가능하다.

토지분 종합부동산세액과 토지분 재산세액의 합계액은 직전연도 해당 토지의 총세액의 1.5배를 초과할 수 없다. 마찬가지로 세부담 상한을 둔 것으로 급격한 세부담 증가를 완화하기 위한 목적이다. 종합합산과세대상인 토지에 대한 재산세액과 토지분 종합합산세액의 합계액이 직전연도의 해당 종합합산과세대상인 토지에 대한 총세액(재산세액+종합부동산세액)의 1.5배를 초과하는 경우, 그 초과 세액은 없는 것으로 본다. 별도합산과세대상인 토지에 대한 재산세액과 토지분 별도합산세액의 합계액이 직전연도의 해당 별도합산과세대상인 토지에 대한 총세액(재산세액+종합부동산세액)의 1.5배를 초과하는 경우, 그 초과 세액은 없는 것으로 본다.

국토보유세 입법방식의 유형화

개별세법 입법방식

기본소득 재원 확보의 차원과 토지에 대한 합리적인 보유세제 확립을 위해 토지를 과세대상으로 하는 국토보유세를 개별세법으로 추가하는 것이 기본방향이다. 현재 부동산 보유세제로서 지방세인 재산세의 과세대상은 토지, 건축물, 주택이며, 국세인 종합부동산세의 과세대상은 토지, 주택이다. 이 경우 국토보유세와 종합부동산세의 관계를 어떻게 설정하느냐에 따라 두 가지 방안이 있을 수 있다.

첫째, 토지를 과세대상으로 하는 국토보유세와 과세대상에서 토지를 제외한 종합부동산세의 이원적 구조로 운영하는 방안이다(종합부동산세 존치론). 둘째, 국토보유세가 종합부동산세를 대체하고 종합부동산세법을 폐지하는 방안이 있다(종합부동산세 대체론). 종합부동산세 대체론에 대한 자세한 논의는 뒤에서 후술하기로 한다.

현행 종합부동산세법은 제1장 총칙, 제2장 주택에 대한 과세, 제3장 토지에 대한 과세, 제4장 부과·징수 등, 제5장 보칙, 부칙으로 구성되어 있다. 종합부동산세법 제3장의 토지에 대한 과세 부분을 국토보유세법으로 독립된 법률로 만드는 것이 기본적인 법안의 틀이라 할 수 있다. 다만 종합부동산세법 제1장 총칙, 제4장 부과·징수 등, 제5장 보칙, 부칙 등은 주택에 대한 과세와 함께 토지에 대한 과세에 대한 것도 포함되어 있어 제3장만을 따로 떼어내는 것으로만 법안이 이루어지는 것은 아니다.

토지에 대한 지방세인 재산세, 국세인 국토보유세를 부동산보유세로서 과세하기 때문에, 재산세와 국토보유세의 체계상 정합성을 위해 재산세 관련한 지방세법의 틀도 고려할 필요가 있다. 다만 지방세법 안에 11개 세목이 들어 있는 형태로서, 국세에서의 개별세목별 단행법률과는 다른 것이므로 이 역시 국토보유세법안 제정 시 변경이 필요한 부분이다.

지방세법 제9장에서는 재산세에 대해 규정하고 있다. 지방세법 제9장 재산세는 제1절 통칙, 제2절 과세표준과 세율, 제3절 부과·징수로 구성되어 있다. 토지 중 종합합산토지, 별도합산토지의 경우에는 재산세 이외에 국토보유세 과세대상이 된다는 것을 고려할 필요가 있다.

국세로서 국토보유세라 하더라도 부동산보유세로서 재산세와의 관계도 살펴보고 이 과정에서 지방세까지 아우르는 위헌 가능성의 제거, 법체계 정합성 등을 고려할 때 현행 지방세법상 재산세에 관한 규정도 참고해야 한다.

기타 세법과의 관계도 고려해야 하는데, 새로운 국세로서 국토보유세가 신설되기 때문에 국세기본법, 조세특례제한법, 농어촌특별세법도 함께 고려해야 한다. 종전 농어촌특별세의 경우 종합부동산세의 20% 부가세 방식으로 과세하고 있다.

지방세법 세목 포함 입법방식

지방세법 세목으로서의 국토보유세(안)을 마련하는 경우 지방세법의 11개 세목에 추가되는 세목의 형태가 된다. 또한 목적세로서 세수입을 특별회계로서 사용을 제한하기 위한 입법형태가 된다.

지방세법상 한 세목으로 될 가능성이 높지만, 일단 지방세로서 독립된

〈표 6-3〉 국토보유세 입법방안

과세대상		현행법		국토보유세 국세방안(개정안)				
				국토보유세(국세) – 종부세 존치론			국토보유세 (국세) – 종부세 대체론 (본 연구의 결론)	
		재산세 (지방세)	종합부동산세 (국세)	재산세 (지방세)	종합부동산세 (국세)	국토보유세 (국세)	재산세 (지방세)	국토보유세 (국세)
토지		O	O	O		O	O	O
건물	비주거용 건물	O		O			O	
	주거용 건물						O (장기적)	
주택= 토지+주거용 건물 (통합평가)		O	O	O	O		O (단기적)	△ (토지 별도평가)

세목을 전제로 한 개별세법의 형태로 접근하기로 한다.

지역자원시설세의 과세대상 중 광역행정구역에 존재하는 모든 토지를 포함시키고 광역자치단체가 조례를 통해 선택적으로 과세하는 방식의 경우에는 다른 접근이 필요할 수 있다.

종전 종합토지세의 형태를 기본구조로 하고, 종합부동산세법의 구조도 함께 비교할 필요가 있다. 종합토지세 관련 지방세법(법률 제7332호, 2005. 1. 5., 일부개정 이전의 법률)과 종합부동산세법[시행 2019. 1. 1.] [법률 제16109호, 2018. 12. 31., 일부개정]의 구조를 참조하기로 한다.

국토보유세의 종합부동산세 대체론

토지 전체를 과세대상으로 하는 국토보유세법을 국세로서 개별세법으

국토보유세 지방세방안(개정안)					
국토보유세(지방세) – 재산세 분리론 1 (주택 제외 토지만 국토보유세)			국토보유세(지방세) – 재산세분리론 2 (주택의 경우도 별도 국토보유세)		
재산세 (지방세)	국토보유세 (지방세)	종합부동산세 (국세)	재산세 (지방세)	국토보유세 (지방세)	종합부동산세 (국세)
	O	O		O	O
O			O		
			O		
O		O		△ (토지 별도평가)	O

로 도입하게 되면, 종합부동산세법의 과세대상은 주택에 포함된 토지를 뺀 건물로서의 주택만 남게 될 것이다. 국토보유세를 도입하면서 종합부동산세법의 과세대상을 현재와 같이 토지와 주택(토지도 포함한 주택)으로 그대로 두게 되면 동일한 토지에 대해 두 가지 국세가 부과되는 이중과세가 문제될 수 있기 때문이다.

이 경우 종합부동산세법의 세수기반이 좁아져 그 기능이 약화되면, 실제 세수확보의 기능적 측면에서는 종합부동산세보다 국토보유세의 존재감이 부각될 것이다. 국토보유세가 종합부동산세를 대체하는 결과로 이어질 수 있을 것이다.

토지에 대해서는 건물 유무에 상관없이 국세차원에서 종합합산하여 전국적으로 소재한 토지를 납세의무자별로 과세하여 형평성을 제고할 수 있다. 이때 주택의 경우에는 토지만 별도 평가해야 한다. 토지와 주거용 건물의 통합평가 시 시가에 가까운 평가가 가능하다는 점에서 2005년 1월 종합부동산세법 도입 시 종전 지방세 재산세(건물), 종합토지세(토지) 과세체계를 주거용 건물의 경우 토지와 건물을 통합평가하여 주택을 별도의 과세대상으로 한 바 있다. 비주거용건물과 주거용건물 모두 건물에 대한 평가가 유사하다는 전제에서 토지중심의 세제를 정립하는 것이라 할 수 있다. 현재 지역자원시설세(지방세)의 경우 통합평가하는 주택의 경우에도 건물분에 대해서만 과세[5]를 하고 있다는 점에서 법제도적으로 불가능하지 않음을 볼 수 있다.

따라서 본 연구는 국토보유세의 도입에 있어 종합부동산세 대체론을 전제로 입법방안을 제시하고자 한다. 장기적으로는 토지, 건물별로 별도평가를 전제로 재산세의 경우는 토지, 건물을 과세대상으로, 국토보유세는 그 중 토지만을 과세대상으로 하는 것을 고려해 볼 수 있을 것이다. 이제까지의 논의를 종합하여 입법방안으로 가능한 유형들을 표로 정리한 것이 〈표 6-3〉이다.

---

5   지방세법 제146조 제2항; 토지·건물 통합평가하는 상황에서도 주택은 토지와 분리하여 건축물의 시가표준을 과세표준으로 규정하고 있다.

7장
:

국토보유세 도입에 따른 위헌성 검토

국토보유세의 의의

국토보유세는 부동산 문제 해결을 위해 토지에 대해 새로운 세금을 부과하고, 그로 인한 증세분을 기본소득의 재원으로 삼아 투기투자로 형성된 불로소득을 국민들에게 균등하게 환급하는 것이다. 집값 폭등을 포함한 부동산 문제를 토지의 유한성에 기초한 불로소득(지대)으로 보고 개인이 취득한 불로소득을 헌법상 토지공개념에 근거하여 조세로 환수한 후 전 국민에게 분배하고자 하는 것이다.

이러한 국토보유세를 통해 달성하고자 하는 목표와 기대효과는 구체적으로 부동산투기 억제와 복지확대, 불평등 완화, 그리고 경제 활성화로 나누어 볼 수 있다. 즉 기본소득의 재원으로서 국토보유세는 토지불로소득의 환수를 통해 부동산투기를 억제하고, 조세조항 없는 증세와 복지확대 및 불평등 완화, 일자리와 소비축소로 구조적 불황이 우려되는 4차 산업혁명 시대에 소비확대를 통한 경제 활성화 등 다중복합효과를 기대하는 것이다.

부동산투기 억제

우리나라의 부동산 문제는 정책왜곡과 정책 신뢰 상실에 따른 불안감, 과잉유동성과 투기목적의 사재기 등이 결합된 심각한 사회문제라고 할 수 있다. 그간 많은 부동산 정책들이 세제를 중심으로 설계, 시행되었으나 실제 원하는 목표를 제대로 달성하지 못한 것도 단기의 가시적인 효과만을 기대하여 충분히 검증되지 않은 제도들을 도입한데 따른 것으로 분석할 수 있다. 불로소득의 증가를 억제하기 위한 목적의 거래허가제나 대출 및 거래 규제 등의 조치 또한 단기효과로서 장기적인 근본대책이 되기 어렵고 풍선효과를 수반하게 된다는 문제점이 있다.

결국 부동산 정책과 관련 세제는 장기적이고 거시적인 관점에서 종국의 지속적인 효과를 기대하며 설계되어야 한다. 부동산 세제가 부동산을 취득하였다가 이전하는 일련의 단계 속에서 일어나는 수많은 사건들에 서로 큰 영향을 미치는 것이고, 다른 자산에 비해 비교적 장기간 보유가 가능하다는 점에서 즉각적인 효과를 기대하거나 어느 하나의 측면만을 고려하여 제도를 설계하는 경우에는 성공하기가 매우 어렵기 때문이다.

그런데 국토보유세는 부동산의 자유로운 거래를 허용하되, 필연적으로 발생하고 증가하는 불로소득을 세금으로 최대한 환수하도록 함으로써 투기목적의 부동산 취득을 억제시키는 효과를 기대할 수 있다. 즉 실거주용 1주택은 통상적 수준의 부동산 관련 세금(취득 보유 양도 관련 세금)을 부과하고 조세감면을 통해 약간의 불로소득을 허용하되, 그 외의 비주거용 주택이나 법인의 비업무용 부동산 등에 대해서는 불로소득을 대부분 회수하여 투자나 투기가 불가능하도록 강력하게 증세하고자 하는 것이다.

복지확대

부동산 불로소득으로 인한 경제흐름의 왜곡을 막기 위한 증세정책이 납세저항에 부딪히지 않기 위해서는 증세가 징벌적 과세가 아닌 보편적 납세자 이익을 위한 것임을 납득시킬 수 있어야 할 것이다. 2014년 기준 개인토지 소유자의 상위 10%가 전체 개인토지의 64.7%를, 법인토지 소유자의 상위 1%가 전체 법인토지의 75.2%를 소유할 정도로 토지불평등이 심각한 현실에서,[1] 부동산 증세액을 복지재원으로 확보하게 되면 소득분포상 국민 90% 이상이 더욱 많은 혜택을 받을 수 있게 된다.

만약 현재 토지에 부과되는 세금의 규모(0.27%)를 0.5% 수준까지만 올리더라도 연간 15조원의 세수를 확보할 수 있고, 이를 전 국민에게 균등하게 분배하면 국민의 94~95%가 납부하는 세금보다 더 큰 혜택을 받게 되어 보편적 복지확대가 가능해질 것이다.[2] 물론 늘어나는 부동산 관련 세금을 부담해야 하는 상위 5~6%의 조세저항이 있을 수 있지만, 늘어나는 세금이 납세자를 위해 전적으로 쓰이고 있고 대다수의 국민은 내는 세금보다 받는 혜택이 더 많음을 체험할 수 있도록 하면 다수의 지지를 이끌어낼 수 있을 것이다.

불평등 완화

기본소득형 국토보유세를 도입하면 투기 목적으로 부동산을 보유한 개인과 법인이 불필요한 부동산을 매각하게 되어 부동산 소유의 불평등을

1   이재명, 부동산 투기 '국토보유세'로 해결 "경기도가 증명할 수 있다", 2020.7.9.자 파이낸셜뉴스 참조
2   경기도의회·경기연구원, "기본소득형 국토보유세 토론회" 자료

완화할 수 있으며, 국토보유세를 통해 거둬들인 세금을 기본소득으로 지급하면 소득분배 효과가 있을 수 있다.

부동산 자산은 시간이 흐름에 따라 감가가 일어나는 자산들과 달리 그 가치가 영구적으로 유지되면서 이익을 발생시키는 것이므로 그에 대한 세제상 취급도 달라야 함에도 불구하고 현재 우리의 자산과세는 기타 감가자산보다 부동산자산이 훨씬 낮은 세부담을 하는 구조를 가지고 있다. 따라서 한정된 자원인 토지를 국민 모두의 것으로 보고 기본소득 목적 국토보유세를 부과한 후 이를 전 국민에 균등 환급하면 국민 대부분이 부담해야 하는 세금보다 환급금이 더 커지게 되고 불평등 완화에 기여할 수 있게 된다.

현재 우리나라는 부동산 불로소득으로 인한 왜곡된 경제 흐름이 집값 폭등과 사회 양극화 현상을 유발하고 있으므로, 불로소득에 대한 적절한 과세를 통해 이를 바로 잡도록 하는 것이다.

경제 활성화

우리나라도 4차 산업혁명 시대로 접어들면서 실업문제 해결은 더욱 어려워질 것으로 예상되고, 이는 지금의 빈부격차를 더욱 심화시킬 수밖에 없을 것이다. 이처럼 현재의 경제 및 사회 시스템이 완전히 붕괴되고 특정 소수만이 부를 독점하게 되는 시대가 올 수 있다는 위기의식 속에 그 대안으로서 기본소득에 대한 공론화는 시급하고도 중대한 문제라고 할 수 있다.

새로운 경제환경의 대응방안으로서 기본소득을 고민할 때 그 재원이 될 수 있는 국토보유세는 취지 및 근거 측면에서 매우 우수하고 합리적인 조세라고 할 수 있다. 만약 국토보유세 증세분을 단기소멸 지역화폐로 환급하게 되면 소비매출과 생산 및 일자리 증가로 지역경제가 활성화되고,

경제활성화의 이익은 대부분 고액납세자에 다시 귀속되므로 경제의 선순환이 일어날 수 있기 때문이다.

토지공개념 논의

토지공개념의 의미

토지공개념을 논할 때 토지란 지표면뿐 아니라 자연자원과 환경을 포괄하는 개념이라 할 수 있다.[3] 토지는 인간의 주거 및 생활공간이자 다양한 생산 활동의 기반 요소로서 중요한 역할을 하게 된다. 그리고 국가의 핵심 요소인 영토를 구성하고 국가 간의 경계를 구분하며, 국가의 존립을 보장하는 공간적 수단으로 분쟁의 대상이 되기도 한다.

이처럼 중요한 토지는 단순한 사적 소유의 범주를 벗어나 이의 보존과 이용, 관리 및 개발 등에 있어서는 국가와 사회의 공동책임 영역이 되는 것이다.[4] 우리 헌법 제122조는 "국가는 국민 모두의 생산 및 생활의 기반이 되는 국토의 효율적이고 균형 있는 이용·개발과 보전을 위하여 법률이 정하는 바에 의하여 그에 관한 필요한 제한과 의무를 과할 수 있다"고 규정하고 있는데, 이 규정에 따르면 토지는 정부 차원의 규제 대상으로 볼 수 있고, 토지소유권은 침익적 행정행위의 대상이 될 수 있다고 할 것이다.[5]

---

3   전강수, "토지공개념 헌법 명기의 필요성과 가능성, 그리고 방법", 「사회과학논집」 제16권, 2017, p.47.

4   김상진, "토지재산권과 토지공개념에 관한 재론", 「법학연구」 제21집 제3호, 경상대학교 법학연구소, 2013, p.1.

5   박종근·김형수, "토지공개념의 제도사적 고찰: 토지제도의 변이와 토지공개념의 도입 과정을 중심으로", 「한국동북아논총」 제80호, 2016, p.222.

물론 시장경제 체제에서는 토지가 이윤을 확보하는 중요한 생산요소라는 점에서 토지를 활용한 개인의 자유로운 지대추구행위가 보장된다. 따라서 사유재산제를 원칙으로 하고 있는 우리나라 헌법 하에서 토지공개념에 대한 논의는 토지의 국유화나 공공의 토지 독점을 의미하는 것이 아니며, 토지의 사적소유를 인정하면서도 이러한 소유를 어느 정도 제한할 것인가에 대한 다툼이라고 할 수 있다.

토지공개념 관련 현황

현재 우리나라의 토지소유 구조는 지나치게 편중되어 있다는 점에서 문제가 되고 있다. 국토교통부의 토지소유현황 통계[6]에 따르면, 2017년 기준 우리나라 국토의 지적공부 등록면적은 100,364km²이며, 이 중 민간소유의 토지는 51,517km²(51.3%), 국·공유지는 32,243km²(33.1%)이다.[7] 2012년과 2017년의 개인 토지의 순위별 소유 현황을 살펴보면 전체 토지소유자 중 상위 50만 명(전체 인구 대비 1%)의 소유비율이 53.9%에 이르는 것을 확인할 수 있다(〈표 7-1〉).

우리나라의 토지소유현황을 좀 더 면밀히 살펴보면 상당 부분 실제 주거나 생산적 경제활동의 목적과는 무관하게 형성되어 있다는 것을 파악할 수 있다. 물건소재지를 기준으로 소유자가 해당 시도내 거주하는 소유 면적 비율은 56.7%이며(〈표 7-2〉), 소유자 기준으로는 수도권(서울, 경기, 인천) 거주자가 전체 면적의 35.3%를 소유하고 있다(〈그림 7-1〉 및 〈표 7-2〉). 즉 전체 국토의 절반에 가까운 토지 소유자가 해당 시도내 거주자가 아니

---

6 국토교통부에서 부동산정책의 근간이 되는 토지소유 구조를 파악하고 자원배분의 형평성 문제를 진단하고자 5년마다 생산하는 토지소유현황 통계

7 국가통계포털, 2017년 토지소유현황 주요통계

<**표 7-1**> 개인 토지의 순위별 소유 현황

(단위 : km², %)

구분	합계	1천명 미만	1천~ 5천명	5천~ 1만명	1만~ 5만명	5만~ 10만명	10만~ 50만명	50만~ 1백만명	1백만~ 5백만명	5백만~ 1천만명	1천만명 이상
'12년	47,504	1,322	1,709	1,262	5,144	3,681	13,089	7,035	13,114	982	165
	(100.0)	(2.8)	(3.6)	(2.7)	(10.8)	(7.7)	(27.6)	(14.8)	(27.6)	(2.1)	(0.3)
'17년	46,968	1,246	1,636	1,204	4,950	3,562	12,704	6,846	13,252	1,305	263
	(100.0)	(2.7)	(3.5)	(2.6)	(10.5)	(7.6)	(27.0)	(14.6)	(28.2)	(2.8)	(0.6)

자료: 국토교통부, 「2017년 토지소유현황 주요통계(보도자료)」, 2018, p.5.

<**표 7-2**> 소유자 거주지별 토지소유 면적 현황(물건소재지 기준)

(단위: %)

구분	전국 평균	서울	부산	대구	인천	광주	대전	울산	세종	경기	강원	충북	충남	전북	전남	경북	경남	제주
'06년	58.4	84.8	78.9	77.3	67.6	76.6	73.6	63.9	-	65.2	51.8	52.8	58.0	67.5	55.7	52.6	60.2	65.7
	(41.6)	(15.2)	(21.1)	(22.7)	(32.4)	(23.4)	(26.4)	(36.1)	-	(34.8)	(48.2)	(47.2)	(42.0)	(32.5)	(44.3)	(47.4)	(39.8)	(34.3)
'12년	57.2	82.0	77.7	75.4	67.1	74.5	71.6	63.7	50.3	66.5	49.7	52.0	57.2	66.0	54.0	50.4	59.7	65.6
	(42.8)	(18.0)	(22.3)	(24.6)	(32.9)	(25.6)	(28.4)	(36.3)	(49.7)	(33.5)	(50.3)	(48.0)	(42.8)	(34.0)	(46.0)	(49.6)	(40.3)	(34.4)
'17년	56.7	81.6	76.0	72.9	65.6	73.0	68.2	62.6	20.0	66.3	49.4	51.9	56.2	65.7	54.0	50.2	59.8	66.6
	(43.3)	(18.4)	(24.0)	(27.1)	(34.4)	(27.0)	(31.8)	(37.4)	(80.0)	(33.7)	(50.6)	(48.1)	(43.8)	(34.3)	(46.0)	(49.8)	(40.2)	(33.4)

주〉 2012년도 세종시는 충남 거주자를 포함하였으며, ( )는 외지인의 토지소유 비율임

자료: 국토교통부, 「2017년 토지소유현황 주요통계(보도자료)」, 2018, p.9.

며, 소득수준이 높은 수도권 거주자가 전체 국토의 35% 이상을 소유하고 있다는 결론에 이르게 되는 것이다(〈표 7-3〉).

우리 헌법에서 토지공개념의 근거가 되는 규정은 헌법 제122조와 제23조이다. 토지공개념의 이념과 가치 및 경제적 측면과 관련된 조항이라 할 수 있는 헌법 제122조는 국토의 효율적이고 균형 있는 이용·개발과 보전을 위하여 필요한 제한과 의무를 규정하고 있다. 그리고 재산권보장에 관한 규정인 헌법 제23조는 동조 제2항에서 공공복리에 따른 재산권의 행사

<그림 7-1> 소유자의 주소지 기준 토지소유 면적비율 현황

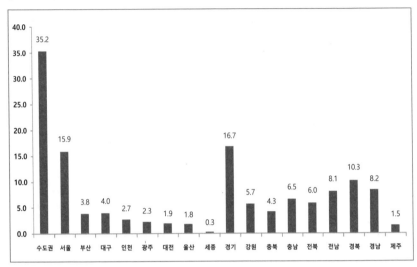

자료: 국토교통부, 「2017년 토지소유현황 주요통계(보도자료)」, 2018, p.11.

<표 7-3> 소유자의 주소지 기준 토지소유 면적 현황

(단위: ㎢, %)

구분	전국평균	서울	부산	대구	인천	광주	대전	울산	세종	경기	강원	충북	충남	전북	전남	경북	경남	제주
면적	46,968	7,445	1,805	1,859	1,247	1,073	881	824	145	7,850	2,682	2,007	3,060	2,809	3,789	4,848	3,868	725
	(100)	(15.9)	(3.8)	(4.0)	(2.7)	(2.3)	(1.9)	(1.8)	(0.3)	(16.7)	(5.7)	(4.3)	(6.5)	(6.0)	(8.1)	(10.3)	(8.2)	(1.5)

자료: 국토교통부, 「2017년 토지소유현황 주요통계(보도자료)」, 2018, p.11.

의무에 대해 규정하고 있고, 동조 제3항에서 공공필요에 의한 재산권의 수용·사용 또는 제한 및 보상에 관한 내용을 규정하고 있다.

헌법 외의 법률과 제도 중에도 토지자원배분의 형평성 또는 토지이용의 효율성, 토지거래의 정상화라는 취지를 달성하기 위한 것들이 있다. 개별 법률에 토지공개념의 속성이 반영된 경우로는 「국토의 계획 및 이용에 관한 법률」(제3조), 「국토기본법」(제3조), 「택지소유 상한에 관한 법률」

(1998. 9. 19., 폐지), 「개발이익 환수에 관한 법률」, 「토지초과이득세법 」 (1998. 12. 28., 폐지) 등이 있으며, 이밖에 종합토지세제, 기업의 비업무용토지에 대한 지방세법상의 규제, 용도지역, 유휴지지정제, 농지대리경작제, 토지거래허가제, 농지매매증명제, 검인계약제, 공시지가제, 개발부담금제, 국공유지 신탁제, 토지수용보상제, 등기의무강제, 부동산실명제 등도 토지공개념이 반영된 제도들이다.[8]

토지공개념 관련 논의

토지공개념이 자유권에 대한 제한을 허용할 수 있는 개념인지에 대해, 제한을 허용할 수 있다고 보는 입장은 토지의 특성상 사회적 통제가 당연하다고 보는 것이다. 이는 국가가 개인 소유의 토지를 강제 점유하는 것이 아니라 공공의 필요에 의해 소유권을 적법하게 제한하는 것임을 주장한다.

반면 자유권에 대한 제한을 반대하는 입장은 자유시장주의 경제체제 하에서 사유재산권을 침해하는 토지공개념의 적용이 불가하다고 본다. 이러한 입장은 공익과 토지정의라는 명목으로 개인의 재산권을 침해하는 것이 나아가 다른 분야에도 확대 적용할 근거로 작용할 여지가 크고, 사유재산권의 유지라는 사회체제에 혼란을 가져오고 법질서를 훼손할 수 있다는 점을 이유로 제시한다.[9]

토지공개념은 토지를 다른 사유재산들과는 달리 공공성을 강조하여 그 소유권을 적법하게 제한하면서도 개인의 이윤추구행위 또한 반영할 수 있어야 적용의 정당성을 인정받을 수 있다. 헌법에서 개인의 재산권을 보

---

8   김명용, "참여정부의 토지공개념정책에 대한 공법적 평가와 향후 방향", 「공법연구」 제34집 제3호, 한국공법학회, 2006, p,145.

9   김상용·정우형, 『토지법』, 법원사, 2004, p.109.

장하고 있으나, 개인으로서 국민의 자유와 자기책임적인 삶에 직결되지 않는 토지의 소유나 효율적인 국토이용을 저해하는 소유와 이용, 자기노동에 근간하지 않는 토지 투기 소득이나 개발 이익 등에 대해서는 포괄적인 사회적 강제가 인정될 수 있음을 분명하게 제시하고 있기 때문이다.[10]

토지공개념의 명문화에 대한 논쟁은 토지공개념을 통한 토지재산권의 제한이 가능한지에서부터 시작하여, 우리 헌법에 토지공개념이 도입되어 있는 것으로 볼 수 있는지, 토지공개념을 통한 제한은 구체적으로 어떤 형태로 나타나야 하는지 등 다양한 주제로 이루어지고 있다. 관련 논쟁들과 관련하여 헌법재판소는 지금까지 토지공개념 정신을 일관되게 지지하면서도 과세 기술 등의 문제를 들어 세부 규정에 위헌 또는 헌법불합치 결정을 내리고 있다.[11]

한편 현행 헌법에 토지공개념이 이미 도입되어 있는 것이고, 헌법재판소의 여러 판결에서도 일관되게 헌법의 기본정신이 토지공개념임을 인정하고 있다고 보는 입장에서도 토지공개념의 헌법 명기에 대해서는 견해가 엇갈린다. 헌법상 토지공개념이 명문화되어 있는지 여부는 토지 등 부동산에 대한 과세를 강화하기 위한 법률이 헌법에 위반되는지가 논란이 되는 경우 영향을 줄 수 있다는 점에서 중요한 문제라고 할 수 있다.

토지공개념의 헌법적 근거를 마련할 필요가 있다고 보는 입장에서는 현행 헌법이 토지공개념의 정신을 지지하고 있음에도 불구하고 현실에서는 토지공개념에 입각한 정책들이 시행되지 못하고 있으므로 이를 구체적으로 명기함으로써 헌법과 실제 정책간의 괴리를 해소해야 한다고 주장한다. 이 주장과 같이 토지공개념이 헌법에 명기되는 경우 그 자체만으로 부

---

10 박종근 외, 앞의 글, p.225.
11 이러한 헌법재판소의 입장이 사람들로 하여금 토지공개념 자체가 위헌이라고 착각하게 만들어 논쟁을 지속시켰다는 비판도 있다. 박종근 외, 앞의 글, p.225.

동산 투기와 부동산 불로소득에 대한 기대심리를 원천적으로 차단하는 효과가 있을 수 있을 것이다. 그리고 부동산정책에 대한 위헌시비 등을 사전에 제거하여 일관되고 지속적인 정책추진이 가능하다는 장점도 있다.[12]

반면 토지공개념의 헌법적 근거 신설에 대해 의문을 제기하는 견해들도 있다. 이러한 입장에서는 이미 현행 헌법에 토지공개념의 근거가 되는 조항들이 존재하고, 이에 근거하여 다양한 형태의 토지공개념 입법들이 구체화되고 있으므로 이와 별도의 명문규정을 둔다고 해서 달라질 것이 없다고 보는 것이다. 다른 한편 헌법의 기능 내지 역할은 국가질서의 근간을 포괄적·추상적으로 정하는 것인데, 토지공개념을 별도로 명문화하는 것은 유사한 쟁점을 가지고 있는 수많은 개별사항을 헌법에 명문화하도록 하는 계기가 될 수 있으며, 이는 오히려 헌법의 전체적 체계를 혼란스럽게 할 수 있다는 점도 지적된다.[13]

여러 견해에도 불구하고 토지공개념의 명문화가 이루어진다면 국토보유세 도입 시 제기될 수 있는 위헌 관련 논란들을 최소화할 수 있다. 또한 부동산투기 또는 불로소득으로 인한 소득불균형의 완화를 목적으로 하는 국토보유세의 과세근거가 헌법상 명문화된 토지공개념으로 정당화될 수 있다는 점에서 의미가 있다고 할 수 있다.

토지공개념 관련 법률의 개정 경과와 의미

토지에 관한 공익을 강조하고 사익을 규제하고 제한하고자 토지 관련 공법을 제정하거나 개정하여 토지소유권을 규제한 초기의 시도로는 1967

---

12 토지정의시민연대, "'시장친화적 토지공개념' 개헌 포함해야", 오마이뉴스, 2007.1.25.자
13 차진아, "사회국가의 실현구조와 토지공개념의 헌법상 의미", 「공법학연구」 제19권 제1호, 한국비교공법학회, 2018, p.28 참조.

년 11월 제정된 「부동산투기억제에 관한 특별조치법」을 들 수 있다. 당시에는 도시주택문제와 도시개발을 위한 토지수요의 급증이 토지가격의 상승을 유발하였고, 이를 해결하기 위한 조치로서 동법이 제정된 것이다.

이후 토지공개념의 제도화 노력은 1970년대 토지정책에서 찾아볼 수 있는데, 이 시기의 토지정책들은 국토의 장기적인 이용계획을 수립하고, 경제성장과 공업화를 지속하면서 아울러 도시문제와 환경보전문제, 토지가격 앙등, 물가상승 등에 대처하기 위한 것들이었다. 그리고 이러한 시도로 인해 토지공법과 토지사업 간의 갈등이 유발되기 시작했다.[14] 1972년 12월에는 개별토지의 직접적 거래를 규제한다는 취지로 「국토이용관리법」이 개정되었고, 이로 인해 토지거래허가제와 토지거래신고제도가 도입되었다.

그러나 이러한 정책적 시도에도 불구하고 토지공급과 주거시설의 부족현상은 부동산투기로 이어졌고, 이에 정부는 1978년 8월 '부동산 투기억제 및 지가안정을 위한 종합대책'을 발표했다.[15]

1980년대에 들어와서도 산업시설과 주거시설 개발을 위한 토지의 부족은 계속되었고, 이는 일부 자본력 있는 기업과 개인에 편중된 토지소유가 곧 막대한 부를 축적해주는 현상으로 이어지게 되었다.[16] 이에 전두환 정부는 대대적인 투기억제정책을 발표했고, 1980년 9월 제2차 기업의 비업무용토지정책을 통해 강제처분과 토지과다보유의 억제를 시도했다.[17] 또한 1980년 12월 「택지개발촉진법」을 제정하여 공영개발방식을 도입하

---

14 김상용·정우형, 앞의 책, p.22.

15 국정브리핑 특별기획팀, 『대한민국 부동산 40년』, 한스미디어, 2007, p.20.

16 박종근 외, 앞의 글, p.237.

17 정희남, "자본주의 국가에서의 규제정책의 입안동기", 『한국정치학보』 제28권 제1호, 한국정치학회, 1994, pp.483-505.

고 공동주택단지를 개발하는 등의 정책을 통해 주택난 해소에 기여하고자 했다.[18]

위와 같이 지속적인 정책들의 시도에도 불구하고 물가상승과 부동산 가격상승이 지속되자[19] 경제정의실천연합과 같은 시민단체들은 토지공개념 제도의 도입을 촉구하게 되었고,[20] 이에 노태우 정부는 1988년 12월 토지공개념 관련 3법(「택지소유에 관한 법률」, 「토지초과이득세법」, 「개발이익환수에 관한 법률」)을 제정하여 실질적인 최초의 토지공개념 제도를 입법화하기에 이른다. 그리고 후속조치로는 1989년 「지방세법」을 개정하여 종합토지세가 도입되었고, 「지가공시및토지등의평가에관한법률」을 제정하여 토지관련 제반 조세와 부담금의 산정기준이 되는 공시지가제도가 도입되었다.[21]

1989년 12월에 제정된 토지공개념 관련 3개 법률은 ① 비정상적인 토지투기억제와 공동주택공급확대정책을 실현하기 위한 택지소유상한제에 대한 「택지소유에 관한 법률」, ② 토지초과이득세에 대한 「토지초과이득세법」, ③ 개발부담금에 대한 「개발이익환수에 관한 법률」이다.[22] 이들 법률은 헌법상의 재산권을 과도하게 침해한다는 이유로 「택지소유에 관한 법률」은 위헌 판결을, 「토지초과이득세법」은 헌법불합치 판결을 받았고, 「개발이익환수에 관한 법률」은 수차례 개정 과정을 거치게 된다.

---

18 정희남, "정부수립 이후의 토지정책 60년사 소고, 1948~2008", 「부동산연구」 제20집 제1호, 한국부동산연구원, 2010, p.285.
19 1986~1988년 저달러·저유가·저금리에 따른 이른바 '3저(低) 호황'으로 경제잉여자본이 축적되었고, 1978~1988년 대통령선거와 국회의원 선거 중 발행된 통화의 증가가 그 원인으로 분석된다. 정희남, 앞의 글, p.295 참조.
20 김태동·이근식, 「땅: 투기의 대상인가 삶의 터전인가」, 비봉출판사, 1989, p.89.
21 이규황, 「토지공개념과 신도시: 구상에서 실천까지」, 삼성경제연구소, 1999, p.68.
22 국토개발연구원, 「토지공개념 백서」, 1990, pp.23~29.

부동산 세제에 대한 위헌성 시비는 크게 미실현이득 과세 및 재산권 제한에 대한 것과 이중과세에 대한 것으로 나누어 볼 수 있는데, 이하에서는 토지공개념 관련 3개 법률을 비롯하여 종합부동산세법 등 그동안 논란이 되었던 부동산 세제의 위헌성 여부에 대한 논의를 소개한다.

미실현이득 과세 및 재산권 제한에 대한 위헌성 논의

「토지초과이득세법」 관련 헌법재판소의 헌법불합치 결정:

헌법재판소 1994. 7. 29. 선고 92헌바49결정,
헌법재판소 1998. 5. 28. 선고 95헌바37결정

토지초과이득세제는 유휴지, 나대지, 기업의 비업무용 토지와 같이 지가상승이익을 기대하여 보유하고 있는 토지가 각종 개발 사업이나 사회·경제적 요인으로 정상지가상승률을 초과하여 상승한 경우 그 소유자가 얻는 초과 지가상승 이익의 일정분을 보유단계에서 환수하기 위해 도입된 제도이다. 특정 개발행위와 직접적으로 연계하여 세금을 부과하는 것이 아니라 지가상승이 정상지가상승률을 초과하는 토지에 대해 부과하는 것으로, 조세저항을 우려하여 유휴토지와 비업무용 토지, 실수요자가 아닌 사람이 소유한 토지에 한해서만 부과했다.

토지초과이득세는 양도소득세가 실현된 개발이익만을 과세대상으로 함에 따른 개발이익환수제도로서의 한계성을 보완하고, 지가상승으로 얻은 자본이익에 대한 과세를 강화하여 경제·사회의 공정성과 형평성을 높이며, 지가안정 및 토지의 효율적 이용을 제고하는 데 목적을 두는 것이었다.[23] 아울러 토지초과이득세의 과세대상이 제한되어 있다는 점에서 토지

이용을 촉진하는 투기억제수단으로서의 기능도 있었다.[24]

1989년 12월 30일 제정된 「토지초과이득세법」은 1994년 7월 29일 헌법재판소가 헌법불합치 결정[25]을 내린 뒤, 1994년 12월 22일 법개정이 이루어졌으나 1998년 12월 28일 폐지됐다. 참고로 헌법재판소의 헌법불합치 결정 이후 개정되어 계속 시행되었던 동법은 이후 헌법재판소에 의해 합헌 결정[26]을 받은 바 있다.

헌법재판소는 다음과 같이 설시(說示)하며 미실현소득 과세에 대해 헌법상의 조세개념에 저촉되거나 그와 양립할 수 없는 모순이 있는 것으로는 볼 수 없다고 판단했다.

---

23 류해웅, 『토지법제론』, 부연사, 2012, p.402.

24 이태교, 『토지정책론』, 법문사, 2001, p.3.

25 "토초세법 중 일부는 헌법에 위반되고, 일부는 헌법에 합치되지 아니하여 개정입법을 촉구할 대상이지만, 위 각 위헌적 규정들 중 지가에 관한 제11조 제2항과 세율에 관한 제12조는 모두 토초세제도의 기본요소로서 그 중 한 조항이라도 위헌결정으로 인하여 그 효력을 상실한다면 토초세법 전부를 시행할 수 없게 될 것이므로, 이 사건에서는 헌법재판소법 제45조 단서 규정에 따라 토초세법 전부에 대하여 위헌결정을 선고할 수밖에 없다."고 하면서도, "당장 이것을 무효로 한다면 법제 및 재정 양면에 걸쳐 적지 않은 법적 혼란 내지는 공백을 초래할 우려가 있고, 앞서 본 위헌적인 규정들을 다시 합헌적으로 조정하는 임무는 입법자의 형성의 재량에 속하는 사항일 뿐만 아니라, 또한 여기서 당장 토초세법에 대한 단순위헌결정을 선고한다면 이 결정의 효력이 미치게 되는 이른바 '당해사건' 관계자들과 현행법에 따른 기발생 토초세를 전부 납부하고도 아무런 이의를 제기하지 아니한 다수의 납세자에 대한 관계에 있어서 형평의 문제를 심화시키는 결과를 초래하는 것이다. 그러므로 당재판소는, '입법자가 토초세법을 적어도 이 결정에서 밝힌 위헌이유에 맞추어 새로이 개정 혹은 폐지할 때까지는 법원, 기타 국가기관은 현행 토초세법을 더 이상 적용·시행할 수 없도록 중지하되, 그 형식적 존속만을 잠정적으로 유지하게 하기 위하여' 이 사건에서 토초세법에 대한 단순 위헌무효결정을 선고하지 아니하고, 헌법재판소법 제47조 제2항 본문의 '효력상실'을 제한적으로 적용하는 변형위헌결정으로서의 헌법불합치결정을 선고"하였다.

26 헌재 1999. 4. 29. 96헌바10 등, 판례집 11-1.

> "과세대상인 자본이득의 범위를 실현된 소득에 국한할 것인가 혹은 미실현이득을 포함시킬 것인가의 여부는, 과세목적·과세소득의 특성·과세기술상의 문제 등을 고려하여 판단할 입법정책의 문제일 뿐, 헌법상의 조세개념에 저촉되거나 그와 양립할 수 없는 모순이 있는 것으로는 볼 수 없다."

그러나 미실현이득을 과세대상으로 하는 경우 그 부담의 정도가 개인의 재산권을 과도하게 침해하는 것으로서 법익의 균형이 맞지 않는 정도에 이른다면 허용될 수 없다고 보았다.

> "토초세는 그 계측의 객관성 보장이 심히 어려운 미실현이득을 과세대상으로 삼고 있는 관계로 토초세 세율을 현행법과 같이 고율로 하는 경우에는 자칫 가공이득에 대한 과세가 되어 원본잠식으로 인한 재산권침해의 우려가 있고, 또한 적어도 토초세와 같은 이득에 대한 조세에 있어서는, 조세의 수직적 공평을 이루어 소득수준이 다른 국민들 사이의 실질적인 평등을 도모하여야 할 뿐만 아니라, 토초세는 어느 의미에서 양도소득세의 예납적 성격을 띠고 있음에도 불구하고 굳이 토초세의 세율체계를 단일비례세로 한 것은 소득이 많은 납세자와 소득이 적은 납세자 사이의 실질적인 평등을 저해하는 것이다."

「택지소유에 관한 법률」 관련 헌법재판소의 위헌 결정:
헌법재판소 1999. 4. 29. 선고 94헌바37 결정

택지소유상한제는 개인이나 법인이 소유할 수 있는 택지면적의 한계를 정하여 이를 초과하는 택지에 대하여 초과소유부담금을 부과한 제도이다. 이는 택지에 대한 처분·이용 혹은 개발을 촉진하여 택지의 공급을 원활히 하고, 국민 주거생활의 안정을 도모하기 위한 것이었다.

1989년 12월 30일 제정된 「택지소유에 관한 법률」은 1990년부터 6대 도시에서 시행되었으나, 1998년 9월 19일 폐지된 이후 헌재에 의해 1999년 4월 29일 동법률 전체가 위헌으로 결정[27]되었다. 헌법재판소 결정은 택지

소유의 상한을 두는 것에 대해 입법목적을 달성하기 위하여 필요한 정도를 넘는 과도한 제한으로서, 헌법상의 재산권을 과도하게 침해하는 위헌적 규정이라고 본 것이다.

> "재산권은 개인이 각자의 인생관과 능력에 따라 자신의 생활을 형성하도록 물질적·경제적 조건을 보장해 주는 기능을 하는 것으로서, 재산권의 보장은 자유실현의 물질적 바탕을 의미하고, 특히 택지는 인간의 존엄과 가치를 가진 개인의 주거로서, 그의 행복을 추구할 권리와 쾌적한 주거생활을 할 권리를 실현하는 장소로 사용되는 것이라는 점을 고려할 때, 소유상한을 지나치게 낮게 책정하는 것은 개인의 자유실현의 범위를 지나치게 제한하는 것이라고 할 것인데, 소유목적이나 택지의 기능에 따른 예외를 전혀 인정하지 아니한 채 일률적으로 200평으로 소유상한을 제한함으로써, 어떠한 경우에도, 어느 누구라도, 200평을 초과하는 택지를 취득할 수 없게 한 것은, 적정한 택지공급이라고 하는 입법목적을 달성하기 위하여 필요한 정도를 넘는 과도한 제한으로서, 헌법상의 재산권을 과도하게 침해하는 위헌적인 규정이다."

한편 이 결정에 대하여 부동산투기로 인한 부의 집중 완화 등의 입법목적 실현을 위한 합리적인 불가피한 수단으로 보아야 한다는 반대의견도 있었다.

> "법이 660㎡ 이상으로 택지의 소유상한 한도를 정한 것은 그 지역이 6대 대도시인 점을 감안하면, 이 법 제정 당시의 심화된 택지부족현상, 주택의 열악한 수급상황, 부동산투기로 인한 부의 집중, 무주택자의 상대적 소외감 등 여러 정책요인을 고려할 때, 입법목적 실현을 위한 합리적인 불가피한 수단이므로 필요한 정도를 넘는 과도한 제한이나 합리적인 비례관계를 벗어난 것은 아니다."

---

27 "택지소유의 상한을 정한 법 제7조 제1항, 법 시행 이전부터 이미 택지를 소유하고 있는 택지소유자에 대하여도 택지소유 상한을 적용하고 그에 따른 처분 또는 이용·개발의무를 부과하는 부칙 제2조, 그리고 부담금의 부과율을 정한 법 제24조 제1항이 위헌으로 결정된다면 법 전부를 시행할 수 없다고 인정되므로, 헌법재판소법 제45조 단서의 규정 취지에 따라 법 전부에 대하여 위헌결정을 하는 것이 보다 더 합리적이다."고 보아 위헌 판결을 내렸다.

「국토이용관리법」 관련 헌법재판소의 위헌불선언[28] 결정 :

헌법재판소 1989. 12. 22. 선고 88헌가13 결정

「국토이용관리법」은 "국토건설종합계획에 따른 토지이용계획의 입안 및 결정과 그 시행에 관하여 필요한 사항을 정하여 국토를 효율적으로 계획·관리하며 토지의 이용가치를 높임으로써 공공복리의 향상과 지역사회의 발전에 기여함을 목적"으로 하여 1972년 12월 30일 제정되었다. 개별토지의 직접적 거래를 규제하기 위한 것으로, 동법에 따라 토지거래허가제와 토지거래신고제도가 도입되었다.

헌법재판소의 다수의견에서 제시한 합헌론에서는 토지거래허가제가 헌법이 명문으로 인정하고 있는 재산권 제한의 한 형태이며, 토지의 투기적 거래를 억제하는 다른 조치나 수단들만으로는 투기억제에 미흡하므로 최소침해성에 위배되지 않는다고 보았다. 그 근거로서 i) 유한한 자원인 토지의 특수성, ii) 토지투기는 엄청난 불로소득을 가져와 ⋯ 결국에는 경제의 발달을 저해하고 국민의 건전한 근로 의욕을 저해하며 계층간의 불화와 갈등을 심화시키는 점, iii) 국토이용관리법이 규제하고자 하는 것은 모든 사유지가 아니고 투기의심지역 또는 지가폭등지역의 토지에 한정하고 있다는 점과 규제기간이 5년 이내인 점, iv) 설사 규제되더라도 거래목적, 거래

---

28 「국토이용관리법」상 토지거래허가제의 위헌여부에 대한 헌법재판소의 결정과정에서 토지거래허가제 그 자체는 5 : 4로 합헌의견이 제시되었으나, 토지거래허가제 위반에 따른 벌칙조항에 대해서는 4 : 5로 위헌론이 더 많았다. 그런데 헌법재판소의 위헌결정 정족수가 재판관 6인 이상의 찬성을 얻어야 하기 때문에 합헌으로 선언할 수밖에 없었고, 이에 따라 헌법재판소는 최초로 위헌불선언이라는 일종의 변형결정을 제시하였다. 그 이후에 헌법재판소는 위헌불선언결정 형태의 변경결정 유형을 포기하고 단순합헌으로 결정유형을 변경하였다. 성낙인, "재산권보장과 토지공개념 실천법제", 「행정법연구」 제18호, 행정법이론실무학회, 2007, pp. 509~512 참조.

면적, 거래가격 등에 있어서 기준에 위배되지 않는 한 당연히 당국의 거래허가를 받을 수 있어 처분권이 완전히 금지되는 것은 아닌 점 및 당국의 거래불허가처분에 대하여서는 불복방법이 마련되어 있는 점, v) 토지거래허가제는 헌법이 명문으로 인정하고 있는 (헌법 제122조) 재산권의 제한의 한 형태인 점, vi) 토지의 투기적 거래를 억제하는 조치나 수단인 등기제도, 조세제도, 행정지도, 개발이익환수제, 토지거래신고제, 토지거래실명제 등만으로 투기억제에 미흡하므로 최소침해성에 위배되지 않는 점 등을 들었다.

「개발이익환수에 관한 법률」 관련 헌법재판소의 일부위헌 결정 :

헌법재판소 2009. 12. 29. 선고 2008헌바123 결정

1989년 12월 30일 제정된 「개발이익환수에 관한 법률」은 동법(1993. 6. 11. 법률 제4563호로 개정된 것) 제10조 제3항의 단서가 논란이 되었다. 동 조항은 "제8조제1호의 규정에 의한 개시시점지가는 부과개시시점이 속한 연도의 1월 1일을 기준으로 한 부과대상토지의 개별공시지가에 당해 연도의 1월 1일부터 부과개시시점까지의 정상지가상승분을 합한 가액으로 한다. 다만, 납부의무자가 대통령령이 정하는 매입가액을 건설부령이 정하는 기간 내에 신고하는 경우에는 그 가액에 매입일부터 부과개시시점까지의 정상지가상승분을 가감한 가액으로 할 수 있다."고 규정되어 있었다.

동 조항 단서에 대해 헌법재판소는 국민의 재산권을 제약하는 개발부담금 납부의무의 존부와 범위를 결정하는 요소를 구체적인 기준이나 원칙을 정함이 없이 포괄적으로 대통령령에 위임한 것은 위임입법의 한계를 일탈하였다고 보아 일부위헌 결정을 내렸다.

"개발이익환수에관한법률 소정의 개발부담금은 그 납부의무자로 하여금 국가 등에 대하여 금전 급부의무를 부담하게 하는 것이어서 납부의무자의 재산권을 제약하는 면이 있고, 부과개시 시점의 지가는 개발부담금의 산정기준인 개발이익의 존부와 범위를 결정하는 중요한 요소가 되는 것이므로, 그 산정기준에 관한 위임입법시 요구되는 구체성, 명확성의 정도는 조세법규의 경우에 준하여, 그 요건과 범위가 엄격하게 제한적으로 규정되어야 한다.

과연 어떠한 경우에 실제 매입가액에 의하여 개시시점의 지가를 산정할 수 있을지 법률규정에 의하여 예측할 수 없도록 하면서 실제 매입가액에 의하여 개시시점 지가를 산정할 수 있는 경우를 행정청의 자의에 의하여 한정적·열거적으로 정할 수 있도록 규정한 것은, 국민의 재산권을 제약하는 개발부담금 납부의무의 존부와 범위를 결정하는 요소가 되는 개시시점 지가의 산정방법을 구체적인 기준이나 원칙을 정함이 없이 포괄적으로 대통령령에 위임한 것으로서, 헌법 제75조가 규정하는 위임입법의 한계를 일탈하였다."

「개발이익환수에 관한 법률」은 헌법재판소의 결정 이후 1998년 9월 19일 개정되었고, 이 법률개정으로 모든 개발 사업에 대하여 1999년 12월 31일까지 한시적으로 개발부담금을 면제하고, 2000년 1월 1일부터 개발부담률을 개발이익의 100분의 50에서 100분의 25로 인하 및 부담금 납부 연기 기간을 1년에서 3년으로 연장했다. 이러한 법률개정으로 인하여 동법은 '사실상 폐지'상태에 있었고,[29] 2002년 1월 1일부터 개발부담금 부과가 중지되었으나 2006년 1월 1일부터 재부과가 시작되어 현재 계획입지사업과 개별입지사업에 대해 개발부담금이 부과되고 있다.

29   이상영, "토지공개념의 의미와 택지소유상한제법의 위헌 결정에 대한 비판", 「민주법학」 제16호, 민주주의법학연구회, 1999, p. 333.

이중과세에 대한 위헌성 논의

「종합부동산세법」 관련 헌법재판소의 헌법불합치 결정:
헌법재판소 2008. 11. 13. 선고 2006헌바112 결정 등

2005년 1월 5일 제정된 「종합부동산세법」은 토지공개념 3법이 위헌 또는 헌법불합치 결정 등을 받으면서 사실상 사문화된 이후 토지공개념의 재도입 차원에서 도입된 부동산 보유세 관련 법률이다. 기존에 보유세로서 지방세인 재산세와 종합토지세가 과세되던 것에 추가하여, 고액의 부동산 보유자에 대하여 국세인 종합부동산세를 부과함으로써 부동산보유에 대한 조세부담의 형평성을 제고하고, 부동산의 가격안정을 도모함으로써 지방재정의 균형발전과 국민경제의 건전한 발전에 이바지함을 목적으로 제정되었다. 그러나 도입 전부터 과세대상과 방법 등을 두고 격한 논쟁과 납세저항이 있었고, 결국 「종합부동산세법」의 다수 규정들이 헌법재판소의 위헌심사를 받게 되었다.

헌법재판소는 토지공개념의 정당성 및 이를 위한 「종합부동산세법」 목적의 정당성은 인정하였으나, 목적이 수단을 제한 없이 정당화하는 것은 아니며, 정당한 목적을 추구하기 위한 것이라 하더라도 이를 이유로 한 기본권에 대한 과도한 제한은 위헌으로 평가하였다.[30] 주요 결정내용 중 앞서 살펴본 재산권 제한에 관해서는 입법 목적에 비추어 일반적으로는 과도하다고 보기 어려워 과잉금지원칙에 위배되지 않는다고 보았다.

---

30 차진아, 앞의 글, p. 25.

"재산권의 본질적 내용인 사적 유용성과 원칙적인 처분권한을 여전히 부동산 소유자에게 남겨놓는 한도 내에서의 재산권의 제한이고, 위 가격 대비 부담률에 비추어 보면, 매년 종합부동산세가 부과된다고 하더라도 상당히 짧은 기간 내에 사실상 부동산가액 전부를 조세 명목으로 무상으로 몰수하는 결과를 가져 오게 되는 것이라고 보기도 어려우므로, 이 사건 주택분 및 종합토지분 종합부동산세의 과세표준 및 세율로 인한 납세의무자의 세부담 정도는 종합부동산세의 입법 목적에 비추어 일반적으로는 과도하다고 보기 어려운 것으로 입법재량의 범위를 일탈하였다고 단정할 수는 없을 것이다."

투기목적 없는 거주 목적 1주택 소유자에 대한 과세에 대해서는 주택 보유의 정황을 고려하지 아니한 채 다른 일반 주택 보유자와 동일하게 취급하여 일률적 또는 무차별적으로 다액의 종합부동산세를 부과하는 것은 그 입법 목적의 달성에 필요한 정책수단의 범위를 넘어 과도하게 주택 보유자의 재산권을 제한하는 것으로서 피해의 최소성 및 법익 균형성의 원칙에 어긋난다고 보았다.

"주거 목적으로 한 채의 주택만을 보유하고 있는 자로서, 그중에서도 특히 일정한 기간 이상 이를 보유하거나 또는 그 보유기간이 이에 미치지 않는다 하더라도 과세대상 주택 이외에 별다른 재산이나 수입이 없어 조세지불 능력이 낮거나 사실상 거의 없는 자 등에 대하여 주택분 종합부동산세를 부과함에 있어서는 그 보유의 동기나 기간, 조세 지불능력 등과 같이 정책적 과세의 필요성 및 주거생활에 영향을 미치는 정황 등을 고려하여 납세의무자의 예외를 두거나 과세표준 또는 세율을 조정하여 납세의무를 감면하는 등의 과세 예외조항이나 조정장치를 두어야 할 것임에도 이와 같은 주택 보유의 정황을 고려하지 아니한 채 다른 일반 주택 보유자와 동일하게 취급하여 일률적 또는 무차별적으로, 그것도 재산세에 비하여 상대적으로 고율인 누진세율을 적용하여 결과적으로 다액의 종합부동산세를 부과하는 것이므로, 그 입법 목적의 달성에 필요한 정책수단의 범위를 넘어 과도하게 주택 보유자의 재산권을 제한하는 것으로서 피해의 최소성 및 법익 균형성의 원칙에 어긋난다고 보지 않을 수 없다."

미실현 이득과 관련하여서는 일부 수익세적 성격이 있다 하더라도 미실현 이득에 대한 과세의 문제가 전면적으로 드러나지 않아 위헌으로 할 수 없다고 보았다.

> "종합부동산세는 본질적으로 부동산의 보유사실 그 자체에 담세력을 인정하고 그 가액을 과세표준으로 삼아 과세하는 것으로서, 일부 수익세적 성격이 있다 하더라도 미실현이득에 대한 과세의 문제가 전면적으로 드러난다고 보기 어렵고, 그 부과로 인하여 원본인 부동산가액의 일부가 잠식되는 경우가 있다 하더라도 그러한 사유만으로 곧바로 위헌이라 할 수는 없을 것이다."

종합부동산세 과세가 재산세 또는 양도소득세와 동일한 과세대상에 대한 이중과세에 해당하는지 여부에 대해서는 각각 그 과세의 목적 또는 과세 물건을 달리하므로 이중과세가 성립하지 않는다고 보았다.

> "종합부동산세는 재산세와 사이에서는 동일한 과세대상 부동산이라고 할지라도 지방자치단체에서 재산세로 과세되는 부분과 국가에서 종합부동산세로 과세되는 부분이 서로 나뉘어져 재산세를 납부한 부분에 대하여 다시 종합부동산세를 납부하는 것이 아니고, 양도소득세와 사이에서는 각각 그 과세의 목적 또는 과세 물건을 달리하는 것이므로, 이중과세의 문제는 발생하지 아니한다."

위헌성을 제거한 국토보유세의 기본구조

미실현이득 과세 및 재산권 제한에 대한 합헌성 확보

미실현이득에 대한 과세 여부는 입법정책 상 과세현실을 고려하여 결정할 수 있는 문제로서, 미실현이득 과세 그 자체가 헌법상의 조세개념에 저촉되어 위헌성을 가지는 것은 아니라는 것이 헌법재판소의 입장이다. 과세대상인 자본이득의 범위에 미실현이득을 포함시킬 것인지의 여부는 과세목적과 과세소득의 특성, 과세기술상의 문제 등을 고려하여 판단해야 하는 입법정책 상의 문제이며, 미실현이득이 과세대상에 포함된다고 하여 해당 조세가 헌법상의 조세개념에 저촉되거나 그와 양립할 수 없는 모순이 있는 것으로 볼 수는 없다는 것이다.

다만, 미실현이득을 과세대상으로 하는 경우 그 부담의 정도가 개인의 재산권을 과도하게 침해하는 것으로서 법익의 균형이 맞지 않는 정도에 이른다면 허용될 수 없을 것이다. 헌법불합치 결정을 받은 토지초과이득세의 경우, 해당 조세가 계측의 객관성 보장이 심히 어려운 미실현이득을 과세대상으로 삼고 있음에도 그 세율을 고율로 하여 자칫 가공이득에 대한 과세가 되어 원본잠식으로 인한 재산권침해의 우려가 있다는 점을 지적했다. 또한 토지초과이득세와 같은 정책목적을 가지고 시행되는 조세의 경우, 조세의 수직적 공평을 이루어 소득수준이 다른 국민들 사이의 실질적인 평등을 도모하여야 한다고 보았다.

개인이나 법인이 소유할 수 있는 택지면적의 한계를 설정한 것이 재산권에 대한 과도한 침해라고 보아 위헌판결을 받은 택지소유상한제의 경우에도 입법목적을 달성하기 위하여 필요한 정도를 넘어서는 과도한 제한은 인정될 수 없다고 보았다. 특히 택지는 인간의 존엄과 가치를 가진 개인의 주거로서, 그의 행복을 추구할 권리와 쾌적한 주거생활을 할 권리를 실현하는 장소이므로 소유상한을 지나치게 낮게 책정하는 것은 개인의 자유실현의 범위를 지나치게 제한하는 것으로 보았다.

결론적으로 국토보유세 과세방안이 미실현이득 과세 및 재산권 제한에 대한 합헌성을 확보하기 위해서는 과세의 결과가 실질적 평등을 실현할 수 있도록 과세대상의 범위를 설정하되 재산권에 대한 과도한 침해가 되지 않도록 해야 하며, 과세 요건과 절차 등의 주요 기준이 조세법률주의에 따라 법령에 규정되어 납세자의 예측가능성을 확보할 수 있어야 할 것이다. 재산권의 제한은 입법목적 실현을 위한 합리적인 불가피한 수단으로서 필요한 정도를 넘는 과도한 제한이나 합리적인 비례관계를 벗어나서는 안

되는 것이다.

토지공개념에 따른 입법

헌법재판소는 헌법에 규정된 재산권보장의 성격을 명백히 파악하기 위하여서는 토지소유권 관념에 대한 역사적 이해가 필요하다고 하여 토지공개념의 이론을 설시하면서 토지공개념을 명시적으로 인정한 바가 있다.[31]

> "근대 초기자본주의하에서의 토지소유권의 개념은 개인적 재산권으로서 타의 제약을 받지 않는 절대적사권(絕對的私權)으로서 존중되게 되었으며, 토지소유권의 불가침성, 자유성, 우월성을 의미하는 토지소유권의 절대성은 1789.8.27. 불란서 인권선언 제17조의 「소유권은 신성불가침」이라는 규정으로 극명하게 표현되었던 것이다. 그러나 위와 같은 개인주의·자유주의에 바탕을 둔 자본주의도 초창기의 기대, 즉, 모든 사람을 평등한 인격자로 보고 그 자유로운 계약활동과 소유권의 절대성만 보장해주면 개인적으로나 사회적으로 무궁한 발전을 기약할 수 있다는 이상(理想)이 노동을 상품으로 팔 수밖에 없는 도시노동자나 소작민에게는 아무런 의미가 없고, 계약자유의 미명아래 '있는 자, 가진 자'로부터 착취당하여 결국에는 빈부의 격차가 현격해지고, 사회계층간의 분화와 대립갈등이 첨예화하는 사태에 이르게 됨에 따라 대폭 수정되기에 이르렀으니, 모든 사람들에게 인간으로서의 생존권을 보장해 주기 위하여서는 토지소유권은 이제 더 이상 절대적인 것일 수가 없었고 공공의 이익 내지 공공복리의 증진을 위하여 의무를 부담하거나 제약을 수반하는 것으로 변화되었으며, 토지소유권은 신성불가침의 것이 아니고 실정법상의 여러 의무와 제약을 감내하지 않으면 안 되는 것으로 되었으니 이것이 이른바, '토지공개념(土地公槪念) 이론'인 것이다."

토지재산권의 제한과 관련된 「도시계획법」 제21조에 대한 헌법소원에서는 토지재산권에 대해서는 사회적 구속성이 보다 강하게 제기될 수 있음을 인정하면서 그 제한의 기준 등을 제시했다.[32]

---

31 헌재 1989. 12. 22. 88헌가13, 판례집 1.
32 헌재 1998. 12. 24. 89헌마214 등, 판례집 10-2, p. 928.

> "토지재산권은 강한 사회성, 공공성을 지니고 있어 이에 대하여는 다른 재산권에 비하여 보다 강한 제한과 의무를 부과할 수 있으나, 그렇다고 하더라도 다른 기본권을 제한하는 입법과 마찬가지로 비례성원칙을 준수하여야 하고, 재산권의 본질적 내용인 사용·수익권과 처분권을 부인하여서는 아니된다."

토지는 그 특성으로 인해 오래전 자유주의 계열의 학자나 사상가들조차도 토지에 대한 절대적·배타적 소유권을 부정했을 뿐만 아니라 토지와 지대에 대해 세금을 부과하는 것이 정당하다고 보았다.[33] 토지가 인간생활에 없어서는 안 될 필수요소라는 점에서 사적 소유에 의한 과도한 집중이 발생하게 되는 경우 사회갈등을 유발할 수 있고, 토지를 이용한 과도한 사적 이익의 추구행위는 공공의 목적에 의한 합리적 이용을 저해할 수 있기 때문이다.

우리나라에서도 최근 토지공개념의 헌법상 명문화에 대한 논란이 이어지고 있지만 이미 현재의 헌법 하에서도 토지공개념은 존재하는 것으로 보는 것이 다수 학자의 입장이다. 따라서 토지공개념은 시대의 흐름에 따라 제도적 변이를 거치고, 이를 통해 제한적인 시행이 이루어지고 있는 것이라고 보아야 한다.

토지를 소유하는 목적은 실제 주거의 용도와 생산적인 경제활동에 국한될 필요성이 있고, 단지 토지를 소유하는 것만으로도 과도한 불로소득을 얻게 되는 것은 제한되어야 한다. 즉 토지는 그 효율적인 이용을 위해 관리되어야 할 필요성이 있고, 이를 위해서는 토지소유에 대한 공공성을 확보해야 하는 것이다. 또한 이러한 과정과 제도화 과정에서 토지정의의 강화와 함께 개인의 이윤추구행위 또한 반영할 수 있어야 실효성 있는 제도가 될 수 있다.[34]

---

33 토지정의시민연대, "개헌을 위한 시장친화적 토지공개념 7문 7답", 2006 참조.

토지용도별 구분에 따르는 위헌성 제거

(구)종합토지세는 토지분 재산세 과세대상을 토지용도별로 구분하는 것에 대한 위헌 논란이 있었다. 지방세법은 토지분 재산세 과세대상을 종합합산과세, 별도합산과세, 분리과세 대상으로 구분하면서 이에 대한 내용을 행정입법에 위임하고 있는데 이러한 행정입법의 개정은 자치재정권을 침해하는 위헌의 소지가 있다는 주장들이 제기된 것이다. 해당 토지는 행정입법의 개정이 아니었다면 일정 시점이 지난 이후부터 종합합산과세 대상 토지가 되어 세수증대를 기대할 수 있었으나, 행정입법이 개정되면서 해당 토지가 계속해서 분리과세 대상이 된 사례이다.[35] 현행 헌법과 그 해석에 관한 헌법재판소의 태도에 따르면 토지분 재산세 과세대상 구분의 입법위임 자체는 합헌이라는 주장이 있다.[36]

국토보유세의 경우, 재산세와 같이 토지 과세대상을 구분하지 않는 구조를 설계하면 위헌성을 사전에 제거할 수 있다.

---

34 박 훈·허 원, "토지공개념 인정이 토지 관련 보유세 개편에 갖는 의미", 「경희법학」제54권 제3호, 2019. 9., p. 93.

35 토지 용도 변경의 쟁점도 있으나 본 연구의 논의 범위에 불필요하므로 생략함.

36 이지은·김미란, "행정입법과 자치재정권 간 관계 — 토지분 재산세 과세대상구분의 입법위임을 중심으로 — ", 「한국지방세연구원」, 2019, p. 86.

8장

국토보유세와
다른 보유세 규정과의 정합성

이중과세 조정 방안

국토보유세와 종합부동산세 사이의 이중과세 조정

종합부동산세의 과세대상을 조정하지 않고 단순히 토지에 대한 세금으로서 국토보유세를 도입하게 되면, 동일한 토지에 대해 종합부동산세와 국토보유세를 모두 과세하는 결과가 되어 이중과세 문제에 직면할 수 있다.

그러나 종합부동산세 대체론을 전제로 한다면, 종합부동산세 폐지로 인해 국토보유세와 종합부동산세와의 관계에서 이중과세 문제는 발생하지 않는다. 종합부동산세 존치론의 입장을 전제한다면, 종합부동산세 과세대상 중 토지를 분리하여 국토보유세법의 과세대상 토지로 규정하는 것이 필요하다. 종합부동산세 과세대상에서 토지가 제외되므로 이중과세 문제는 발생하지 않는다.

이 경우, 국토보유세법에 토지에 관한 별도의 정의 규정을 두어야 하며, 재산세 및 양도소득세와 관계도 설정해야 한다. 미실현이득에 대한 과세의 위헌성 제거를 위해 양도소득세 과세 시 양도차익 계산에 기납부한 국토보유세액을 반영하는 방법도 고려할 수 있다. 다만, 현행 양도소득세 과세제도 상 양도차익 계산 시 기납부한 재산세나 종합부동산세액을 반영하지는 않고 있다는 점을 참고하여 결정해야 한다.

국토보유세와 재산세 사이의 이중과세 조정

국토보유세와 지방세법상 재산세는 토지를 과세대상으로 삼기 때문에 동일 토지에 대한 이중과세 문제가 발생한다. 국토보유세액 계산 시 동일한 토지에 대한 재산세액은 공제해 주는 방식으로 이중과세를 조정할 수 있다. 특히, 문제가 되는 부분은 분리과세 대상 토지의 재산세액과 주택에 대한 재산세액 중 토지분 재산세액이다. 종전 분리과세는 종합부동산세 과세대상이 아니지만 재산세는 여전히 과세대상을 별도합산, 종합합산, 분리과세로 구분하고 있기 때문에 분리과세 대상 토지의 재산세액도 검토해야 할 것이다.

'공제할 재산세액'을 계산하는 것은 두 가지 방법을 생각해 볼 수 있다.

○ [1안] 주택분 재산세액 × {(주택 공시가격 - 건축물 시가표준액)/주택 공시가격}

이는 주택공시가격이 토지, 건물 통합평가된 상황에서 비주거용, 주거용 유사한 기준에 따라 건출물 시가표준액을 뺀 나머지로 토지 공시가격을 계산하는 방법이다. 특정부동산분 지역자원시설세 과세대상 주택의 경우, 건축물 시가표준액만 따로 계산하는 방식을 사용하는 것을 반영한 계산방법이다.

○ [2안] 주택분 재산세액×토지 공시가격/주택 공시가격

국토보유세는 토지에 대한 국세로서, 토지에 대해 주택까지 포함하여
재산세를 이미 부과하고 있어 이중과세를 제거하기 위한 계산방법이다. 토
지와 건물을 통합평가한 주택공시가격이 있지만 토지만의 이중과세를 제
거하기 위해 토지에 대한 공시가격이 있다면 그것을 바로 적용하는 방법에
해당한다.

국토보유세 도입을 위해서 1안이 타당할 것이다. 재산세에 있어 주택
을 통합평가를 하고 있는 상황에서 이미 특정부동산분 지역자원시설세 계
산시 주택의 건물부분에 대해 건축물 시가표준액을 적용하고 있는 것을 활
용하는 것이 효율적이다. 장기적으로는 주택의 토지부분에 대해 별도로 공
시가격을 적용할 필요가 있다.

토지와 건물의 분리과세에 대한 문제점 검토

국토보유세 과세대상을 모든 토지로 설정하면 주택에 대하여 토지와
건물을 분리하여 평가 및 과세해야 하는 문제가 발생하기 때문에 이에 대
해 검토할 필요가 있다.

첫째, 과세대상 토지의 범위를 설정하는 방법(1안)이 있으며, 이에 대해
서도 두 가지 방법이 있다. 주택분 토지도 과세대상에 포함하는 방법과 주
택분 토지는 제외하는 방법이 있다.

주택분 토지를 과세대상에 포함하면 토지를 건물과 별도 평가하는 방
식을 상정해야 한다. 주택의 통합평가 방식을 주거용건물이 있는 토지의
경우에는 2005년 1월 종합부동산세법 개정 이전 종합토지세의 경우처럼
토지만을 별도로 평가해야 한다. 주택분 토지를 주택과 토지로 분리할 경

우, 종합부동산세법 규정과 지방세법상 재산세 규정도 바뀌어야 한다.

반면, 주택분 토지를 과세대상에서 제외하면 평가방식을 바꿀 필요는 없고, 국토보유세법(안), 종합부동산세법, 지방세법상 재산세의 과세대상 토지의 범위를 각각 조정하면 된다.

둘째, 국토보유세 과세대상 토지의 범위를 모든 토지로 설정하고 토지와 건물을 분리과세하는 방법(2안)이다. 이 방법은 과세대상 토지의 범위를 조정할 필요는 없지만, 현재 종합부동산세 및 재산세에서 주택은 토지와 건물을 통합평가하고 있으므로, 토지와 건물의 가격을 분리하여 평가하는 평가방식을 마련해야 한다. 또한 종합부동산세 과세대상에서 주택분 토지를 포함한 모든 토지를 제외하는 종합부동산세 과세범위를 재설정하는 과정을 수반해야 한다.

일본의 경우는 주거용건물이 있는 토지의 경우 건물을 따로 별도평가하고 미국은 토지와 건물을 통합평가하고 있다.[1] 일본의 경우 고정자산세의 과세대상이 되는 토지, 가옥은 기준연도마다 부과기일 현재의 가격을 평가하고 과세대장에 등록한다.[2] 일본 고정자산세의 가격 평가는 3년에 1번, 전체 평가를 실시하여 가격을 결정한다. 이 평가기준 연도를 기준연도라고 하는데, 최근에는 2018년이 기준연도에 해당한다. 2019년, 2020년은 원칙적으로 기준연도(2018년)의 가격으로 동결되어 있다. 그러나 신축, 증개축 등이 있었던 가옥 및 분필 및 합필 등이 된 토지 등 기준연도의 가격에 의하는 것이 적당하지 않은 경우 새로 평가를 실시하여 새로운 가격을

---

1   박훈·정유진·정경화·김경환·김무열·국중호, "해외 주요국의 재산세 과세기준일 제도", 한국지방세연구원 연구기획본부, 2016; 일본의 고정자산세 평가를 비롯한 공적평가제도 전반에 대한 현장조사자료로는, 조윤제, "부동산가격 공시제도 관련 회의참석 및 일본사례 조사", 한국감정원, 2017.4.

2   해당 세목에 대한 자세한 사항은, 국중호, 『일본의 지방세제도』, 한국지방세연구원, 2012.12, pp.133-162 참조

〈표 8-1〉 우리나라, 일본, 미국의 토지 및 건물 평가방식 비교

		종전 (2005.1.5.이전)	현행	개정안	일본	미국
토지		종합토지세 (지방세) (토지·건물 별도평가)	재산세(지방세)	재산세(지방세) 국토보유세(국세) (주거용 토지는 건물과 별도평가)	고정자산세 (지방세) 지가세(국세, 1998년 중단)	재산세 (지방세) (토지, 건물의 통합평가)
건물	주거용	재산세 (지방세)	재산세(지방세) 종합부동산세(국세) (주택: 토지·건물의 통합평가)	재산세(지방세) (건물 별도평가)	고정자산세 (지방세) (건물 별도평가)	
	비주거용		재산세(지방세)	재산세(지방세)	고정자산세 (지방세) (상각자산에 포함되는 경우)	

결정한다.[3] 한편 미국은 토지와 건물이 우리나라와 달리 별도의 부동산이 아니라는 점에서 비주거용 부동산의 경우 우리나라처럼 토지와 건물을 분리하여 과세하는 것이 아니라 합쳐서 통합과세하고 있다.

그러나 국토보유세 도입으로 종합부동산세를 대체하고 지방세법상 지역자원시설세와 같이 주택분 토지를 주택과 토지로 분리하여 평가하는 것이 법제도적으로 불가능하지 않다는 점에서, 국토보유세 과세대상 토지의 범위를 모든 토지로 설정하고 토지와 건물을 분리과세 하는 방법(2안)을 마련할 수 있을 것이다.

---

3   https://www.tax.metro.tokyo.lg.jp/shisan/kotei_tosi.html (일본 동경도 지방세국) 참조. 일본의 2020년 현재 고정자산세에 대한 간략한 설명자료로는, 一般財団法人 資産評価システム研究センター, 令和 2 年度版 固定資産税のしおり, 2020이 있다.

토지용도별 분류체계(종합합산, 별도합산, 분리)의 유지에 대한 검토

현행 토지 관련 보유세인 종합부동산세와 재산세는 과세대상 토지를 종합합산, 별도합산, 분리과세 토지로 구분하여 과세하고 있다.

국토보유세 과세대상 토지를 구분할 것인지 여부에 대해 견해가 갈릴 수 있다. 이하에서는 국토보유세 도입에 따른 견해뿐만 아니라 종합부동산세와 재산세에 있어 토지용도별 분류체계에 관한 기존의 견해도 포함하여 논의하기로 한다.

첫째, 현행 토지용도별 분류체계를 유지하자는 견해는 종합부동산 및 재산세와 동일한 기준을 유지하자는 주장이다. 이에 대해서는 정부의 토지 용도별 규제와 혜택에 대한 정책기조와 토지별 생산성 차이를 무시하는 과세로 비현실적이고 조세저항이 클 것으로 예상한다. 토지를 구분하지 않고 동일하게 과세하면 기존의 별도합산 토지의 조세부담이 높아지고 이는 기업 및 산업시설용 토지의 경쟁력을 약화시킬 것이라고 예상하는 견해도 있다.[4] 또한 토지분 재산세 과세대상 분류체계에는 다음과 같은 문제점들이 있으니 이를 보완하여 유지해야 한다는 견해가 있다.[5]

- 토지분 재산세의 과세특례 조치가 매우 다양하고 특혜 정도가 지나치게 높은 문제가 있다.
- 과세대상 구분별 과다한 세율격차의 문제가 있다.
- 과세대상 구분의 기준이 불분명하고 복잡한 구조를 지니는 문제가 있다.
- 기업의 토지보유가 과다한 측면이 있으나 이에 대한 과세는 미흡한 문제가 있다.

---

4   이현우 외 6인, "기본소득형 국토보유세 실행방안 연구", 경기연구원, 2019. 12., p.95.
5   하능식·이선영, "토지분 재산세 과세대상 구분체계의 실태분석", 한국지방세연구원, 2014, pp.79-99.

- 토지의 과세대상 구분이 산업구조 변화를 제대로 반영하지 못하고 있는 문제가 있다. 토지 세제상의 농업 및 제조업 중시정책은 최근의 첨단 지식산업 추세 및 산업구조 변화와 부합하지 않는다.

둘째, 모든 토지를 과세대상으로 하고 토지를 유형별로 구분하지 말자는 견해가 있다. 이 견해는 세부담이 보다 작은 분리과세 토지와 별도합산 토지로 전환하려는 유인이 커지면서 분리과세 토지와 별도합산 토지가 지속해서 늘고 있고, 이는 합산과세 원칙을 훼손하고 과세불형평을 심화시키기 때문에 단일화가 토지세의 기본취지에 부합하다고 주장한다. 다만 토지 구분에 따른 차등과세는 자원 배분을 유도하는 기능이 있는데 이러한 정책적인 기능이 마비될 수 있으므로 단계적 접근이 필요하다는 견해도 있다.[6]

국토보유세 과세대상 토지를 구분하지 않는 것이 보다 간명하고 국토보유세의 도입취지에 부합할 것으로 생각한다. 과세대상 토지를 구분하는 방식을 유지하는 견해의 예측도 타당한 측면이 있으나, 해당 견해는 국토보유세를 지방세의 세목으로 입법하는 것을 전제로 하고 있다. 국세 세목의 하나로 국토보유세를 개별입법하자는 본 연구의 관점과 차이가 있을 수밖에 없다.

타 법률과의 관계

국토보유세라는 새로운 국세 세목이 신설되는 경우, 종전 14개 세목을 전제로 한 국세기본법, 조세특례제한법, 농어촌특별세법 등 관련 세법 개

---

6   박상수·이슬이, "국토보유세 도입 쟁점 검토", 한국지방세연구원, 2019.12., p.86.

정도 함께 이루어져야 한다. 또한 국토보유세가 종합부동산세를 대체하는 경우에는 종합부동산세가 국세의 한 세목으로 된 것을 전제로 한 부분은 국토보유세로 변경되어야 한다.

국토보유세 납세의무자에게 농어촌특별세 납세의무를 부과하기 위해서는 농어촌특별세법의 개정이 필요하다. 농어촌특별세는 목적세로서 부가세(surtax)의 형태이며, 종합부동산세의 납세의무자에게는 종합부동산세의 20%에 해당하는 농어촌특별세의 납세의무가 있다. 국토보유세의 과세대상을 종합부동산세 과세대상과 다르게 설정하는 방식으로 입법하는 경우, 농어촌특별세의 부가대상으로서 국토보유세를 추가해야 한다.

신탁재산에 대한 특례 규정을 마련함에 있어서도 신탁과 관련한 타법의 개정사항을 검토해야 한다. 2020년 7월 22일 종합부동산세법 개정안이 정부안으로 제시되었는데 이중 신탁재산 관련 종합부동산세 납세의무자가 변경되었다. 이는 납세의무자를 수탁자에서 위탁자로 변경하여 신탁한 부동산을 위탁자의 다른 재산과 합산하여 종합부동산세 과세한다는 것을 의미한다.

국토보유세가 종합부동산세를 대체하여 종합부동산세가 폐지되는 경우, 장기적으로 지방세법 제9장 재산세 부분에 주택분 재산세액 계산방법을 토지와 건물을 분리하여 평가·계산하는 방법으로 변경해야 한다.

종합부동산세를 존치하는 경우, 현재 종합부동산세 과세대상에서 토지를 제외하고 현재의 주택분 종합부동산세액 계산방법을 건물만 평가하여 종합부동산세액을 계산하는 방법으로 바꾸어야 한다. 토지분 종합부동산세액에서 토지분 재산세액을 공제하는 규정을 삭제하는 등 종합부동산세법의 전반적인 정비가 필요할 것이다.

9장

국토보유세 입법안 검토

목적 규정과 배분 규정

목적 규정

국토보유세를 재정수입 목적의 보통세로 입법하는 것과 기본소득 재원을 목적으로 하는 목적세로 입법하는 것, 통상적으로 두 유형이 있다. 목적세가 아닌 보통세로 입법하더라도 기본소득 재원으로 사용하는 세 번째 유형도 가능하다. 이러한 유형이 가능한지에 대해서 견해의 대립이 있을 수 있다.

목적세가 아니라 하더라도 제도의 취지상 가능하다는 견해와 목적세가 아니므로 일반적인 재정수입에 충당할 수 있을 뿐 기본소득 재원으로만 사용할 수 없다는 견해 대립이 그것이다.

다음과 같이 다른 개별세법들의 목적 규정들을 보면, 재정수입 조달 목적의 보통세임을 명시하고 있다.

- 국세기본법 제1조는 국세에 관한 법률관계를 명확화, 공정한 과세, 납세의무 이행에 이바지함을 목적으로 한다고 규정하고 있다.
- 소득세법 제1조는 조세부담의 형평 도모, 재정수입 조달을 목적으로 한다고 규정하고 있다.
- 법인세법 제1조는 공정한 과세, 납세의무 이행의 확보, 재정수입 조달을 목적으로 한다고 규정하고 있다.
- 종합부동산세 제1조는 조세부담의 형평성 제고, 부동산 가격안정 도모를 목적으로 한다고 규정하고 있다.

특정 재원 마련을 목적으로 하는 경우 목적세로 설정하는 것이 일반적이고, 보통세로 입법하더라도 기본소득 재원으로 사용하는 제3의 유형도 가능하나 논란의 여지는 있다.

배분 규정 유무

국토보유세를 개별세법으로 입법하는 방안은 기본적으로 국세의 세목으로 입법하는 것을 전제로 하기 때문에 배분 규정을 둘 것인지에 관하여 논의할 필요가 있다. 경기도 재난기본소득과 같이 지방자치단체별로 재정상태와 지역사회의 특성에 맞게 독립적으로 시행하고자 한다면, 개별세법의 하나로 국토보유세를 입법할 경우 조세수입의 배분에 대한 내용을 명문의 규정으로 신설할 것인지 여부에 대한 논의가 필요하다는 의미이다.

배분규정을 두고 있는 지방세기본법을 보면, 재산세는 사실상 자치구 세원이나 서울특별시의 경우 광역시세원으로 징수해서 배분하는 구조이다. 그리고 이에 대한 배분 규정을 두고 있다.

○ 제8조는 재산세는 시·군·구세·특별자치시세·특별자치도세의 세목이라고 규정하고 있다.

○ 제9조는 특별시의 관할구역 재산세의 경우 제8조에도 불구하고 특별시세 및 구세이며, 특별시분과 구(區)분 5:5로 배분한다고 규정하고 있다.

○ 제10조에서 특별시장은 특별시분 재산세 전액을 관할구역 구에 교부해야 함을 밝히고 있으며, 이렇게 특별시로부터 배분된 재산세는 해당 구의 재산세 세입임을 규정하고 있다.

한편, 특정한 재원을 확보하기 위한다는 내용을 명시적으로 규정하고 있는 목적 규정을 가진 개별세법이 반드시 배분 규정을 가지고 있는 것은 아니다.

○ 교통·에너지·환경세법

교통·에너지·환경세법 제1조(목적)는 "이 법은 도로·도시철도 등 교통시설의 확충 및 대중교통 육성을 위한 사업, 에너지 및 자원 관련 사업, 환경의 보전과 개선을 위한 사업에 필요한 재원(財源)을 확보함을 목적으로 한다"고 규정하고 있다. 목적규정에 어떠한 재원 확보인지를 적기는 하지만, 배분 등에 대한 규정을 두고 있지 않다.

○ 주세법

주세법은 목적 규정 자체는 없으나, 제정 당시 국민건강 향상을 목적으로 하고 있었다. 배분 등에 대한 규정을 두고 있지 않다.

[시행 1949. 10. 21.] [법률 제60호, 1949. 10. 21., 제정] 제정이유 : "건국초기에 있어서 국가가 필요로 하는 재정확보를 위하여 주류에 세금을 과함으로써 일반국민에게 음주자체를 절제함은 물론 국민보건의 향상을 기하려는 것이다."

○ 교육세법

제1조(목적)는 "이 법은 교육의 질적 향상을 도모하기 위하여 필요한 교육재정의 확충에 드는 재원을 확보함을 목적으로 한다"고 규정하고 있다. 목적 규정에 어떠한 재원 확보인지를 적기는 하지만, 배분 등에 대한 규정을 두고 있지 않다.

○ 농어촌특별세법

제1조(목적)는 "이 법은 농어업의 경쟁력강화와 농어촌산업기반시설의 확충 및 농어촌지역 개발 사업을 위하여 필요한 재원을 확보함을 목적으로 한다"고 규정하고 있다. 목적 규정에 어떠한 재원을 확보하기 위한 것인지를 명시하고 있지만, 배분 등에 대한 규정을 두고 있지 않다. 한편, 제10조에 국고납입 규정을 두고 있다.

○ 종합부동산세법

제1조(목적)는 "이 법은 고액의 부동산 보유자에 대하여 종합부동산세를 부과하여 부동산보유에 대한 조세부담의 형평성을 제고하고, 부동산의 가격안정을 도모함으로써 지방재정의 균형발전과 국민경제의 건전한 발전에 이바지함을 목적으로 한다"고 규정한다. 종합부동산세법은 목적세가 아닌 보통세이나 단순히 재정수입만을 목적으로 하고 있지 않다.

위와 같은 다른 세법들의 목적규정들은 국토보유세도 재정수입 목적 이외의 다른 정책적 목적을 제시할 수도 있음을 보여주고, 배분 규정을 두는 것에 있어서도 견해가 나뉠 수 있다는 가능성을 보여준다.

그러나 국토보유세는 일반 재정수입 목적이 아닌 특정한 재원마련 목적이 뚜렷하고, 국세로서 중앙정부가 기본소득 수급자에게 기본소득을 직접 지급하는 형태로 운영될 것이므로 배분 규정이 필요하지 않다.

이와 관련하여 국토보유세의 목적은 기본소득재원 확보로 명확하므로 목적세로 도입하고 특별회계로 관리·운용되어야 한다는 견해도 있다.[1] 이 견해와 같이 국토보유세를 통한 기본소득 지급 행정의 주체가 중앙정부가 아닌 지방정부가 되어 배분에 대한 내용을 반드시 규정해야 한다면 특별회계 내에 두는 방법도 있다.

목적세와 특별회계 관련 규정의 문제 검토

목적세의 경우 특별회계와 관련하여 별도 규정을 두어야 하는지 여부가 문제될 수 있다.

특별회계는 일반회계와 구분되는 것으로서, 특정한 세출을 위한 세입을 일반회계와 구분하여 설치한다. 일반회계는 국가의 일반적인 세출에 충당하기 위하여 설치하며, 조세수입이 주 세입원이다. 특별회계는 국가가 특정한 사업운영, 특정한 자금 보유 및 운용, 특정한 세입으로 특정한 세출에 충당하기 위해 일반회계와 구분하여 회계처리해야 할 필요가 있을 때 법률로 설치해야 한다. 특별회계는 국가재정법 〈표 9-1〉에 규정된 법률에 의하지 않고 설치할 수 없다.

요약

결국 국토보유세를 보통세로 할 것이냐 목적세로 할 것이냐의 논의는 국토보유세가 어떤 재원을 마련하기 위한 세목인지를 명시할지 여부를 결

---

1   이현우 외 6인, 앞의 글, p.99.

<표 9-1> 국가재정법

특별회계설치 근거법률
1. 교도작업의 운영 및 특별회계에 관한 법률
2. 국가균형발전 특별법
3. 국립의료원특별회계법
4. 삭제 〈2006.12.30〉
5. 정부기업예산법
6. 농어촌구조개선특별회계법
7. 농어촌특별세관리특별회계법
8. 등기특별회계법
9. 신행정수도 후속대책을 위한 연기·공주지역 행정중심복합도시 건설을 위한 특별법
10. 아시아문화중심도시 조성에 관한 특별법
11. 에너지및자원사업특별회계법
12. 우체국보험특별회계법
13. 삭제 〈2006.12.30〉
14. 주한미군기지 이전에 따른 평택시 등의 지원 등에 관한 특별법
15. 책임운영기관의 설치·운영에 관한 법률
16. 특허관리특별회계법
17. 「환경정책기본법」
18. 국방·군사시설이전특별회계법
19. 공공기관 지방이전에 따른 혁신도시건설 및 지원에 관한 특별법
20. 교통시설특별회계법
21. 유아교육지원특별회계법
22. 소재·부품·장비산업 경쟁력강화를 위한 특별조치법

정하는 문제라고 할 수 있다. 특정재원을 확보하는 것이 아닌 일반재원 확보가 목적이라면 보통세가 적합하며, 특정재원을 확보하는 것이 목적임을 드러내고자 한다면 목적세가 적합할 것이다.

종합부동산세와 지방세법상 재산세 등 기존의 보유세를 두고 별개의 세목을 신설하는 것에 대해 공감대를 형성하고 당위성을 확보한다는 관점에서는 특정재원 확보의 목적이 있음을 드러내는 목적세가 적합하다. 목적 규정에 일반재원 확보를 위한 것이라는 내용보다는 기본소득재원 확보를 위한 것임을 명시하는 것이 필요하며, 이에 앞서 '기본소득'이라는 개념을 특정해야 한다. 현행법상 '기본소득'이라는 용어는 찾아볼 수 없기 때문에 이에 대한 정의는 필요하며, 정의 규정에 규정하는 방식을 고려해볼 수 있다.

입 법 안

제2조 (정의)

이 법에서 사용하는 용어의 정의는 다음 각호와 같다.

1. "기본소득"이라 함은 대한민국 국민과 대통령령이 정하는 외국인에게 개별적으로, 무조건적으로, 정기적으로 지급되는 소득을 말한다.

앞서 다른 세법들의 목적규정들을 검토한 결과 목적규정을 통해 재정수입 목적 이외의 다른 정책적 목적을 제시할 수도 있으므로, 기본소득 재원을 통해 달성하고자 하는 다른 정책적인 목적을 목적규정에 담을 수도 있다. 토지로부터 국토보유세를 징수하여 국민들에게 지급함으로써 기대하는 정책적 효과가 무엇인가에 대한 내용을 담는 것으로서, 왜 기본소득을 지급하는 것인가라는 물음과 연관이 있다. 토지에 편중되어 있는 부에 국토보유세를 부과하고, 그 세수를 국민에게 환급함으로써 토지에 집중된 부를 소득의 형태로 재분배한다는 정책적 목적을 제시할 수 있다. 다만, 국토보유세가 토지 가격 안정을 도모하기 위한 것인지 여부에 따라 '토지 가격 안정에 기여'한다는 표현을 목적규정에 넣을 것인지 견해가 갈릴 수 있다. 이에 대해서 국토보유세는 기본소득 재원 확보를 목적으로 하는 것이지 토지 가격 안정이 목적이 아니므로 목적규정에 토지 가격 안정의 내용을 포함할 필요가 없다는 견해가 있을 수 있다. 반면, 국토보유세가 기본소득 재원 확보가 주목적이지만 종합부동산세와 같이 토지 가격 조정의 기능을 수행한다는 점에서 해당 내용을 포함해야 한다는 견해가 있을 수 있다.

국토보유세를 목적세로 도입하는 경우 특별회계로 편입시켜야 한다.

앞서 농어촌특별세법을 살펴보았듯이, 목적세의 경우 특별회계로 편입시켜야 한다. 특별회계는 별도의 법률에 의해야 하며, 국가재정법에 근거 법률을 마련할 필요가 있다.

입 법 안

제1조 (목적)

이 법은 토지 보유자에 대하여 국토보유세를 부과하여 세수를 기본소득의 형태로 국민에게 환급하여 지역간·세대간·계층간 상생을 도모함을 목적으로 한다.

과세대상 토지

국토보유세 과세대상 토지와 관련하여 토지에 대해 별도로 정의할 것인지 여부와 과세대상 토지를 구분할 것인지 여부에 대해 견해 대립이 있을 수 있다. 이에 대해 검토해보기로 한다.

정의 규정과 규정 방식

국토보유세 과세대상 토지를 규정하는 것은 별도의 정의 규정을 두는 방식과 종합부동산세법 또는 지방세법상 취득세 및 재산세의 규정을 준용하는 방식이 있다.

종합부동산세법 또는 지방세법상의 규정을 준용하는 방식은 동일한 토지에 대해 재산세와 국토보유세를 모두 과세하는 결과가 되어 이중과세 논란을 야기할 수 있다. 종합부동산세액 계산 시 동일한 토지에 대한 재산세액을 공제해주고 있는 것과 같이 국토보유세에 있어서도 재산세액 공제를 통해 이중과세 문제를 해결할 수 있다는 견해도 있다.

종합부동산세 과세대상에서 토지를 제외하고 국토보유세법의 과세대
상 토지를 모든 토지로 규정하는 방법은 이중과세 문제가 발생하지 않는
해결책이 될 수 있다. 그리고 이러한 방식은 국토보유세법에 토지에 관한
별도의 정의 규정을 두어야 한다.

국토보유세법의 과세대상 토지를 규정하는 방법으로 다음과 같이 두
가지 입법안이 있으며, 과세대상 규정에서 별도로 규정하는 안이 과세대상
의 명확화 측면에서 보다 나을 것이다.

○ 제2조(정의) 규정의 일부로 토지에 관한 내용을 입법하는 방법

입 법 안

제2조 (정의)

이 법에서 사용하는 용어의 정의는 다음 각호와 같다.

...

2. "토지"라 함은 「공간정보의 구축 및 관리 등에 관한 법률」에 따라 지적공부(地
籍公簿)의 등록대상이 되는 토지와 그 밖에 사용되고 있는 사실상의 토지를 말
한다. 여기서 토지는 주택법 제2조 제1호에 따른 주택이 소지하는 토지도 포
함한다.

○ 제3조(과세대상) 규정에 토지에 관한 내용을 입법하는 방법

입 법 안

제3조 (과세대상)

국토보유세는 「공간정보의 구축 및 관리 등에 관한 법률」에 따라 지적공부(地籍
公簿)의 등록대상이 되는 토지와 그 밖에 사용되고 있는 사실상의 토지를 과세대
상으로 한다. 여기서 토지는 주택법 제2조 제1호에 따른 주택이 소지하는 토지도
포함한다.

과세대상의 구분

현행 토지 관련 보유세인 종합부동산세와 재산세는 과세대상 토지를 종합합산, 별도합산, 분리과세 토지로 구분하여 과세하고 있다.

국토보유세 과세대상 토지를 구분할 것인지 여부에 따라 규정 방식이 달라질 수 있다. 종합부동산세법과 같이 과세대상을 구분하는 방식을 유지하자는 견해에 (종합합산, 별도합산 유지) 따른다면, 종합부동산세법 제11조의 과세방법 규정에서 지방세법상의 구분 규정(재산세)을 따르는 것으로 규정하고 있으므로, 종합부동산세법과 같은 구분 방식을 유지할 경우 지방세법상 구분 규정을 따르는 내용의 규정을 두는 방식을 채택할 수 있다. 종합부동산 및 재산세와 동일한 기준을 유지하자는 견해는 정부의 토지용도별 규제와 혜택에 대한 정책기조와 토지별 생산성 차이를 무시하는 과세는 비현실적이고 조세저항이 클 것으로 예상하고 있다. 또한 토지를 구분하지 않고 동일하게 과세하면 기존의 별도합산 토지의 조세부담이 높아지고 이는 기업 및 산업시설용 토지의 경쟁력을 약화시킬 것이라고 예상한다.[2]

모든 토지를 과세대상으로 하고 토지를 유형별로 구분하지 말자는 견해는 분리과세 토지도 포함하고 종합합산, 별도합산, 분리과세 등 토지를 구분하지 않는 방식에 해당한다. 세부담이 보다 작은 분리과세 토지와 별도합산 토지로 전환하려는 유인이 커지면서 분리과세 토지와 별도합산 토지가 지속해서 늘고 있고, 이는 합산과세 원칙을 훼손하고 과세불형평을 심화시키기 때문에 단일화가 토지세의 기본취지에 부합한다. 다만 토지 구분에 따른 차등과세는 자원 배분을 유도하는 기능이 있는데 이러한 정책적인 기능이 마비될 수 있으므로 단계적 접근이 필요하다는 견해도 있다.[3]

---

2   이현우 외 6인, 앞의 글, p.95.

국토보유세 과세대상 토지를 구분하지 않는 것이 보다 간명하고 국토보유세의 도입취지에 부합할 것으로 생각한다. 과세대상 토지를 구분하는 방식을 유지하는 견해의 예측도 타당한 측면이 있으나, 해당 견해는 국토보유세를 지방세의 세목으로 입법하는 것을 전제로 하므로, 국세 세목의 하나로 국토보유세를 개별입법하자는 본 연구의 관점과 차이가 있을 수밖에 없다.

주택부속토지도 국토보유세의 과세대상 토지의 범위에 포함할지 여부에 대해서는 토지 전체를 국토보유세 과세대상으로 하는 경우에는 당연히 이를 포함하여야 한다.

납세의무자: 토지 소유자

국토보유세 과세대상 토지에는 종전 종합부동산세법상 주거용 토지역시 포함하고 이는 주택분 재산세의 주거용건물이 있는 토지도 포함하기 때문에 종합부동산세법의 납세의무자 규정과 같이 '토지분 재산세 납세의무자로서'라는 문구를 넣는 것은 바람직하지 않다. 지방세법상 재산세 납세의무자 규정과 같이 직접 규정하는 것이 필요하다.

국토보유세의 과세대상 토지의 범위는 종합부동산세와 재산세 과세대상 토지의 범위와 다르므로 '이 법에서 정하는 토지'의 소유자임을 명시하는 것 필요하다.

2020년 7월 22일 종합부동산세법 개정안이 정부안 중에서 신탁재산 관련 종합부동산세 납세의무자가 수탁자에서 위탁자로 변경되었다. 신탁

---

3   박상수·이슬이, 앞의 글, p.86.

재산에 대한 납세의무자 특례규정을 마련함에 있어서 위와 같은 신탁과 관련한 타법의 개정사항과 정합성을 검토해야 할 필요가 있다. 타법 개정사항에 맞추어 「신탁법」에 따라 수탁자 명의로 등기·등록된 신탁재산의 납세의무자는 위탁자로 한다.

조세특례제한법 제104조의13 향교 및 종교단체에 대한 종합부동산세 과세특례와의 정합성을 고려하여, 국토보유세 납세의무자 규정에 향교 및 종교단체에 대한 납세의무자 특례규정을 마련해야 한다.

입 법 안

제4조 (납세의무자)

① 과세기준일 현재 이 법에서 정하는 토지를 사실상 소유하고 있는 자는 해당 토지에 대한 국토보유세를 납부할 의무가 있다. 다만, 다음 각 호의 어느 하나에 해당하는 경우에는 해당 각 호의 자를 납세의무자로 본다.

1. 공유토지인 경우: 그 지분에 해당하는 부분(지분의 표시가 없는 경우에는 지분이 균등한 것으로 본다)에 대해서는 그 지분권자

2. 「신탁법」에 따라 수탁자 명의로 등기·등록된 신탁재산의 경우: 위탁자

3. 조세특례제한법 제104조의11로 정하는 개별 향교 또는 개별 종교단체(이하 이 조에서 "개별단체"라 한다)가 소유한 주택 또는 토지 중 개별단체가 속하는 「향교재산법」에 따른 향교재단 또는 대통령령으로 정하는 종교단체(이하 이 조에서 "향교재단 등"이라 한다)의 명의로 조세포탈을 목적으로 하지 아니하고 등기한 토지(이하 이 조에서 "대상토지"라 한다)가 있는 경우: 대상토지를 실제 소유한 개별단체

② 제1항에도 불구하고 과세기준일 현재 다음 각 호의 어느 하나에 해당하는 자는 국토보유세를 납부할 의무가 있다.

1. 공부상의 소유자가 매매 등의 사유로 소유권이 변동되었는데도 신고하지 아니하여 사실상의 소유자를 알 수 없을 때에는 공부상 소유자

2. 상속이 개시된 재산으로서 상속등기가 이행되지 아니하고 사실상의 소유자를 신고하지 아니하였을 때에는 행정안전부령으로 정하는 주된 상속자

3. 공부상에 개인 등의 명의로 등재되어 있는 사실상의 종중재산으로서 종중 소유임을 신고하지 아니하였을 때에는 공부상 소유자

4. 국가, 지방자치단체, 지방자치단체조합과 국토보유세 과세대상 재산을 연부(年賦)로 매매계약을 체결하고 그 재산의 사용권을 무상으로 받은 경우에는 그 매수계약자

5. 「도시개발법」에 따라 시행하는 환지(換地) 방식에 의한 도시개발사업 및 「도시 및 주거환경정비법」에 따른 정비사업(재개발사업만 해당한다)의 시행에 따른 환지계획에서 일정한 토지를 환지로 정하지 아니하고 체비지 또는 보류지로 정한 경우에는 사업시행자

③ 과세기준일 현재 소유권의 귀속이 분명하지 아니하여 사실상의 소유자를 확인할 수 없는 경우에는 그 사용자가 국토보유세를 납부할 의무가 있다.

납세지와 과세기준일

국토보유세의 납세지는 아래와 같이 토지 소유자 기준 방식과 토지 소재지 기준 방식이 있을 수 있다.

토지 소유자 기준 방식은 종합부동산세법 제4조 납세지 규정과 같이 토지 소유자의 주소지 또는 거소지 등을 기준으로 납세지를 정한다. 이러한 방식은 납세의무자인 토지 소유자가 관할세무서에 일괄적으로 세금을 납부하므로, 납부 측면에서 효율적이다. 반면, 토지 소유자가 복수의 토지들을 소유하고 있고 토지들의 소재지가 제각각인 경우, 토지 소재지 관할 지방자치단체에 세수를 배분하는 과정에서 관할세무서의 행정소요가 복잡해질 가능성이 높다는 문제가 있다.

토지 소재지 기준 방식은 지방세법 제108조 납세지 규정과 같이 토지 소재지를 관할하는 관할세무서를 납세지로 설정하는 방식이다. 이 방식은 관할 내 토지로부터 징수한 세금만을 배분하면 되므로 토지 소유자의 다른 토지까지 고려할 필요가 없다는 점에서 효율적이다. 그러나 토지 소재지와 소유자의 주소지 또는 거소지의 관할 구역이 다른 경우 납세의무자는 토지 소재지에 별도로 세금을 납부해야 하는 불편함이 발생한다. 이에 더해 토지 소유자가 복수의 관할 구역에 여러 토지를 소유하고 있는 경우 각

각 납세지가 달라지기 때문에 납세의무자의 납부에 불편을 초래한다는 문제가 있다.

국토보유세는 국세로서 개별세법에서 입법하는 것이므로 종전 종합부동산세법과 같이 토지 소유자를 기준으로 국토보유세의 납세지를 규정하는 것이 적합하다.

입 법 안

제5조 (납세지)

① 국토보유세의 납세의무자가 개인 또는 법인으로 보지 아니하는 단체인 경우에는 소득세법 제6조의 규정을 준용하여 납세지를 정한다.

② 국토보유세의 납세의무자가 법인 또는 법인으로 보는 단체인 경우에는 「법인세법」 제9조제1항부터 제3항까지의 규정을 준용하여 납세지를 정한다.

③ 국토보유세의 납세의무자가 비거주자인 개인 또는 외국법인으로서 국내사업장이 없고 국내원천소득이 발생하지 아니하는 토지를 소유한 경우에는 그 토지의 소재지(토지가 둘 이상인 경우에는 공시가격이 가장 높은 토지의 소재지를 말한다)를 납세지로 정한다.

국토보유세의 과세기준일은 지방세법상 재산세의 과세기준일과 동일하게 규정하는 것이 과세권자와 납세의무자 모두에게 효율적이며 타법과의 정합성 면에서 타당하다. 주거용 토지를 제외하고 국토보유세와 재산세의 과세대상 토지가 동일하고 국토보유세 산출세액 계산 시 재산세액을 차감하기 때문에 둘의 과세기준일을 동일하게 규정하는 것이 두 법 사이의 정합성 면에서 타당하다. 과세권자와 납세의무자도 동일 토지에 대한 두 세액을 계산함에 있어 기준일이 동일한 것이 효율적이다.

입 법 안

제10조 (과세기준일)

국토보유세의 과세기준일은 「지방세법」 제114조에 따른 재산세의 과세기준일로 한다.

토지 가격의 평가규정과 과세표준

토지에 대한 과세를 위해서는 과세대상인 토지 가격을 평가하는 것과 그 평가액을 기준으로 과세표준을 어떻게 계산할 것인지에 관한 규정을 마련해야 한다.

토지 가격의 평가에 관한 규정

평가규정을 두는 방식은 종합부동산세법과 지방세법의 규정을 참고할 필요가 있다. 종합부동산세법의 경우 부동산 가격공시에 관한 법률과 지방세법 상의 공시가격을 준용한다는 내용을 정의 규정 내에 두고 있다. 지방세법의 경우 총칙에 부동산 등의 시가표준액 규정을 두고 제1항에 시가표준액은 부동산 가격공시에 관한 법률에서 공시하는 가액으로 한다는 규정을 두고 있다.

국토보유세법도 종합부동산세법이나 지방세법과 같이 기존의 부동산 가격공시에 관한 법률을 준용하는 편이 효율적이며, 국토보유세의 과세대상은 토지뿐이므로 토지 외의 부동산의 경우까지 규정하고 있는 지방세법의 총칙 규정의 형식보다는 종합부동산세법과 같이 정의 규정 형식을 따르는 편이 적절할 것이다.

입 법 안

제2조 (정의)

이 법에서 사용하는 용어의 정의는 다음 각호와 같다.

...

3. "공시가격"이라 함은 「부동산 가격공시에 관한 법률」에 따라 가격이 공시되는 토지에 대하여 같은 법에 따라 공시된 가액을 말한다. 다만, 같은 법에 따라 가격이 공시되지 아니한 경우에는 「지방세법」 제4조제1항 단서에 따른 가액으로 한다.

종합부동산세법 제2조 제9호 단서에서는 "다만, 같은 법에 따라 가격이 공시되지 아니한 경우에는 「지방세법」 제4조제1항 단서 및 같은 조 제2항에 따른 가액으로 한다"고 규정하고 있다. 이때 제2항은 건축물, 항공기, 선박, 그 밖의 과세대상에 관한 규정이므로 토지를 과세대상으로 하는 국토보유세에서 준용할 필요가 없다.

과세표준

동일한 토지에 대해, 토지분 재산세와 국토보유세를 과세하는 것이므로, 종합부동산세 과세표준과 같이 재산세 감면이 있는 경우 토지의 공시가격에서 재산세 감면만큼을 차감해 줄 필요가 있다. 하지만 재산세 과세대상 토지는 종합합산, 별도합산, 분리과세 유형별로 차등과세하기 때문에 과세대상 토지를 구분하지 않는 국토보유세에 대해 재산세 감면율을 전부 반영하여 차감할 것인지에 대해서는 추가 검토가 필요하다.

국토보유세 과세표준 계산방식을 종합부동산세 과세표준 계산방식과 재산세 과세표준 계산방식 중 어느 것을 기준으로 삼을 것인지 검토할 필요가 있다. 둘의 차이는 기준금액과 해당 기준금액의 공제 여부에 있다. 종합부동산세의 경우 과세표준 산정 시, 공시가격 합계액에서 종합합산대상 토지는 5억원, 별도합산대상 토지는 80억원을 공제한다. 반면 재산세는 공제액이 없다.

국토보유세는 과세대상 토지를 구분하지 않는 것을 전제로 하므로, 종합부동산세와 달리 별도의 기준금액을 설정해야 한다. 기준금액의 구체적 설정은 추가 검토가 필요하다. 국세로서 지방세인 재산세를 기준으로 삼기보다는 종합부동산세를 기준으로 삼는 편이 타당하다.

과세대상토지의 공시가격 합계액에 곱하는 공정시장가액비율은 종합부동산세와 재산세의 비율과 동일하게 정하는 것이 정부의 정책기조에 부합한다. '대통령령으로 정하는 공정시장가액비율'로서, 2019년 85%, 2020년 90%, 2021년 95%의 비율로 국토보유세법시행령 규정을 마련하는 것이다.

입 법 안

제7조 (과세표준)

① 이 법에서 정하는 토지에 대한 국토보유세의 과세표준은 납세의무자별로 해당 과세대상토지의 공시가격을 합산한 금액에서 ○억 원을 공제한 금액에 부동산 시장의 동향과 재정 여건 등을 고려하여 100분의 60부터 100분의 100까지의 범위에서 대통령령으로 정하는 공정시장가액비율을 곱한 금액으로 한다.

② 제1항의 금액이 영보다 작은 경우에는 영으로 본다.

세율과 세액공제

세율

국토보유세 과세표준 구간과 세율에 대해서는 추가적인 검토가 필요하다. 종합부동산세 과세대상 토지가 국토보유세의 과세대상으로 주택분 토지를 포함하여 모두 편입되므로, 종합부동산세의 과세표준 구간과 세율을 그대로 활용하는 것도 가능할 수 있다.

입 법 안

제8조 (세율)

이 법에서 정하는 토지에 대한 국토보유세의 세액은 과세표준에 다음의 세율을 적용하여 계산한 금액으로 한다.

과세표준	세율
○억원 이하	○%
○억원 초과 ○억원 이하	○만원 + ○억원 초과액 × ○%
○억원 초과	○만원 + ○억원 초과액 × ○%

재산세 세액공제

동일한 토지에 대해, 토지분 재산세와 국토보유세를 과세하는 것이므로, 동일한 과세대상 토지에 대한 재산세액은 공제해주어야 한다. 이는 동일한 토지에 대한 이중과세 문제와 관련된 것으로서, 세액공제를 통해 이중과세 문제를 해소하는 방안이기도 하다. 세액공제에 관한 규정은 일반적인 토지에 대한 재산세액을 공제한다는 내용과 주택분 재산세액에 포함되어 있는 토지에 대한 재산세액을 공제한다는 내용이 모두 포함되어야 한다. 지방세법상 주택은 건물과 토지를 통합평가하기 때문에 일반적인 토지분 재산세액공제와 구분할 필요가 있다. 이러한 주택분 재산세액을 공제하기 위한 계산방법은 앞서 검토한 바와 같이 두 가지가 있으며, 1안이 타당하다는 결론이었으므로 1안을 기준으로 입법안을 마련했다.

○ [1안] 주택분 재산세액 × {(주택 공시가격 - 건축물 시가표준액)/주택 공시가격}
○ [2안] 주택분 재산세액 × 토지 공시가격/주택 공시가격

입 법 안

제9조 (재산세 세액공제)

제8조에 따라 계산한 금액에 대하여 다음 각 호에 따른 과세대상 토지의 재산세로 부과된 세액을 공제한다.

1. 국토보유세 과세표준 금액에 대하여 해당 과세대상 토지의 토지분 재산세로 부과된 세액(「지방세법」 제111조제3항에 따라 가감조정된 세율이 적용된 경우에는 그 세율이 적용된 세액, 같은 법 제122조에 따라 세부담 상한을 적용받은 경우에는 그 상한을 적용받은 세액을 말한다)은 국토보유세액에서 이를 공제한다.

2. 국토보유세 과세표준 금액에 대하여 해당 과세대상 토지의 주택분 재산세로 부과된 세액(「지방세법」 제111조제3항에 따라 가감조정된 세율이 적용된 경우에는 그 세율이 적용된 세액, 같은 법 제122조에 따라 세부담 상한을 적용받은 경우에는 그 상한을 적용받은 세액을 말한다)에 (주택 공시가격 - 건축물 시가표준액)/주택 공시가격을 곱한 금액은 국토보유세액에서 이를 공제한다.

비과세 및 감면

재산세와 동일한 과세대상 토지에 대해 국토보유세를 과세하는 경우라도 정책적 목적에 따라 비과세 및 감면 여부를 달리 정할 수 있다. 규정(안)에서는 국토보유세의 비과세 및 감면을 재산세 비과세 및 감면의 경우를 그대로 인정하는 경우와 함께, 감면의 경우 국토보유세의 경우 달리 정할 수 있는 내용을 함께 포함했다.

입 법 안

제6조 (비과세)

　① 「지방세특례제한법」 또는 「조세특례제한법」에 의한 재산세의 비과세·과세면제 또는 경감에 관한 규정(이하 "재산세의 감면규정"이라 한다)은 국토보유세를 부과하는 경우에 준용한다.

　② 「지방세특례제한법」 제4조에 따른 시·군의 감면조례에 의한 재산세의 감면규정은 국토보유세를 부과하는 경우에 준용한다.

　③ 제1항 및 제2항에 따라 재산세의 감면규정을 준용하는 경우 그 감면대상인 토지의 공시가격에서 그 공시가격에 재산세 감면비율(비과세 또는 과세면제의 경우에는 이를 100분의 100으로 본다)을 곱한 금액을 공제한 금액을 공시가격으로 본다.

　④ 제1항 및 제2항의 재산세의 감면규정에 따라 국토보유세를 경감하는 것이 국토보유세를 부과하는 취지에 비추어 적합하지 않은 것으로 인정되는 경우 등 대통령령으로 정하는 경우에는 국토보유세를 부과할 때 제1항 및 제2항을 적용하지 아니한다.

부과·징수방식과 납기

국세인 국토보유세를 상정하고 있으므로 관할세무서장을 과세권자로 규정하며, 관할세무서장에 의한 국토보유세 부과가 원칙이나 납세의무자가 신고하는 경우 관할세무서장의 부과처분은 없는 것으로 한다.

국토보유세의 납기와 관련하여 종합부동산세의 납기와 재산세의 납기로 견해가 나뉠 수 있으나, 국세로서 기존의 종합부동산세의 납기와 동일하게 규정하는 것이 납세의무자의 혼란을 최소화할 수 있다. 따라서 국토보유세의 납기를 매년 12월 1일부터 12월 15일까지로 한다.

입 법 안

제11조 (부과·징수 등)

① 관할세무장은 납부하여야 할 국토보유세의 세액을 결정하여 해당 연도 12월 1일부터 12월 15일(이하 "납부기간"이라 한다)까지 부과·징수한다.

② 관할세무서장은 국토보유세를 징수하고자 하는 때에는 납세고지서에 과세표준과 세액을 기재하여 납부기간 개시 5일 전까지 발부하여야 한다.

③ 제1항 및 제2항에도 불구하고 국토보유세를 신고납부방식으로 납부하고자 하는 납세의무자는 국토보유세의 과세표준과 세액을 해당 연도 12월 1일부터 12월 15일까지 대통령령으로 정하는 바에 따라 관할세무서장에게 신고하여야 한다. 이 경우 제1항의 규정에 따른 결정은 없었던 것으로 본다.

④ 제3항의 규정에 따라 신고한 납세의무자는 신고기한까지 대통령령으로 정하는 바에 따라 관할세무서장·한국은행 또는 체신관서에 국토보유세를 납부하여야 한다.

⑤ 제1항 및 제2항의 규정에 따른 국토보유세의 부과절차 및 징수에 관하여 필요한 사항은 대통령령으로 정한다.

결정과 경정에 관한 규정도 다른 개별세법과의 통일성을 위해 종합부동산세법과 동일하게 규정한다.

입 법 안

제12조 (결정과 경정)

① 관할세무서장 또는 납세지 관할 지방국세청장(이하 "관할지방국세청장"이라 한다)은 과세대상 누락, 위법 또는 착오 등으로 인하여 국토보유세를 새로 부과할 필요가 있거나 이미 부과한 세액을 경정할 경우에는 다시 부과·징수할 수 있다.

② 관할세무서장 또는 관할지방국세청장은 제14조제3항에 따른 신고를 한 자의 신고내용에 탈루 또는 오류가 있는 때에는 해당 연도의 과세표준과 세액을 경정한다.

③ 관할세무서장 또는 관할지방국세청장은 과세표준과 세액을 결정 또는 경정한 후 그 결정 또는 경정에 탈루 또는 오류가 있는 것이 발견된 때에는 이를 경정 또는 재경정하여야 한다.

④ 관할세무서장 또는 관할지방국세청장은 제2항 및 제3항에 따른 경정 및 재경정 사유가 「지방세법」 제115조제2항에 따른 재산세의 세액변경 또는 수시부과사유에 해당되는 때에는 대통령령으로 정하는 바에 따라 국토보유세의 과세표준과 세액을 경정 또는 재경정하여야 한다.

분납 및 물납과 세부담 상한

분납 규정과 물납 규정

국토보유세에 대해 물납을 인정할 것인지에 대해서는 과거 종합부동산세 물납제도가 폐지되었던 이유를 고려할 때, 물납을 인정하지 않는 것이 바람직하다는 견해가 있을 수 있다. 조세의 물납제도는 납세의무자가 거액의 재산을 갑자기 처분하기 어려운 현실 또는 급매로 인한 현금 유동성 부족을 고려하여 금전납부의 원칙을 완화하고자 하는 취지의 제도이기 때문이다. 종합부동산세는 보유사실에 기초하여 과세하는 보유세이므로 매년 일정시점에 일정액의 조세를 부담한다. 따라서 일시적·우발적인 세부담이 아니므로 물납제도의 취지에 부합하지 않음을 이유로 종합부동산세 물납제도를 폐지한 바 있다.

그러나 재산세에서는 물납제도를 인정하고 있는데, 동일한 보유세인 재산세에서는 물납을 인정하고 종합부동산세에서는 인정하지 않는 불일치

문제가 발생한다. 물납제도를 인정하는 취지는 납세의무자의 세부담에 있어 즉시 금전납부 부담을 완화해주는 것이다. 보유세제 전체의 통일성이나 정합성 관점에서 본다면 국토보유세도 물납을 인정할 필요가 있다는 견해도 가능하다. 이 경우, 국토보유세의 물납에 대해서는 기존의 지방세법상 재산세의 물납 규정을 활용하는 것이 효율적이다. 다만, 재산세 물납 규정은 재산세 과세대상 전부에 적용되는 것이므로, 과세대상이 토지로 국한되어 있는 국토보유세의 물납 규정은 기준금액과 물납할 수 있는 물건에 대해 재검토가 필요하다. 재산세 과세대상은 토지, 건축물, 주택, 항공기 및 선박인 것에 비해 국토보유세 과세대상은 토지 전체이기 때문이다.

입 법 안

제14조 (물납)

관할세무서장은 국토보유세의 납부세액이 ○천만원을 초과하는 경우에는 납세의무자의 신청을 받아 해당 관할구역에 있는 토지에 대하여만 대통령령으로 정하는 바에 따라 물납을 허가할 수 있다.

국토보유세의 분할납부(이하 분납이라 함)에 대해서는 기존의 종합부동산세의 분할납부 규정을 활용하는 것이 필요하다. 물납과 달리 금전납부이지만 과세이연의 관점에서도 분납 규정은 필요하다고 볼 수 있다. 다만, 국토보유세의 과세표준 구간과 세율이 종합부동산세와 다를 경우, 분납의 기준금액도 달리 설정되어야 한다.

입 법 안

제13조 (분할납부)

관할세무서장은 국토보유세로 납부하여야 할 세액이 ○만원을 초과하는 경우에는 대통령령으로 정하는 바에 따라 그 세액의 일부를 납부기한이 지난 날부터 6개월 이내에 분납하게 할 수 있다.

세부담 상한 규정

세부담상한제는 2005년 지방세법에 도입된 것으로, 제도 변경에 따른 급격한 세부담의 증가를 방지하기 위해 마련된 것이다. 주택분 과세표준 산정방식이 건물 원가방식에서 토지와 건물을 합한 시가방식으로 일괄 평가하도록 변경됨에 따른 것이었다.

세부담상한제 유지와 관련해서는 유지론과 폐지론의 견해 대립이 있을 수 있다. 이는 주로 주택과 관련한 세부담 상한 논쟁이지만, 토지에 대해서도 일맥상통하는 부분이 있으므로 논의할 필요가 있다.

유지론의 주된 근거는 납세자 보호에 있다. 재산의 보유에 따른 이익은 미실현이익으로서 부동산 보유 외에 별도의 소득수단이 없는 국민의 경우, 급격히 상승한 재산세는 큰 부담이 될 수 있다.[4] 폐지론의 주된 근거는 수평적 불형평에 있다.[5] 주택공시가격이 동일하더라도 실제 부과·징수되는 재산세액이 상이한 수평적 불형평이 발생하기도 한다. 탄력세율 적용을 비롯하여 공정시장가액비율 및 주택공시가격의 변동, 그리고 신·증축의 영향으로 말미암아 세부담 상한 적용 이전 산출세액의 변동함에도 불구하고 실제 부과액은 그에 상응하게 변동하지 않음으로써 재산세 세부담의 수평적 불형평이 심화될 수 있다.

재산세 세부담상한제는 수평적 불형평성 외에도 재산가치 상승에 따른 재산세수 증가를 억제하여 자연적 지방세수 증가에 악영향을 미친다. 세부담상한제의 적용은 위에서처럼 과세불공평, 과세체계의 왜곡 등 정책

---

4   국회 행정자치위원회, "지방세법중개정법률안 심사보고서", 2004. 12., p.10.; 국회 행정
     자치위원장, "지방세법 일부개정법률안(대안)", 2006. 8. 29., pp.2-3.
5   하능식·이영희·김대영·유태현·한재명·김성수, "재산세 세부담상한제도 개선방안", 한
     국지방행정연구원, 2011. 8., pp.148-149.

적 한계를 발생시킬 수도 있으나, 부동산 보유세제의 급격한 세부담을 완화하는 것은 조세저항을 줄이면서 적정한 세부담 수준이 되도록 하는데 도움을 주는 측면도 있다. 2005년 종합부동산세 신설과 함께 재산세 세부담 상한제를 도입했던 것과 미국 및 일본의 세부담 상한에 관한 유사 제도의 운영도 모두 이러한 이유 때문이라 할 수 있다.[6]

세부담상한제 유지에 관한 견해대립은 있으나 현재 종합부동산세법과 지방세법상 재산세에 모두 세부담 상한 규정이 마련되어 있음을 고려한다면, 국토보유세에도 세부담 상한 규정을 두는 것이 부동산 관련 세제의 통일성 측면에서 타당하다.

국토보유세액과 해당 토지분 재산세액의 합계액은 직전연도 해당 토지의 총세액의 일정 배수를 초과할 수 없다는 세부담 상한에 관한 규정을 둘 필요가 있다. 여기서 말하는 토지의 총세액은 "국토보유세대상인 토지에 대한 총세액상당액"으로서 해당 토지에 대한 재산세액과 국토보유세액의 합계액을 의미하며, 법문에는 "국토보유세대상인 토지에 대한 총세액상당액"이라는 문구를 기재해야 한다. 상한 비율은 종전 토지에 대한 종합부동산세의 세부담 상한과 동일한 100분의 150으로 하는 방안, 종전 주택에 대한 종합부동산세의 가장 큰 세부담상한인 100분의 300으로 하는 방안 등이 가능할 수 있다. 후자는 국토보유세 과세대상으로 토지의 구분을 없애고 여러 비과세 및 감면을 없애는 과정에서 3배 가량의 세부담 증가가 가능함을 인정한 것으로, 납세의무자가 3주택 이상을 소유하거나, 조정대상지역 내 2주택을 소유한 경우 3배 가량의 세부담 증가를 인정하고 있던 종전 종합부동산세법의 취지를 반영할 것이라 할 수 있다. 세부담 상한을 얼

---

6   박훈, "재산세 주요 개신방안에 관한 연구-과세대상 및 세부담 상한제를 중심으로-", 한국지방세연구원, 2014, pp.102-103.

마나 늘릴지 여부 자체에 대해서도 논란이 있을 수 있지만, 법안 제시는 일단 종전 토지에 대한 종합부동산세의 세부담 상한을 그대로 국토보유세에 적용하는 경우로 한다.

입 법 안

제15조 (세부담의 상한)

국토보유세의 납세의무자가 이 법에서 정하는 토지에 대하여 해당 연도에 납부하여야 할 재산세액상당액과 국토보유세액상당액의 합계액(이하 이 조에서 "국토보유세대상인 토지에 대한 총세액상당액"이라 한다)으로서 대통령령으로 정하는 바에 따라 계산한 세액이 해당 납세의무자에게 직전년도에 해당 토지에 부과된 국토보유세대상인 토지에 대한 총세액상당액으로서 대통령령으로 정하는 바에 따라 계산한 세액의 100분의 150을 초과하는 경우에는 그 초과하는 세액에 대하여는 제9조제1항에도 불구하고 이를 없는 것으로 본다.

보칙 및 부칙

국토보유세법 보칙 조문들은 종합부동산세법 제5장 보칙상 과세자료의 제공(제21조), 시장·군수의 협조의무(제22조), 질문·조사(제23조), 매각·등기관계 서류의 열람 등(제24조)의 기본 틀을 따른다.

입 법 안

제16조 (과세자료의 제공)

① 시장·군수는 「지방세법」에 따른 해당 연도 재산세의 부과자료 중 토지분 재산세의 부과자료는 9월 30일까지 행정안전부장관에게 제출하여야 한다. 다만, 시장·군수는 「지방세법」 제115조제2항에 따른 재산세의 세액변경 또는 수시부과사유가 발생한 때에는 그 부과자료를 매 반기별로 해당 반기의 종료일부터 10일 이내에 행정안전부장관에게 제출하여야 한다.

② 행정안전부장관은 제4조에 규정된 토지에 대한 국토보유세의 납세의무자를 조사하여 납세의무자별로 과세표준과 세액을 계산한 후, 매년 10월 15일까지 대통령령으로 정하는 바에 따라 국세청장에게 통보하여야 한다.

③ 행정안전부장관은 「지방세법」 제115조제2항에 따른 재산세의 세액변경 또는 수시부과사유가 발생한 때에는 재산세 납세의무자별로 재산세 과세대상이 되는 토지에 대한 재산세 및 국토보유세 과세표준과 세액을 재계산하여 매 반기별로 해당 반기의 종료일이 속하는 달의 다음다음 달 말일까지 대통령령으로 정하는 바에 따라 국세청장에게 통보하여야 한다.

④ 행정안전부장관은 제1항에 따라 시장·군수로부터 제출받은 재산세 부과자료를 제1항에서 정한 날부터 10일 이내에 국세청장에게 통보하여야 한다.

⑤ 행정안전부장관 또는 국세청장은 국토보유세 납세의무자의 세대원 확인 등을 위하여 필요한 경우 관련 기관의 장에게 가족관계등록전산자료의 제출을 요구할 수 있고, 자료 제출의 요구를 받은 관련 기관의 장은 정당한 사유가 없으면 그 요구를 따라야 한다.

입 법 안

제17조 (시장·군수의 협조의무)

① 관할세무서장 또는 관할지방국세청장은 국토보유세의 과세와 관련하여 대통령령으로 정하는 바에 따라 과세물건 소재지 관할 시장·군수에게 의견조회를 할 수 있다.

② 제1항에 따라 의견조회를 받은 시장·군수는 의견조회 요청을 받은 날부터 20일 이내에 대통령령으로 정하는 바에 따라 관할세무서장 또는 관할지방국세청장에게 회신하여야 한다.

입 법 안

제18조 (질문·조사)

국토보유세에 관한 사무에 종사하는 공무원은 그 직무수행을 위하여 필요한 때에는 다음 각호의 어느 하나에 해당하는 자에 대하여 질문하거나 해당 장부·서류 그 밖의 물건을 조사하거나 그 제출을 명할 수 있다. 이 경우 직무를 위하여 필요한 범위 외에 다른 목적 등을 위하여 그 권한을 남용해서는 아니 된다.
1. 납세의무자 또는 납세의무가 있다고 인정되는 자
2. 「법인세법」 제109조제2항제3호에 따른 경영 또는 관리책임자
3. 제1호에서 규정하는 자와 거래관계가 있다고 인정되는 자

입 법 안

제19조 (매각·등기관계 서류의 열람 등)

관할세무서장, 관할지방국세청장 또는 그 위임을 받은 세무공무원이 국토보유세를 부과·징수하기 위하여 토지의 매각·등기 그 밖의 현황에 대한 관계서류의 열람 또는 복사를 요청하는 경우에는 관계기관은 그 요청을 따라야 한다.

부칙 규정은 다음과 같다.

다른 법령의 개정사항

새로운 국세로서 국토보유세가 신설되는 것이므로 국세기본법, 조세특례제한법, 농어촌특별세법도 함께 고려해야 한다.

국토보유세 납세의무자에게 농어촌특별세 납세의무를 부과하기 위해서는 농어촌특별세법의 개정이 필요하다. 농어촌특별세는 목적세로서 부가세의 형태이며, 종합부동산세의 납세의무자에게는 종합부동산세의 20%에 해당하는 농어촌특별세의 납세의무가 있다. 국토보유세의 과세대상을 종합부동산세 과세대상과 다르게 설정하는 방식으로 입법하는 경우, 농어촌특별세의 부가대상으로서 국토보유세를 추가해야 한다.

신탁재산에 대한 특례 규정을 마련함에 있어서도 신탁과 관련한 타법의 개정사항을 검토해야 한다. 2020년 7월 22일 종합부동산세법 개정안이 정부안으로 제시되었는데 이중 신탁재산 관련 종합부동산세 납세의무자가 변경되었고, 납세의무자를 수탁자에서 위탁자로 변경하여 신탁한 부동산을 위탁자의 다른 재산과 합산하여 종합부동산세를 과세하고 있다.

국토보유세가 종합부동산세를 대체하여 종합부동산세가 폐지되는 경우, 장기적으로 지방세법 제9장 재산세 부분에 주택분 재산세액 계산방법을 토지와 건물을 분리하여 평가·계산하는 방법으로 변경해야 한다. 종합부동산세를 존치하는 경우, 현재 종합부동산세 과세대상에서 토지를 제외하고 현재의 주택분 종합부동산세액 계산방법을 건물만 평가하여 종합부동산세액을 계산하는 방법으로 바꾸어야 한다. 토지분 종합부동산세액에서 토지분 재산세액을 공제하는 규정을 삭제하는 등 종합부동산세법의 전반적인 정비가 필요할 것이다.

10장

국토보유세법(안) 제정안

제1장 총칙

제2장 과세표준 및 세율

〈표 10-1〉 국토보유세법(안)

입 법 안

제1장 총칙

제1조 (목적)

이 법은 토지 보유자에 대하여 국토보유세를 부과하여 세수를 기본소득의 형태로 사회적으로 환원하여 지역간·세대간·계층간 상생을 도모함을 목적으로 한다.

제2조 (정의)

이 법에서 사용하는 용어의 정의는 다음 각호와 같다.

1. "기본소득"이라 함은 대한민국 국민에게 기본적으로 지급되는 소득을 말한다.

2. "시·군·구"라 함은 「지방자치법」 제2조에 따른 지방자치단체인 시·군 및 자치구(이하 "시·군"이라 한다)를 말한다.

3. "시장·군수·구청장"이라 함은 지방자치단체의 장인 시장·군수 및 자치구의 구청장(이하 "시장·군수"라 한다)을 말한다.

4. "주택분 재산세"라 함은 「지방세법」 제105조 및 제107조에 따라 주택에 대하여 부과하는 재산세를 말한다.

5. "토지분 재산세"라 함은 「지방세법」 제105조 및 제107조에 따라 토지에 대하여 부과하는 재산세를 말한다.

6. "공시가격"이라 함은 「부동산 가격공시에 관한 법률」에 따라 가격이 공시되는 토지에 대하여 같은 법에 따라 공시된 가액을 말한다. 다만, 같은 법에 따라 가격이 공시되지 아니한 경우에는 「지방세법」 제4조제1항 단서에 따른 가액으로 한다.

제3조 (과세대상)

국토보유세는 「공간정보의 구축 및 관리 등에 관한 법률」에 따라 지적공부(地籍公簿)의 등록대상이 되는 토지와 그 밖에 사용되고 있는 사실상의 토지를 과세대상으로 한다. 여기서 토지는 주택법 제2조 제1호에 따른 주택이 소지하는 토지도 포함한다.

제4조 (납세의무자)

① 과세기준일 현재 이 법에서 정하는 토지를 사실상 소유하고 있는 자는 해당 토지에 대한 국토보유세를 납부할 의무가 있다. 다만, 다음 각 호의 어느 하나에 해당하는 경우에는 해당 각 호의 자를 납세의무자로 본다.

1. 공유토지인 경우: 그 지분에 해당하는 부분(지분의 표시가 없는 경우에는 지분이 균등한 것으로 본다)에 대해서는 그 지분권자

2. 「신탁법」에 따라 수탁자 명의로 등기·등록된 신탁재산의 경우: 위탁자

3. 조세특례제한법 제104조의11로 정하는 개별 향교 또는 개별 종교단체(이하 이 조에서 "개별단체"라 한다)가 소유한 주택 또는 토지 중 개별단체가 속하는 「향교재산법」에 따른 향교재단 또는 대통령령으로 정하는 종교단체(이하 이 조에서 "향교재단 등"이라 한다)의 명의로 조세포탈을 목적으로 하지 아니하고 등기한 토지(이하 이 조에서 "대상토지"라 한다)가 있는 경우: 대상토지를 실제 소유한 개별단체

② 제1항에도 불구하고 과세기준일 현재 다음 각 호의 어느 하나에 해당하는 자는 국토보유세를 납부할 의무가 있다.

1. 공부상의 소유자가 매매 등의 사유로 소유권이 변동되었는데도 신고하지 아니하여 사실상의 소유자를 알 수 없을 때에는 공부상 소유자

2. 상속이 개시된 재산으로서 상속등기가 이행되지 아니하고 사실상의 소유자를 신고하지 아니하였을 때에는 행정안전부령으로 정하는 주된 상속자

3. 공부상에 개인 등의 명의로 등재되어 있는 사실상의 종중재산으로서 종중 소유임을 신고하지 아니하였을 때에는 공부상 소유자

4. 국가, 지방자치단체, 지방자치단체조합과 국토보유세 과세대상 재산을 연부(年賦)로 매매계약을 체결하고 그 재산의 사용권을 무상으로 받은 경우에는 그 매수계약자

5. 「도시개발법」에 따라 시행하는 환지(換地) 방식에 의한 도시개발사업 및 「도시 및 주거환경정비법」에 따른 정비사업(재개발사업만 해당한다)의 시행에 따른 환지계획에서 일정한 토지를 환지로 정하지 아니하고 체비지 또는 보류지로 정한 경우에는 사업시행자

③ 과세기준일 현재 소유권의 귀속이 분명하지 아니하여 사실상의 소유자를 확인할 수 없는 경우에는 그 사용자가 국토보유세를 납부할 의무가 있다.

제5조 (납세지)

① 국토보유세의 납세의무자가 개인 또는 법인으로 보지 아니하는 단체인 경우에는 소득세법 제6조의 규정을 준용하여 납세지를 정한다.

② 국토보유세의 납세의무자가 법인 또는 법인으로 보는 단체인 경우에는 「법인세법」 제9조제1항부터 제3항까지의 규정을 준용하여 납세지를 정한다.

③ 국토보유세의 납세의무자가 비거주자인 개인 또는 외국법인으로서 국내사업장이 없고 국내원천소득이 발생하지 아니하는 토지를 소유한 경우에는 그 토지의 소재지(토지가 둘 이상인 경우에는 공시가격이 가장 높은 토지의 소재지

를 말한다)를 납세지로 정한다.

제6조 (비과세)

① 「지방세특례제한법」 또는 「조세특례제한법」에 의한 재산세의 비과세·과세면제 또는 경감에 관한 규정(이하 "재산세의 감면규정"이라 한다)은 국토보유세를 부과하는 경우에 준용한다.

② 「지방세특례제한법」 제4조에 따른 시·군의 감면조례에 의한 재산세의 감면규정은 국토보유세를 부과하는 경우에 준용한다.

③ 제1항 및 제2항에 따라 재산세의 감면규정을 준용하는 경우 그 감면대상인 토지의 공시가격에서 그 공시가격에 재산세 감면비율(비과세 또는 과세면제의 경우에는 이를 100분의 100으로 본다)을 곱한 금액을 공제한 금액을 공시가격으로 본다.

④ 제1항 및 제2항의 재산세의 감면규정에 따라 국토보유세를 경감하는 것이 국토보유세를 부과하는 취지에 비추어 적합하지 않은 것으로 인정되는 경우 등 대통령령으로 정하는 경우에는 국토보유세를 부과할 때 제1항 및 제2항을 적용하지 아니한다.

제2장 과세표준 및 세율

제7조 (과세표준)

① 이 법에서 정하는 토지에 대한 국토보유세의 과세표준은 납세의무자별로 해당 과세대상토지의 공시가격을 합산한 금액에서 0억 원을 공제한 금액에 부동산 시장의 동향과 재정 여건 등을 고려하여 100분의 60부터 100분의 100까지의 범위에서 대통령령으로 정하는 공정시장가액비율을 곱한 금액으로 한다.

② 제1항의 금액이 영보다 작은 경우에는 영으로 본다.

제8조(세율)

이 법에서 정하는 토지에 대한 국토보유세의 세액은 과세표준에 다음의 세율을 적용하여 계산한 금액으로 한다.

과세표준	세율
0억원 이하	0%
0억원 초과 0억원 이하	0만원 + 0억원 초과액 × 0%
0억원 초과	0만원 + 0억원 초과액 × 0%

제9조 (재산세 세액공제)

제8조에 따라 계산한 금액에 대하여 다음 각 호에 따른 과세대상 토지의 재산세로 부과된 세액을 공제한다.

1. 국토보유세 과세표준 금액에 대하여 해당 과세대상 토지의 토지분 재산세로 부과된 세액(「지방세법」 제111조제3항에 따라 가감조정된 세율이 적용된 경우에는 그 세율이 적용된 세액, 같은 법 제122조에 따라 세부담 상한을 적용받은 경우에는 그 상한을 적용받은 세액을 말한다)은 국토보유세액에서 이를 공제한다.

2. 국토보유세 과세표준 금액에 대하여 해당 과세대상 토지의 주택분 재산세로 부과된 세액(「지방세법」 제111조제3항에 따라 가감조정된 세율이 적용된 경우에는 그 세율이 적용된 세액, 같은 법 제122조에 따라 세부담 상한을 적용받은 경우에는 그 상한을 적용받은 세액을 말한다)에 (주택 공시가격 - 건축물 시가표준액) / 주택 공시가격을 곱한 금액은 국토보유세액에서 이를 공제한다.

제3장 부과·징수

제10조 (과세기준일)

국토보유세의 과세기준일은 「지방세법」 제114조에 따른 재산세의 과세기준일로 한다.

제11조 (부과·징수 등)

① 관할세무서장은 납부하여야 할 국토보유세의 세액을 결정하여 해당 연도 12월 1일부터 12월 15일(이하 "납부기간"이라 한다)까지 부과·징수한다.

② 관할세무서장은 국토보유세를 징수하고자 하는 때에는 납세고지서에 과세표준과 세액을 기재하여 납부기간 개시 5일 전까지 발부하여야 한다.

③ 제1항 및 제2항에도 불구하고 국토보유세를 신고납부방식으로 납부하고자 하는 납세의무자는 국토보유세의 과세표준과 세액을 해당 연도 12월 1일부터 12월 15일까지 대통령령으로 정하는 바에 따라 관할세무서장에게 신고하여야 한다. 이 경우 제1항의 규정에 따른 결정은 없었던 것으로 본다.

④ 제3항의 규정에 따라 신고한 납세의무자는 신고기한까지 대통령령으로 정하는 바에 따라 관할세무서장·한국은행 또는 체신관서에 국토보유세를 납부하여야 한다.

⑤ 제1항 및 제2항의 규정에 따른 국토보유세의 부과절차 및 징수에 관하여 필요한 사항은 대통령령으로 정한다.

제12조 (결정과 경정)

① 관할세무서장 또는 납세지 관할 지방국세청장(이하 "관할지방국세청장"이라 한다)은 과세대상 누락, 위법 또는 착오 등으로 인하여 국토보유세를 새로 부과할 필요가 있거나 이미 부과한 세액을 경정할 경우에는 다시 부과·징수할 수 있다.

② 관할세무서장 또는 관할지방국세청장은 제14조제3항에 따른 신고를 한 자의 신고내용에 탈루 또는 오류가 있는 때에는 해당 연도의 과세표준과 세액을 경정한다.

③ 관할세무서장 또는 관할지방국세청장은 과세표준과 세액을 결정 또는 경정한 후 그 결정 또는 경정에 탈루 또는 오류가 있는 것이 발견된 때에는 이를 경정 또는 재경정하여야 한다.

④ 관할세무서장 또는 관할지방국세청장은 제2항 및 제3항에 따른 경정 및 재경정 사유가 「지방세법」 제115조제2항에 따른 재산세의 세액변경 또는 수시부과사유에 해당되는 때에는 대통령령으로 정하는 바에 따라 국토보유세의 과세표준과 세액을 경정 또는 재경정하여야 한다.

제13조 (분할납부)

관할세무서장은 국토보유세로 납부하여야 할 세액이 ○만원을 초과하는 경우에는 대통령령으로 정하는 바에 따라 그 세액의 일부를 납부기한이 지난 날부터 6개월 이내에 분납하게 할 수 있다.

제14조 (물납)

관할세무서장은 국토보유세의 납부세액이 ○천만원을 초과하는 경우에는 납세의무자의 신청을 받아 해당 관할구역에 있는 토지에 대하여만 대통령령으로 정하는 바에 따라 물납을 허가할 수 있다.

제15조 (세부담의 상한)

국토보유세의 납세의무자가 이 법에서 정하는 토지에 대하여 해당 연도에 납부하여야 할 재산세액상당액과 국토보유세액상당액의 합계액(이하 이 조에서 "국토보유세대상인 토지에 대한 총세액상당액"이라 한다)으로서 대통령령으로 정하는 바에 따라 계산한 세액이 해당 납세의무자에게 직전년도에 해당 토지에 부과된 국토보유세대상인 토지에 대한 총세액상당액으로서 대통령령으로 정하는 바에 따라 계산한 세액의 100분의 150을 초과하는 경우에는 그 초과하는 세액에 대하여는 제9조제1항에도 불구하고 이를 없는 것으로 본다.

제4장 보칙

제16조 (과세자료의 제공)

① 시장·군수는 「지방세법」에 따른 해당 연도 재산세의 부과자료 중 토지분 재산세의 부과자료는 9월 30일까지 행정안전부장관에게 제출하여야 한다. 다만, 시장·군수는 「지방세법」 제115조제2항에 따른 재산세의 세액변경 또는 수시부과사유가 발생한 때에는 그 부과자료를 매 반기별로 해당 반기의 종료일부터 10일 이내에 행정안전부장관에게 제출하여야 한다.

② 행정안전부장관은 제4조에 규정된 토지에 대한 국토보유세의 납세의무자를 조사하여 납세의무자별로 과세표준과 세액을 계산한 후, 매년 10월 15일까지 대통령령으로 정하는 바에 따라 국세청장에게 통보하여야 한다.

③ 행정안전부장관은 「지방세법」 제115조제2항에 따른 재산세의 세액변경 또는 수시부과사유가 발생한 때에는 재산세 납세의무자별로 재산세 과세대상이 되는 토지에 대한 재산세 및 국토보유세 과세표준과 세액을 재계산하여 매 반기별로 해당 반기의 종료일이 속하는 달의 다음다음 달 말일까지 대통령령으로 정하는 바에 따라 국세청장에게 통보하여야 한다.

④ 행정안전부장관은 제1항에 따라 시장·군수로부터 제출받은 재산세 부과자료를 제1항에서 정한 날부터 10일 이내에 국세청장에게 통보하여야 한다.

⑤ 행정안전부장관 또는 국세청장은 국토보유세 납세의무자의 세대원 확인 등을 위하여 필요한 경우 관련 기관의 장에게 가족관계등록전산자료의 제출을 요구할 수 있고, 자료 제출의 요구를 받은 관련 기관의 장은 정당한 사유가 없으면 그 요구를 따라야 한다.

제17조 (시장·군수의 협조의무)

① 관할세무서장 또는 관할지방국세청장은 국토보유세의 과세와 관련하여 대통령령으로 정하는 바에 따라 과세물건 소재지 관할 시장·군수에게 의견조회를 할 수 있다.

② 제1항에 따라 의견조회를 받은 시장·군수는 의견조회 요청을 받은 날부터 20일 이내에 대통령령으로 정하는 바에 따라 관할세무서장 또는 관할지방국세청장에게 회신하여야 한다.

제18조 (질문·조사)

국토보유세에 관한 사무에 종사하는 공무원은 그 직무수행을 위하여 필요한 때에는 다음 각호의 어느 하나에 해당하는 자에 대하여 질문하거나 해당 장부·서류 그 밖의 물건을 조사하거나 그 제출을 명할 수 있다. 이 경우 직무를 위하여 필요한 범위 외에 다른 목적 등을 위하여 그 권한을 남용해서는 아니 된다.

1. 납세의무자 또는 납세의무가 있다고 인정되는 자
2. 「법인세법」 제109조제2항제3호에 따른 경영 또는 관리책임자
3. 제1호에서 규정하는 자와 거래관계가 있다고 인정되는 자

제19조 (매각·등기관계 서류의 열람 등)

관할세무서장, 관할지방국세청장 또는 그 위임을 받은 세무공무원이 국토보유
세를 부과·징수하기 위하여 토지의 매각·등기 그 밖의 현황에 대한 관계서류의
열람 또는 복사를 요청하는 경우에는 관계기관은 그 요청을 따라야 한다.

부칙

제1조 (시행일)

이 법은 공포한 날부터 시행한다.

제2조 (일반적 적용례)

이 법은 이 법 시행 후 최초로 납세의무가 성립하는 국토보유세에 대하여 적용한다.

*11*장
:

맺음말

요약

지금까지 국토보유세라는 이름으로 제출된 연구들과 기본소득형 국토보유세를 평가한 연구들이 여럿 있었다. 김윤상(2003; 2005; 2009), 전강수(2008), 남기업·전강수·강남훈·이진수(2017), 전강수·강남훈(2017), 박상수(2019a; 2019b), 이현우 외(2019), 그리고 한재명(2020) 등이 그것이다. 이들 연구에서 발견된 점은 기본소득형 국토보유세의 철학과 정신, 그리고 제도의 의의와 목표에는 충분히 공감하나 비과세·감면 폐지, 용도별 차등과세 폐지 등이 가져올 문제와 이중과세에 대해 우려한다는 것이다.

이 책이 다루고 있는 연구는 이러한 선행 연구들의 업적을 그대로 담아내면서 더 나아가 국토보유세는 아직 형성단계에 있고, 모든 토지에 부과하는 동시에 기본소득의 재원으로 사용한다는 원칙과 토지의 공공성 철학을 일관되게 유지하면서, 앞서 제기된 우려 사항이나 문제점을 해소하고 반영할 수 있는 대안이 있다는 생각의 연장에서 수행되었다. 더군다나 기본소득형 국토보유세에 대한 검토를 넘어 법률안까지 제시하여 법제도적 근거까지 마련해 보고자 입법 관련 내용을 담고 있다.

이 책은 기본소득형 국토보유세의 도입과 관련하여 현 부동산 실태 및 보유세제의 문제를 분석한 후 바람직한 보유세제 개편방향을 제시하였으며, 국토보유세의 적합성을 규명한 후 구체적인 국토보유세의 설계와 그 경제적 영향을 다루었다. 더 나아가 입법안 작성까지 포괄하였다. 이들은 구체적으로 아래와 같은 8개의 범주로 묶어 볼 수 있다.

① 토지보유 실태, 소유 불평등의 추이, 토지의 불평등 영향

② 부동산 과세체계, 보유세 규모, 이의 OECD 국가와의 비교

③ 현행 보유세제의 개편 필요성, 개편 방향, 보유세 역할

④ 국토보유세의 기본소득 재원으로서의 정당성과 적합성

⑤ 기본소득형 국토보유세의 설계, 시나리오별 시산과 순수혜 분포, 경제효과

⑥ 기본소득형 국토보유세를 둘러싼 쟁점들

⑦ 국토보유세의 입법화 유형, 위헌성 여부, 다른 보유세와 정합성

⑧ 국토보유세 입법안 검토, 국토보유세법(안) 제정안

이 책에서 다룬 연구를 통해 확인한 내용은 i) 우리나라는 토지소유 불평등이 극심하고 혁신을 통해 경제 전체에 활력을 불어 넣어야 할 법인의 토지투기(지대추구)가 다른 나라보다 심하며, ii) 토지에서 발생하는 소득이 상당하고 이것이 소득 불평등의 주요 원인 중 하나인데, iii) 그럼에도 토지 관련 세제는 보유세 실효세율이 매우 낮고, 거래세는 높고 보유세는 낮은 비효율적 체계이며, 건물과 토지·건물의 과세에 대해서 일관성이 부재하고, 보유세를 강화하기 위해서는 효과적인 극복방안이 절실하고, iv) 그러므로 토지에서 발생하는 불로소득을 환수하여 기본소득의 재원으로 활용

한다면 불평등을 상당 부분 줄여 사회정의를 실현시킬 수 있으며, 동시에 기업이 더욱 생산적인 활동에 집중하도록 유인할 수 있다는 것이다.

본 연구는 기본소득형 국토보유세가 그동안 조세저항으로 인해 성공하기 어려웠던 '보유세 강화'를 가능케 하는 방법이며, 나아가서 모든 국민의 기초 생활을 보장하는 재원이 될 수 있음을 밝히고 있다. 또한 우리는 종래의 보유세 강화가 '부담을 통한 투기억제'라면 기본소득형 국토보유세는 '혜택을 통한 투기차단'을 유도한다는 것도 확인했다. 즉, 경제적 유인구조를 새롭게 바꿀 수 있다는 것이다. 국토보유세를 도입하면 자본화 효과로 인해 매매차익에 대한 기대가 낮아지고, 무리하게 대출을 해서 집을 매입하는 것보다 소득에 맞게 주택을 매입하는 것이 본인에게 이익이라는 것을 바로 확인할 수 있게 된다. 투기용으로 보유하고 있는 주택도 투기이익이 줄어들면서 국토보유세를 부담하기 때문에 결국 시장에 내놓을 가능성이 높다.

물론 이러한 기본소득형 국토보유세에 대한 우려와 비판이 없는 것은 아니다. 오랫동안 유지해온 용도별 차등과세과 감면에 대한 원칙적 폐지 등이 목적하고 있는 정책적 효과가 반감되고 부작용이 우려된다는 비판, 부동산 가격 급락에 대한 우려 등이 그것이다. 그러나 검토했듯이 용도별 차등과세와 감면 제도 자체가 오히려 경제 전체의 효율을 떨어뜨린다. 용도를 구분하는 것도 자의적이고, 이런 까닭에 경제주체는 소유한 토지를 세부담이 낮은 용도로 전환하기 위해서, 감면대상에 포함되기 위해서 입법경쟁과 같은 지대추구행위를 하게 되고, 이런 과정에서 토지의 비효율적 사용이 일어날 수밖에 없다. 그리고 무엇보다 이런 기존의 제도들은 "같은 것은 같게, 다른 것은 다르게"라는 공평과세의 원칙에도 부합되지 않는다. 부동산 가격 급락도 정부가 안정적 수요자 역할을 하면 연착륙이 충분히 가능하고, 부동산 가격 하락은 오히려 경제 전체에 활력을 불어넣을 수 있을 것이다. 그리고 일반 세금과 달리 국토보유세는 전가가 불가능하고 투기를 차단하여 투기 목적 주택이 시장에 나오도록 유도하며, 주택을 소유하지 못한 세대는 토지배당이라는 혜택뿐만 아니라 주택가격의 하락으로 인한 주거 안정성도 올라가 이들의 경제 수준은 향상될 수 있다.

국토보유세 관련하여 이 책에서 내린 결론은 토지보유세를 국세로 징수하여 기본소득으로 지급하는 기본소득형 국토보유세는 국민 대다수가 순수혜가구가 되기 때문에 도입하면 후퇴가 어렵고, 국토보유세에 대해 제기되는 여러 가지 우려 사항들은 충분히 극복 가능하며 원칙을 유연하게 적용하면 오히려 경제 효율이 높아지는 세제라는 것이다.

한편, 이 책은 국세로서 국토보유세에 대해 「국토보유세법」(안)을 조문까지 해서 구체적으로 제시했다. 해당 법안이 제시되기까지 조문별 쟁점, 고려사항 등도 검토했고, 법안 자체의 헌법적 논의를 비롯하여 법적 논란이 되는 사항에 대해서도 다루었다. 「국토보유세법」(안)의 실제 입법화 시 중요한 고려사항을 제시했다. 첫째, 실제 입법화할 때는 법률이라는 점에서 차후 자구 하나 하나 세밀한 추가적인 검토가 필요하다. 둘째, 국세의 경우 기획재정부가 소관부처라는 점에서 정부입법의 형태는 해당 부처의 협력이 필수적이다. 의원입법의 형태(종합부동산세법 제정도 정치적인 상황 등으로 의원입법의 형태를 취한 바 있음)도 가능할 수 있지만, 결국 종전 종합부동산세법과의 관계 등을 고려할 때 중앙정부와 협력이 필요하다.

정책제안

이상의 내용을 근거로 해서 이 책은 기본소득형 국토보유세 실시와 관련해서 중요하게 고려할 사항 5가지를 제시한다.

첫째, 기본소득형 국토보유세의 세율을 탄력적으로 적용할 필요가 있다. 비례세의 경우를 예를 들면 국토보유세의 세율을 부동산 시장의 동향과 재정여건 등을 고려하여 공시가격의 1000분의 5(0.5%)부터 1000분의 40(4%)까지의 범위에서 대통령령으로 정하도록 하는 것이다. 부동산가격의 급락이 예상되면 세율을 낮추고 부동산 시장의 과열이 예상되면 세율을 올릴 수 있도록 하여, 일종의 부동산 시장의 자동안정화장치로 활용할 수 있다. 이렇게 되면 매년 토지 기본소득을 분배받는 것이 국민적 관심사가 될 것이다.

둘째, 국토보유세의 세율 형태는 본 연구가 제안하는 비례세와 누진세의 중간 정도, 즉 '낮은 세율'의 누진세를 선택하는 것이 합리적이다. 물론 경제적 효율성 면에서 비례세가 가장 우수하지만 이렇게 되면 국토보유세의 실현 가능성은 낮아진다. 순수혜 비율이 낮기 때문이다. 게다가 순부담 세대의 평균 세대원이 순수혜 세대의 평균 세대원보다 많기 때문에 순수혜 세대의 인구는 82.7%로 낮아진다. 순부담 세대가 가진 정치적 자원이 순수혜 세대보다 월등하다는 것을 생각하면 순수혜 세대를 더 늘릴 필요가 있고, 이런 관점에서 누진세를 선택할 필요가 있다. 한편 누진세는 정의의 측면에서도 정당하다. 고가의 토지를 소유한 개인은 그렇지 못한 개인보다 큰 능력을 소유한 것으로 볼 수 있는데, 이 능력은 롤스가 말했듯이 운(luck)의 영향력, 즉, 가정의 환경, 타고난 재능 등이 크게 작용한 것으로 봐야 한다. 따라서 운의 중립화라는 관점에서 누진세로 하되 소수가 지나치게 큰 부담을 지지 않도록 본 연구가 제시한 세율체계보다 누진도를 낮춰서 90~93%의 세대가 순수혜 세대가 될 수 있도록 설계하는 것이 합리적이라 하겠다.

셋째, 용도별 차등과세와 감면의 원칙적 폐지는 고수해야 한다. 국토보유세는 그 이름이 의미하듯 국가의 모든 토지에 대한 권리가 평등하다는 토지공개념 철학에 기초하기 때문에 이 원칙을 유지하는 것이 무엇보다 중요하다. 국토보유세를 제시한 이유 중 하나가 기존의 '재산세-종부세 체계'가 이 원칙과 철학을 담기에 한계가 너무 컸기 때문이라는 점을 유념할 필요가 있다. 검토한 것처럼 1가구 1주택 감면 등 다양한 감면과 용도별 차등과세는 정의의 원칙에 맞지 않을 뿐만 아니라 모든 경제주체의 지대추구 행위를 조장한다. 그리고 무엇보다 이렇게 해야 '혜택을 통한 토지투기 차단'이라는 경제적 유인구조가 잘 작동한다. 물론 사용가치인 지대(地代)는 낮지만 지가(地價)는 높은, 다시 말해서 지대와 지가의 괴리가 큰 농지와 임야 등에 대해서는 공정시장가액비율 등을 적용해서 세부담을 낮출 수 있는데, 이런 경우에는 농지전용부담금 강화 등의 보완 장치를 두어서 원칙을 적용해야 한다.

넷째, 국토보유세의 원칙은 로드맵을 제시하고 점진적으로 적용해야 한다. 용도별 차등과세와 감면 폐지를 갑작스럽게 적용하면 납세자의 저항뿐만 아니라 부동산 시장 자체에 혼란이 초래될 수 있다. 따라서 기존의 토지 과다소유자들과 용도별 차등과세와 감면의 혜택을 누린 토지소유자들이 제도에 적응할 수 있도록 배려할 필요가 있다. 그리고 지분납부제도와, 상속이나 매각 시에 세금을 납부하도록, 즉 납세자가 납부 시기를 결정할 수 있는 과세이연제도도 도입해야 한다.

다섯째, 국토보유세는 국공유지 비율을 높이는 공공토지임대제와 함께 추진할 필요가 있다. 국토보유세를 도입하면 투기용 토지나 주택이 시장에 나오게 되면서 지가가 하향 안정화되는데, 정부는 이런 기회에 적극적 수요자로 나서서 경착륙을 예방하면서 국공유지 비율을 높여야 한다. 이미 사유화된 토지에서 세금으로 지대소득을 환수하기보다, 소유권을 가진 정부가 지대소득을 환수하여 전 국민에게 기본소득으로 지급하는 것이 훨씬 효과적이다. 그뿐만 아니라 공공토지임대제 확대는 도시계획기능을 높이는 큰 도움이 된다.

여섯째, 국가 전체적으로 국토보유세를 시행하여야 하나, 전국 단위에서 실행하는데 현실적 어려움이 있거나 효과에 대한 다방면의 충분한 검증이 필요하다고 판단될 경우 광역지자체 차원에서 시범적으로 운영할 수 있게 하는 것도 좋은 대안이다.

끝으로 추후 연구 과제를 살펴보면 다음과 같다.

첫째, 국토보유세 도입은 부동산 세제에 획기적인 '사건'이므로 이것을 계기로 부동산 세제를 더 구체화해서 제시할 필요가 있다. 3대 원칙인 과세 체계 단순화의 원칙, 경제효율 제고의 원칙, 공평과세의 원칙을 일관되게 적용할 수 있는 중장기 계획을 구체적이고 체계적으로 제시할 연구가 필요하다.

둘째, 2020년 8월 종합부동산세법이 개정되어 2021년에는 고가 다주택자들의 종부세 부담이 늘어날 예정이다. 이런 상황에서 '재산세-종부세' 체계가 '재산세-국보세' 체계로 전환된다면, 종부세 대상자들의 국보세 부담과 그것으로 인한 유인구조가 어떻게 바뀔지에 대한 치밀한 연구가 필요하다. 이런 연구를 바탕으로 유인체계가 효과적으로 작동하기 위한 국토보유세의 과세체계를 설계해야 한다.

세 번째는 토지뿐만 아니라 자연자원과 환경 등을 포괄한 천연물을 재원으로 하는 기본소득제를 구상할 필요가 있다. 모두의 것이라고 할 수 있는 천연물을 사유화한 것이 오늘날의 경제체제이고 근원적으로 보면 그것의 결과로 현재 인류는 생태환경의 위기를 겪고 있다. 토지를 비롯한 천연물에서 기본소득의 재원을 마련하는 것이 모두가 천연물에 대한 평등한 권리를 누리는 방안인데, 이렇게 되면 우리 경제의 생태적 전환이 어느 정도 가능해진다.

마지막으로 법률 관련해서 새로운 국세로서 국토보유세를 신설하는 것인 만큼 이 책에서 제시한 국토보유세법 제정안과 이와 관련된 법률인 국세기본법, 조세특례제한법, 농어촌특별세법을 함께 고려하여 입법화하여야 할 것이다. 이를 위한 추진 실행기구를 둘 필요가 있다. 이 기구에서 보다 심도 있는 법률 제정안에 대한 검토도 이루어져야 할 것이다.

● 참고문헌 ●

경기도의회·경기연구원(2020). "기본소득형 국토보유세 토론회" 자료
구찬동·오정일(2011). "우리나라의 포괄소득 측정 및 정책적 함의", 『행정논총』. 49 (3). pp.
    251-73.
국세청(2020). 『부동산과 세금』.
국정브리핑 특별기획팀(2007). 『대한민국 부동산 40년』, 한스미디어.
국중호(2012). "일본의 지방세제도", 한국지방세연구원.
국토개발연구원(1990). 『토지공개념 백서』.
국토교통부(2019). 『2020년 부동산 가격공시 및 공시가격 신뢰성 제고방안』.
국토교통부(2020). 『2020년 공동주택 공시가격(안)』.
국토교통부(2020). 『2020년 표준단독주택 가격 공시』.
국회 행정자치위원회(2004). 『지방세법중개정법률안 심사보고서』.
국회 행정자치위원장(2006). 『지방세법 일부개정법률안(대안)』.
국회예산정책처(2018a). 『부동산세제 현황 및 최근 논의동향』.
국회예산정책처(2018b). 『부동산세제 현황 및 최근 논의동향. NABO 브리핑 제46호』.
국회예산정책처(2020). 『2020 조세수첩』.
국회예산정책처(2020a). "공시가격 인상이 주택분 보유세에 미치는 영향", 『NABO Focus』,
    제18호.
국회예산정책처(2020b). "주택 공시가격 제도가 주택분 보유세에 미치는 영향", 『추계&세
    제 최근이슈』, 통권 제11호.
국회예산정책처(2020c). "2020년 세법개정안 주요 내용 및 특징", 『추계&세제 최근이슈』,
    통권 제12호.
국회입법조사처(2020). "부동산공시가격 산정기준 관련 정책과제", 『이슈와 논점』, 제1726호.
금민(2020). 『모두의 몫을 모두에게 : 지금 바로 기본소득』. 동아시아.

기획재정부(2018). 『종합부동산세 개편방안』.

김경환·손재영(2011). 『부동산 경제학』, 건국대출판부.

김남철(2006). "8·31 부동산 종합대책에 대한 공법적 검토", 『공법연구』 제34집 제3호, 한국
공법학회.

김명용(2006). "참여정부의 토지공개념정책에 대한 공법적 평가와 향후 방향", 『공법연구』,
제34집 제3호, 한국공법학회.

김민수(2018). "부동산 보유에 대한 조세제도", 경북대학교 박사학위논문.

김상용·정우형(2004). 『토지법』, 법원사.

김상진(2013). "토지재산권과 토지공개념에 관한 재론", 『법학연구』, 제21집 제3호, 경상대
학교 법학연구소.

김윤상(2003). "'가장 덜 나쁜 세금' 토지보유세" <한국경제신문> 10월 16일.

김윤상(2005). "시장친화적 토지공개념을" <경향신문> 7월 20일

김윤상(2009). 『지공주의: 새로운 토지 패러다임』, 경북대학교출판부.

김윤상·조성찬·남기업 외(2012). 『토지정의, 대한민국을 살린다』, 평사리.

김윤상(2017). 『이상사회를 찾아서』, 경북대학교출판부.

김윤상 외(2018). 『헨리 조지와 지대개혁』, 경북대학교출판부.

김정훈(2005). "취득·등록세의 후생효과", 한국조세재정연구원.

김종영·김광윤(2008). "부동산 보유세제에 관한 조사연구", 『세무와 회계저널』, 제9권 4호.
pp. 285-317.

김종철(2020). 『기본소득은 틀렸다 : 대안은 기본자산제다』, 개마고원.

김태동·이근식(1989). 『땅: 투기의 대상인가 삶의 터전인가』, 비봉출판사.

김현아(2004). "주요국의 부동산 보유세제 개편과 시사점", 『재정포럼』, 제9권 10호, 한국조
세연구원.

남기업·전강수·강남훈·이진수(2017). "부동산과 불평등 그리고 국토보유세", 『사회경제평
론』, 제54호. pp. 107~140.

남기업·이진수(2020). "2019 '토지소유현황' 분석, 토지 소유는 얼마나 불평등한가", 『토지
+자유 리포트』, 17호. 토지+자유연구소.

남기업·이진수(2020). "부동산이 소득 불평등에 미치는 영향 연구", 『토지+자유 리포트』,
18호. 토지+자유연구소.

노영훈(2004). "토지세 강화정책의 경제적 효과: 종합토지세를 중심으로", 한국조세연구원.

류해웅(2012). 『토지법제론』, 부연사.

목광수(2020). "빅데이터의 소유권과 분배정의론 : 기본소득을중심으로", 『철학·사상·문화』, 제33호. pp. 158~182.

박 훈(2014). "재산세 주요 개선방안에 관한 연구 −과세대상 및 세부담 상한제를 중심으로−", 한국지방세연구원.

박 훈·정유진·정경화·김경환·김무열·국중호(2016). "해외 주요국의 재산세 과세기준일 제도", 한국지방세연구원 연구기획본부.

박 훈·허 원(2019). "토지공개념 인정이 토지 관련 보유세 개편에 갖는 의미", 경희법학 제54권 제3호.

박상수(2019a). "국토보유세 도입 쟁점 검토", 『KILF Report』, Vol. 81. 한국지방세연구원.

박상수(2019b), "토지보유세 도입방안과 세수효과", 한국지방세연구원. 미발표논문.

박상수·이슬이(2019). "국토보유세 도입 쟁점 검토", 한국지방세연구원.

박종근·김형수(2016). "토지공개념의 제도사적 고찰: 토지제도의 변이와 토지공개념의 도입과정을 중심으로", 『한국동북아논총』, 제80호.

박훈·이선화(2015). "미국의 지방세 제도", 『한국지방세연구원 연차보고서』, pp. 121−22.

성낙인(2007). "재산권보장과 토지공개념 실천법제", 『행정법연구』, 제18호, 행정법이론실무학회.

송상훈(2019). "기본소득형 국토보유세 설계방향", 『정책브리프』, 2018−19. 경기연구원.

이규황(1994). 『토지공개념과 신도시: 구상에서 실천까지』, 삼성경제연구소.

이상영(1999). "토지공개념의 의미와 택지소유상한제법의 위헌 결정에 대한 비판", 『민주법학』, 제16호, 민주주의법학연구회.

이선화(2016). "부동산 자산 분포 및 재산과세 부과 특성 분석", 지방세연구원 연구보고서 2016−1.

이선화(2018). "부동산 보유세제의 현황 및 개편 쟁점", 『KILF Report』, 지방세연구원.

이성재·이우진(2017). "샤플리값을 이용한 한국의 소득 및 자산 불평등의 원천별 기여도 분석", 『한국경제의 분석』, 23 (1). pp. 57−109.

이종철(2018). "한국의 가계소득 불평등과 근로소득의 역할", 『경제발전연구』, Vol. 24 No. 3. pp. 35−68.

이준구·이창용(2020). 『경제학원론』, 문우사.

이지은·김미란(2019). "행정입법과 자치재정권 간 관계 −토지분 재산세 과세대상구분의 입법위임을 중심으로−", 한국지방세연구원.

이현우 외(2019), "기본소득형 국토보유세 실행방안 연구", 경기연구원.

一般財団法人 資産評価システム研究センター(2020). 固定資産税のしおり, 令和2年度版.

전강수(2008). "'그래, 차라리 종부세의 종언을 고하자' : 국토보유세를 새로운 보유세로", 프레시안(pressian.com), 11월 27일.

전강수(2011). "공공성의 관점에서 본 한국 토지보유세의 역사와 의미", 『역사비평』, 제94호. pp. 68-103.

전강수(2010). "평등지권과 농지개혁 그리고 조봉암", 『역사비평』, 제91호. pp. 229-328.

전강수(2017). "토지공개념 헌법 명기의 필요성과 가능성, 그리고 방법", 사회과학논집 제16권.

전강수·강남훈(2017). "기본소득과 국토보유세", 『역사비평』, 제120호. pp. 250~281.

정문종 외(2018). "부동산세제 현황 및 최근 논의동향", 국회예산정책처.

정의철·김진욱(2009). "자가주택소유의 묵시적 소득을 고려한 소득불평등 연구", 『부동산학연구』, Vol. 15. No. 3. pp. 37-50.

정희남(2010). "정부수립 이후의 토지정책 60년사 소고, 1948~2008", 『부동산연구』, 제20집 제1호, 한국부동산연구원.

정희남(1994). "자본주의 국가에서의 규제정책의 입안동기", 『한국정치학보』, 제28권 제1호, 한국정치학회.

조윤제(2017). "부동산가격 공시제도 관련 회의참석 및 일본사례 조사", 한국감정원.

차진아(2018). "사회국가의 실현구조와 토지공개념의 헌법상 의미", 『공법학연구』, 제19권 제1호, 한국비교공법학회.

최승문(2018). "부동산 보유세 현황과 쟁점", 『재정포럼』, 264권. pp. 30~57.

추계세제분석실 재산소비세분석과(2018). "부동산세제 현황 및 최근 논의동향", 『NABO브리핑』, 제46호.

토지정의시민연대(2006). "개헌을 위한 시장친화적 토지공개념 7문 7답".

하능식·이선영(2014). "토지분 재산세 과세대상 구분체계의 실태분석", 한국지방세연구원.

하능식·이영희·김대영·유태현·한재명·김성수(2011). "재산세 세부담상한제도 개선방안", 한국지방행정연구원.

한재명(2020). "국토보유세 도입 가정에 따른 재산세 개편 쟁점 연구: 이중과세 해소를 중심으로", 미발표연구물.

Andrews, D., A. Caldera Sánchez, and Å. Johansson(2011). *Housing Markets and Structural Policies in OECD Countries*: OECD Publishing.

Andrews, Dan(2011). "Housing Taxation for Stability and Growth." in ECFIN Workshop – *European Commission: OECD.*

Bonnet, O.·Pierre–Henry Bono·G. Chapelle·E. Wasmer(2014). "Does Housing Capital Contribute to Inequality? A Comment on Thomas Piketty's Capital in the 21st Century." *SciencesPo. Discussion Paper.*

Brys, Bert, Sarah Perret, Alastair Thomas, and Pierce O'Reilly(2016). *Tax Design for Inclusive Economic Growth*: OECD Publishing.

Capozza, D. R., Green, R. K. and P. H. Hendershott(1996). *Taxes, Mortgage Borrowing, and Residential Land Prices*, In Aaron, H. and W. Gale, ed. Economic Effects of Fundamental Tax Reform, Brookings Institution, pp. 171–198.

Deininger, Klaus W(2003). *Land policies for growth and poverty reduction*, World Bank Publications.

Edenhofer, Ottmar, Mattauch, Linus and Siegmeier, Jan(2016). *Hypergeorgism: When Rent Taxation Is Socially Optimal.* FinanzArchiv, 71(4), 474–505.

Eleanor D. Craig(2003). "Land Value Taxes and Wilmington, Delaware: A Case Study."

European Commission(2012). *Possible reforms of real estate taxation: Criteria for successful policies.* Occasional Papers 119.

Excellence, Lincoln Institute of Land Policy and Minnesota Center for Fiscal. (2020). *50–State Property Tax Comparison Study, For Taxes Paid in 2019*: Lincoln Institute of Land Policy and Minnesota Center for Fiscal Excellence.

George, Henry 저·김윤상 역(1997). 『진보와 빈곤』, 비봉출판사.

Haig, Robert M(1921). "The concept of income–economic and legal aspects." *The federal income tax* 1(7).

Harris, B(2010). *The Effect of Proposed Tax Reforms on Metropolitan Housing Prices, Tax Policy Center*, Urban Institute and Brookings Institution.

Harrison, Fred 저, 전강수·남기업 역(2009). 『부동산 권력: 투기와 거품붕괴의 경제학』. 범우사.

Hughes, Cathy, Sayce, Sarah, Shepherd, Edward and Wyatt, Pete(2020). *Imple-*

menting a land value tax: Considerations on moving from theory to practice. Land Use Policy, 94(C).

Johansson, Åsa, Chistopher Heady, Jens Arnold, Bert Brys, and Laura Vartia. (2008). Taxation and Economic Growth: OECD Publishing.

Kim, Young-Hwan(2008). "Estimation of the stock of land in OECD countries": OECD, Working Party on National Accounts.

Lerman, Robert I, and Shlomo Yitzhaki(1985). "Income inequality effects by income source: a new approach and applications to the United States." The review of economics and statistics:151–56.

Marx, Karl 저·김수행 역(1990). 『자본론 III(下)』, 비봉출판사.

Mian, Atif, Ludwig Straub and Amir Sufi(2020). The Saving Glut of the Rich. NBER Working Paper.

Mill, John Stuart 저, 박동천 역(2010). 『정치경제학 원리 4』, 나남.

Oates, Wallace E and Schwab, Robert M(1997). "The impact of urban land taxation: The Pittsburgh experience." National Tax Journal. Vol. 50, No. 1. pp. 1–21.

Parramore, Lynn(2014), "Joseph Stiglitz on Why the Rich are Getting Richer and Why it Could Get Much Worse."(www.alternet.org.)

Paine, Thomas(1797). Agrarian Justice. (Digital edition 1999 by www.grundskyld.)

Rani, Uma, and Marianne Furrer(2016). "Decomposing income inequality into factor income components: Evidence from selected G20 countries." in ILO Research Paper: International Labour Organization.

Rawls, John 저, 황경식 역(2003). 『정의론』, 이학사.

Schechtman, Edna, and Shlomo Yitzhaki(1999). "On the proper bounds of the Gini correlation." Economics letters. Vol. 63 No. 2. pp. 133–38.

Simons, Henry C(1938). Personal income taoliticon: The definition of income as a problem of fiscal policy: Chicago University.

Simon, Herbert(2000). "UBI and the Flat Tax."(http://bostonreview.net/forum/basic-income-all/herbert-simon-ubi-and-flat-tax)

Tobin, James(1974). The New Economics One Decade Older. Princeton, New Jersey: Princeton University Press.

Varian, H(2014). Intermediate Microeconomics, 9th ed. W. W. Norton & Company

Vickrey, William S(2001). "Site Value Taxes and the Optimal Pricing of Public Services." in Giacalone, J. A. et al. eds. The Path to Justice: Following in the Footsteps of Henry George. *Blackwell Publishing*. pp. 85~96

Walter Gybeck(2000). "United States." in Rebert V. Andelson. Land–Value Taxation Around the World. *Blackwell*. pp. 137~182.

Wisconsin Legislative Fiscal Bureau(2009). *Property Tax Deferral Loan Program*.

"1% 기업 부동산 보유액 966조원, 상위 10개 기업 부동산 보유액 6년새 147% 폭증", 서울시정일보, 2016. 8. 30.

"1주택자 종부세 年232만원→488만원…5년간 2배 뛴다 기사 관련", 기획재정부, 2020. 8. 21.

"경기도 재난기본소득 효과… 가맹점 매출 전년대비 39.7% 올라", 오마이뉴스, 2020. 6. 3.

"김현미, 경제학과 싸우고 있다? J일보 그림은 틀렸다", 오마이뉴스, 2020. 7. 29.

"종합부동산세법·소득세법·법인세법 개정안", 기획재정부, 2020. 7. 28.

"주택시장 안정 보완대책", 기획재정부, 2020. 7. 13.

"주택시장 안정대책", 금융위원회, 2018. 9. 13.

"특고·프리랜서·플랫폼 노동 등 비임금 노동자, 최근 5년간 213만명 늘었다", 뉴스원, 2020. 7. 20.

• 찾아보기 •

기획

이한주 경기연구원장

가천대학교 경영대학원장, 부총장을 역임하고, 새로운경기위원회 공동위원장, 대통령 직속 국정기획자문위원회 경제1분과 위원장을 지냈다.

대표저자

유영성 경기연구원 선임연구위원

경기연구원 연구기획실장, 상생경제연구실장을 역임했다. 현재 기본소득연구단장을 맡아 기본소득 및 지역화폐 연구를 지휘하고 있으며, 한국환경경제학회 이사로 활동하고 있다.

공동저자(가다다순)

강남훈 한신대 경제학과 교수

기본소득 전반에 걸쳐 다양하고 방대한 연구를 수행해 오고 있으며, 경기 기본소득위원회 공동위원장을 역임했다. 기본소득한국네트워크 창립에 관여함과 함께 현재 대표를 맡고 있다.

김재신 경기연구원 연구원

이화여대에서 사회복지학 석사를 마치고 경기연구원 기본소득연구단에서 연구 활동을 하고 있다. 주로 기본소득 및 지역화폐 관련 연구 및 조사사업 과제에 참여하고 있다.

김정훈 재정정책연구원 원장

부동산 보유세제, 재정정책을 주요 연구 분야로 삼고 있으며, 한국조세재정연구원 재정연구 본부장, OECD 중앙·지방재정관계네트워크 의장을 역임했다.

남기업 토지+자유연구소 소장

토지공개념의 원류인 헨리 조지 사상을 전공했으며, 토지정의시민연대 사무처장을 역임했고, 현재 희년함께 공동대표와 한국토지정책학회 부회장으로 활동하고 있다.

마주영 경기연구원 연구원

한양대에서 경제학 석사를 마치고 경기연구원 기본소득연구단에서 연구 활동을 하고 있다. 주로 기본소득 및 지역화폐 관련 연구 및 조사사업 과제에 참여하고 있다.

박 훈 서울시립대 세무학과 교수

대통령 직속 재정개혁특별위원회 위원, 기획재정부 세제발전심의위원회 위원 등을 역임했다. 현재 서울시립대 세무전문대학원장, 한국지방세학회 회장 및 경제정의실천시민연합 재정 세제위원장을 맡고 있다.

이진수 토지+자유연구소 객원연구원

사람희망정책연구소 연구원, 중앙경영연구소 책임연구원을 거쳐 고려대학교 행정학과 박사 과정 수료 연구원으로 활동하고 있다.

허 원 고려사이버대 세무·회계학과 부교수

국회입법조사처 입법조사관(5급), 국세청 국세심사위원회 위원 등을 역임했다. 현재 한국 지방세학회 총무이사, 서울시 지방세심의위원회 위원으로 활동하고 있다.